東アジア古典演劇の伝統と近代

毛利三彌・天野文雄［編］

勉誠出版

東アジア古典演劇の伝統と近代

［もくじ］

◎受容

◎比較

はじめに

京都にある国際高等研究所で、当時の副所長天野文雄氏の提唱によるプロジェクト「東アジア古典演劇の「伝統」と「近代」――「伝統」の相対化と「文化」の動態把握の試み」が立ち上げられたのは、二〇一二年だった。東西の伝統演劇研究者など約十五名、能楽、歌舞伎、人形浄瑠璃、民俗芸能から、中国、朝鮮韓国の伝統芸能まで、それぞれの分野を代表する中心的な研究者から大学院を出たばかりという若手まで、年齢も経歴も多様なものがそろって、研究所の会議室に年二回集まり、研究発表と全員による討論を二日間にわたって繰り広げるのだが、これは二〇一四年まで三年間つづいた。

本書は、このプロジェクト三年間の共同研究の成果として、参加者それぞれが研究会の発表・討論をへて新たに執筆した論文を集めたものである。研究分野、テーマの多様性は、目次にある論文題名から一目瞭然だろう。それらは、このプロジェクトを立ち上げたときの理由に沿ったものだが、改めて四つの章に分類されている。

そもそもこのプロジェクトの立ち上げには、三つの理由があった。一つは、近年の世界の演劇研究において、日本あるいはアジア演劇の近代化過程とその問題点に関心が高まっていることに応えたいということ、二つ目は、日本演劇が東アジアの中でどのような位置を占めてきたか、また占めているか、日本人研究者の知識の狭さ、関心の度合の低さを補いたいということ、そして三つ目として、日本演劇研究者の分野タテ割的傾向が、いまだに強く残っているのをいくらかでも是正したいということである。

世界的な日本演劇への関心の高まりは、一九九〇年代後半から顕著になってきた。国際演劇学会の年次大会でも、日本演劇に関する発表は、今世紀に入ってから急増してきたが、それも、近代以前より明治以降の演劇を対象とするものが多く、この傾向は日本の演劇研究者にも反映して、近現代の日本演劇を論じた論文の掲載が日本の学術紀要等で大幅に増えている。それは、私などには一面の弊害とも思われるが、その大部分は、いわゆる現代演劇の系統に入るものを対象としており、伝統演劇の近代におけるあり方を探ろうとする研究はまだ少数である。われわれがその様相を研究対象にしようとしたのは、近代の歴史が今や一五〇年に及ぶということだけでなく、実際には、伝統演劇は近代になってかなりの変容をきたし、新しい側面を生み出してもいるからである。明治期以降の日本の近代化過程に見られるさまざまな問題は、歴史学、社会学、文化学などの分野では、かなり以前から重要問題として論じられてきたが、その問題意識がはっきりと芸術研究の分野にまで及んできたのは、やはり一九九〇年代になってからだろう。だが、日本演劇の近代化の諸様相とその問題点の総合的な研究は、まだ手がつけられていないといっていい。ましてや、伝統演劇の近代における変容の実相と、その裏に含まれる問題を探ることにはほとんど関心が向けられてこなかった。この問題に目を向けることは、一般の近代研究にとっても、大きな意味をもつだろうと考える。

日本と東アジア諸国の伝統演劇の比較演劇的研究は、互いの近代化の過程と性質を明らかにし、他のアジアに向けてのわれわれの視野を大いに広げてくれるに違いない。実際のところ、日本では中国演劇の研究は以前からなされており、中国の研究者からも高く評価されるものが少なくないようだが、朝鮮韓国の演劇を研究対象とする日本人研究者は、いまだに稀である。近年、演劇実践の交流はかなり行われるようになったが、それに附随する両国の比較演劇論は、大方が評論か状況紹介の域にとどまっている。東アジアのもう一つの大きな国、モンゴルになると、われわれはまったく無知だというに等しいだろう。ただ、残念なことに、われわれのプロジェクトも、かろうじて、中国と朝鮮韓国の伝統芸能を研究する研究者が三人加わっていたにすぎない。それでも、中国、韓国の演劇との比較研究は、単に知識や視野を広げるだけでなく、われわれ自身の演劇に対する見方を深めることにも大いに役立つことを実感させてくれた。

日本では、おそらくどの分野においても、個々の研究者は分野内のかぎられた領域を専門としていて、同じ分野であっても他の領域にはあまり関心を寄せないし、議論しないことが、いまもって一般的となっている。もっともこれは、日本だけの事情ではなく、またアジアにかぎられることでもなく、西欧の演劇研究者にも似たような傾向はある。しかし、アジア演劇全体を網羅する概説本は、英語では存在するが、日本語ではいまだ一度も書かれていないという状況は、やはり彼我の違いを証するものではなかろうか。これだけ国際的な視野からの研究が求められているとき、伝統演劇の研究者であっても、その知識が狭い領域にかぎられていたり、他のアジア諸国の伝統演劇に無関心であるとしてすませることは、もはや許されないだろう。いやむしろわれわれは、研究会で専門領域を異にする研究者の発表から互いの知識を補い合い、またそれぞれの問題点について熱い議論をかわすところに、研究者としてのこの上ない喜びを感じたものである。ここに集められた論文が、そのなによりの証しとなっている。

毛利三彌

［序説］

古典演劇の伝統と近代

毛利三彌

古典演劇の近代における変容を探り分析するという本論文集の課題の前提となる問題を、序論として述べる。とりわけ、近代となって、演劇と芸能、古典と伝統の語の使い方が、いかに変容をきたしたかを比較考察し、それらが日本の近代化とどうかかわるかを概観する。

もうり・みつや――成城大学名誉教授、ノルウェー学士院会員、元日本演劇学会会長。専門は演劇学。主な著・編・訳書に、『北欧演劇論』（東海大学出版会、一九八一年）、『イプセンのリアリズム』（白凰社、一九八四年、日本演劇学会河竹賞）、『イプセン戯曲選集――現代劇全作品』（東海大学出版会、一九九七年、湯浅芳子賞）、『演劇の詩学――劇上演の構造分析』（相田書房、二〇〇七年）、『演劇論の変貌』（論創社、二〇〇七年）などがある。

はじめに

われわれの研究課題は古典演劇の伝統と近代を探ることだが、最初の研究会で、「古典演劇」ではなく「古典芸能」とする方がふさわしいのではないかという疑問が出た。メンバーには芸能の研究者も含まれていたからである。「古典演劇」の語はごく普通に耳にする言葉だとわれわれは考えていたが、小学館の『日本国語大辞典』には立項されていないし、『平凡社大百科事典』をはじめ、主な百科事典にもない。古典演劇としてまず思い浮かべる能狂言、歌舞伎、人形浄瑠璃（文楽）は、たしかに古典芸能とも呼ばれる。一九六八年から七一年にかけて平凡社から出た藝能史研究会編の『日本の古典芸能』全十巻では、これらの演劇はそれぞれ一巻をなしている。ところが、「古典芸能」の語もどの辞典、事典にも項目立てされていないのである。

あるいは、古典演劇や古典芸能ではなく伝統演劇や伝統芸能の方がより一般的な言い方かもしれない。それで調べてみると、これらの名称もまた、『日本国語大辞典』や各種百科事典では独立項目になっていない。最新版の『広辞苑』第七版（二〇一八）で、「伝統」の項目の補助項目として「伝統芸能」が採取されているが、第六版（二〇〇七）にはなかったから、この十年間でこの語が『広辞苑』に採録するに足る言葉になったと編者は認識したのだろう。その他の辞典、たとえば、新潮社が出している国語辞典では、種類によって「古典芸能」や「伝統芸能」が、補助項目や補助語としてあげられている場合があるが、確固たる言葉とは見られていない感じがする。

だが、「古典」を「伝統」に言い換えると、伝統演劇の伝統という課題は半ば同義反復の奇妙な感じを与える。したがって、まずわれわれの課題そのものに含まれる問題点を整理しておく必要があるだろう。「古典演劇」の研究者でないわたしが序説を担当する所以でもある。

一、演劇と芸能

「演劇」と「芸能」の語がときに互換可能な言葉として用いられるとすれば、相互の関係は次のいずれかとなるだろう。

（i）芸能の範囲は演劇を包摂する。

（ii）演劇の範囲は芸能を包摂する。

藝能史研究会による『日本芸能史』全七巻は[1]（i）の見方に立っていると思われる。第一巻序章で、林屋辰三郎は広義の芸術史を芸術史（美術史）と芸能史に分け、その芸能史の中に、演劇史、音楽史、舞踊史、茶道史、花道史等を入れている。他方、これまでに「日本演劇史」と題して書かれた著作の多くは、古代演劇の章を記紀にみられるアメノウズメが天岩屋戸の前で舞った「楽」などから説き始め、さまざまの国風芸能、渡来芸能の流れを記述するが、中世の能楽（猿楽）の成立に至ると、その後は歌舞伎、人形浄瑠璃の成立から発展過程の記述、また近代の演劇状況についての説明が中心となり、芸能史で扱われている多様な芸能は視野から消えていく。

ヨーロッパにおいても、日本の芸能に類する祭祀的な儀礼や娯楽的歌舞音曲は古くから行われていた。だが、そこからドラマを基盤とする劇上演の形態が生じるもっとも早い例は、紀元前六世紀のアテナイに始まるギリシア悲劇だとして、「ヨーロッパ演劇史」をここから始めるのが長く通例となっていた。つまり、ドラマ中心の演劇史である。だが、日本で「演劇史」が書かれるのは明治期の後半からで、その多くは歌舞伎研究者によるものだったから、能楽や人形浄瑠璃の歴史を含んではいても、演劇は歌舞伎のことを指すという意識がかなり長くつづいた。かつてわたしは演劇各分野、また各国演劇の研究者とともに、比較演劇史の構築を目論んで共同研究をしたことがある。(2) そこで明らかにされたことの一つに、包括的な演劇史と称するもの、あるいはそう見ることのできる著作が現れるのは、ヨーロッパの国々でもせいぜいが十八世紀からだということだった。これは演劇概念自体の成立が近代にかかわるということを示唆しているだろう。それは、明治以降に一般的になる「演劇」の語の使い方に関係してくる。

演劇

「演劇」の語の使い方については、わたしは以前に考察したことがあるので、(3) ここではその補足を兼ねて簡単に述べるにとどめたい。

「演劇」の語は、中国では使われず、日本の近代造語に近いと言えるが、明治期におけるいちばんの問題はこの熟語が何と読まれたかということである。それはこの語の意味にかなりの混乱を来し、それが整理される過程が演劇の近代化過程に重なるように思われる。

小学館の『日本国語大辞典』(第二版)の「演劇」の項で引用例の最初にあげられているのは、中村正直訳述『西国立志編』の文章である。この訳本の第一編は明治三年(一八七〇)に出た。(4) ここにある「演劇」の語にはルビがないので、どう読ませようとしたかわからないが、この本には外に「戯曲」「戯台」の語が出てきて、前者には「シバイノウタ」、後者には「シバヰ」の仮名が振ってある。ところが原著であるサミュエル・スマイルズ(Samuel Smiles)の

『自助論』(*Self-help*) をみると、「演劇」と訳されている言葉の原語は the opera である。(5) 周知のように、このあと明治初期の文献に見られる「演劇」の多くには、「しばゐ」のルビがつけられる。

だが「演劇」の語は、中村正直が初めて使ったのではない。彼が知っていたかどうかは別として、同じころに前後してほかの文献にも散見されるし、すでに江戸晩期の戯作者、式亭三馬のいくつかの著述に見えている。渡辺守章は『平凡社大百科事典』の演劇の項で、郡司正勝によるとして、式亭三馬の『客者評判記《きやくしやひやうばんき》』に「演劇」の語があることを述べているが、『客者評判記』(文化八年 一八一一) の巻末にある自跋に次の文がある。「生《たちやく》あり且《おやま》あり。浄《かたきやく》あり浪子《やつし》あり。兩脚《じつあく》打諢《だうけ》老且《くわしやがた》副《こづめ》。小生《わかしゆがた》より小且《むすめがた》まで。皆《みな》それ〴〵の演劇《きやうげん》ありて。(6)」わたしが国語学者の山田俊雄に訊ねたときは、文化三年 (一八〇六) の『戯場粋言幕《けぜうすいげんまく》の外《そと》』自跋にある文「芝居《しばゐ》を嫌《きら》ふ癡呆《たわけ》は演劇《きやうげん》を勧懲《くはんちやう》と思《おも》はぬ癡呆《たわけ》なり。」を指摘された。(7) だが、その後、これらのいずれよりも早い享和三年 (一八〇三) 出版の『戯場訓蒙図彙』の「戯場訓蒙図彙引《しばゐきんもうづゐのいん》」に次の文があることに出くわした。

蘭面《おもてかた》看棚《さんじき》戯房《がくや》までを戯場国《けちやうこく》と号《ごう》し。戯台上《ぶたいのうえ》を狂言国《きやうげんこく》と唱《とな》へて二箇《ふたつ》の国《くに》に擬見《みたて》。戯場及《およ》び演劇《きやうげん》の光景《ありさま》を国風《こくふう》に説《と》きたり。(8)

三馬はいずれの場合も、「演劇」に「きやうげん」の仮名を振っている。『戯場訓蒙図彙』の引用文では、「狂言」と「演劇」の両方に同じ「きやうげん」のルビがある。「狂言」はごく一般的にキョウゲンの読み方で通用しているのに、なぜあえて「演劇」を出して同じ読み方を指定したのか。三馬の夥しい数の著述作品全部を見ることは、もちろんできなかったが、そのいくつかを探ってみると、『素人狂言紋切形』(文化九年 一八一二) の自序に「什麼《そも》〱素人《しろうと》演劇《きやうげん》は。いづれの御代《おほんとき》より鼻祖《はじまり》けむ。(9)」とあるのを見つけた。ここには、「素人狂言《しろうときやうげん》」の語もあり、狂言と演劇の両方に「きやうげん」のルビがあるのは先の例と同じである。ともに「きやうげん」とした二つの言葉に、三馬が異なる意味を付しているのかどうか、わたしには確実なことは言えないが、少なくともここに出した四つの例から推測すると、戯曲以外にもいろいろな意味を含意している「狂言」に対して、「演劇」は舞台表現の意味の「きやうげん」に限定しているように思われる。明治になると「演劇」に「しばゐ」のルビがつけられるのも、芝居には劇場などの意もあるが、舞台表現の意の芝居として、「演劇」と書き「しばゐ」と読ませたと考えることもできる。そう見ると、『西国立志編』で中村正直がthe operaを演劇と訳し、それにルビをつけなかったことも理解できるだろう。

それなら、「演劇」をエンゲキと読むことが一般的になるのはいつからか。ルビがつかなくなった時点でそう読まれたとすることは必ずしも正しくないだろうから、文献上で読み方を特定することは難しい。明治十一年（一八七八）の新富座新装開場式で九代目団十郎が式辞を読んだとき、その初めに出てくる「演劇」の語を団十郎はまだシバヰと読んだであろうか。先に挙げた山田俊雄は、大槻文彦の『言海』（明治二十二年〜二十四年、一八八九〜九一）に「演劇」の項はなく、芝居の項目の中で、「演劇」の語があげられていることから、「『言海』には「演劇（しばゐ）」は示してあるが、「演劇（エンゲキ）」を示さないといふことである」[10]と言っている。しかし、山田俊雄は、この時期に「演劇」の漢語が日常でエンゲキと読まれていたことを否定するものではないと見ていた。明治十九年（一八八六）の演劇改良会結成では、いくら何でもエンゲキと読んだと思われるし、その動きを批判した鷗外が、「演劇改良論者の偏見に驚く」（明治二十二年、一八八九）を「演劇とは何ぞ」と書き出したとき、この語をシバヰと読む意識に依ったとは思われない。

しかしながら、「演劇」をエンゲキと読むことが一般的になっても、基本的にはまだ演劇は歌舞伎を指していた。先にも触れたように、日本演劇史の標題をもつ著作をあらわすのは大方が歌舞伎研究者である。西洋のtheaterを見てきた日本人には、日本でtheaterにあたるものと言えば、芝居つまり歌舞伎しかないと思われたに違いない。そして開化的な芝居を、従来とは異なる熟語で表したのではなかろうか。外国演劇には、早くから「演劇」の語が当てられているのである。だから能楽はすぐには「演劇」の範疇に入れられることがなかった。近年に至っても、能楽研究者による日本演劇史の著作は希なのではなかろうか。

周知のように、西洋語のtheaterは演劇と劇場の両方を意味する。この語は古代ギリシア劇場の観客席を指す言葉theatronからきているから、ルネサンス以後も、theaterはどちらかといえば劇場の意が中心だった。階段状の席で壇上を半円形に囲むコロシアム形式の教室など、たとえば学生に見せる解剖学教室もtheaterと呼ばれていた。鷗外の滞独日記では、ドイツ語のTheaterは劇部とか戯園と訳されている。つまり劇場の意である。鷗外の「演劇」は、ドイツ語のSchauspielkunst（劇芸術）の訳ではないかと想像するが、オックスフォード英語大辞典（OED）のtheatre《（ママ）》の項を見ても、劇上演一般をさす意味で使われる用例は、大方が十八世紀以降のもので、日本の演劇概念の成立はヨーロッパのtheater概念の成立から、時期的にそれほど離れてはいなかったということになる。そして日本でのこの概念の成立過程は、「演劇」の読み方がキョウゲンからシバヰとなり、それがエンゲキにおさまる過程と重なると言えるのではないか。

芸能

他方「芸能」の語は古い。中国の漢籍から来て、『周礼』でいう六芸は、周代官人の身につけるべき芸で、礼、楽、射、御、書、数の学問や芸をさし、能は才能、才芸の意であって、この二つが合わさったという。日本でははじめ学問的才能を芸能と称したようだが、やがて広い分野で、修練によって体得したわざと能力を指すようになる。これがもっぱら歌舞音曲を指すようになるのは、すでに平安期の『江談抄』や『兵範記』に例が見られるものの、南北朝、室町朝になってからのようである。世阿弥の『風姿花伝』に出てくる「芸能」は、その過渡期の状況を示している。

近代になると、新しい「演劇」との意味範囲が曖昧になってくるが、日本芸能史の必要性をはじめて提唱したのはおそらく折口信夫の『日本藝能史六講』（昭和十九年 一九四四）だとされる。つまり、芸能史研究は主に戦後に出てきた新しい研究分野であって、自己存立のためもあったのだろう、芸能の規定、芸能史研究の方法論が検討された。先に触れた『日本芸能史』第一巻（一九八二）の序章と序論で、その概観が述べられているが、このような方法論の論議は、他方の演劇史研究においてなされるのは希ではなかろうか。研究者が能狂言、歌舞伎、人形浄瑠璃、近代演劇それぞれに分かれているから、歴史もまた各領域に分かれて論じられることが多く、包括的な演劇史を視野に入れることが難しいこともある。

ここでその方法論を論究するだけの準備はないが、『日本芸能史』で述べられている芸能史研究の方法論は演劇史研究においても大いに参考になる。すなわち民俗学の影響による「芸態論」と歴史学の傾向をうけた「環境論」の方法論の違い、それに「文学論」が絡まり、それらを文化論として総合しようとする林屋辰三郎の提言などである。それは現在の世界の演劇研究の動向に合致していると言うこともできる。日本でも、たとえば神山彰が近年、精力的に行っている近代演劇史の見直しなどは、この傾向に見合うものだろう。

これはまた一九八〇年代のアメリカで提唱されたパフォーマンス・スタディズとも呼応する。これは七〇年代から顕著になってきたアメリカの非体制的なパフォーマンス（performance artとも呼ばれる）を背景としていると思われるが、ニューヨーク大学のリチャード・シェクナーを中心として始まったパフォーマンス・スタディズは、ジャネール・ライネルトによると、[11]まさに「芸態論」とも言うべき民俗芸能や社会行動のパフォーマンス分析を主とする方向と、「環境論」とも言える社会的、政治的状況とのかかわりに力点をおく方法論とに分かれていったようである。ただ、日本の芸能史研究と異なるのは、パフォーマンス・スタディズは現代社会のさまざまのパフォーマンスに焦点を当てていることで、民俗芸能の研究も、現在行われているいわゆる文化パフォーマンスの分析に集中しているきらいがある。芸態の歴史的成り立ちや変遷を明らかにしようとする、あるいは過去の環境の解明に向かう日本の芸能史研究の姿勢は、そこではあまり見られない。このことは、われわれの「芸能」には古典性、伝統性が自明的に含意されていることを示してもいるだろう。したがって『日本芸能史』も最終巻で新劇の歴史はかなりの分量をさいて記述しているが、映画やテレビについては最初期の事情以上に扱っていない。これは、「芸能」が基本的に近代以前に発したパフォーマンスを指すもので、近代の機械文明の生み出したものには馴染まない概念だからに違いない。「芸能」に古典性、伝統性の意味が内包されていることが、ここでも示唆されている（言うまでもなく、芸能界、芸能人というときの「芸能」はまた別の意味だろう）。

二、古典と伝統

先に、「古典演劇」と「伝統演劇」の言い方に触れたが、「古典」と「伝統」の語が、相互互換的につけられる芸術分野は、演劇以外にはないのではないか。「古典音楽」はよく言われるが、「伝統音楽」は一般的ではないし、意味は異なるだろう。美術では、「古美術」とは言っても、「古典美術」も「伝統美術」も耳慣れない。古典と伝統が演劇にだけ相互互換的につけられるのは、考えてみればおかしなことである。

古典

「古典」の言い方については、特に明治以降の歌舞伎に関して、本書の神山論文で詳述されているからここでは簡単な補足にとどめる。

「古典」は日本で「故典」と書かれることも多かったようで、小学館の『古語大辞典』では【古典・故典】のもとに「①昔からの法式・典礼」と「②古の書物古代の規範とすべき書物、普通、漢籍（経書・史書）をいう」と記されている。『日本国語大辞典』になると、同様の意味に加えて「③優れた著述や作品で、過去の長い年月にわたって多くの人々の模範となり、また愛好されてきたもの」が追加されている。この第三の意味が現在われわれが古典あるいは古典作品というときの意味だろう。この意味の用例として『日本国語大辞典』には、島崎藤村の『落梅集』と戦後の佐々木基一の文章があげられている。つまり、この意の「古典」は明治になって例を見るようになったということだろう。それでも藤村はここでまだ「故典」と書いている。

古典とは、長年月にわたって人の模範となり愛好されるものだとすれば、明確な形をとって残っていることが前提となる。演劇は上演がそのまま作品として残ることはないから、この意味では古典となることはない。古典演劇とは一種の形容矛盾である。しかし戯曲は、後世までである程度原形のまま伝わる（むろん、厳密に言えば、種々問題があるが）。主な辞典、事典に「古典演劇」の項はないが「古典劇」はあるそれが理由だろう。

よく知られているように、日本語で「古典的」と訳される英語にはclassicとclassicalの二語がある。オックスフォード英語大辞典（OED）を見ると、両方の語にほとんど同じ意味が挙げられているが、classicはどちらかといえば優れた模範となった対象を示す言葉で、名詞としても使われ、「この作品はclassicになった」という言い方がされる。近代古典劇というときは、この意味の古典となった近代劇を指すのだろう。イギリスの五大競馬は、classic races であって、classical races とは言わない。つまり『日本国語大辞典』の【古典】の第三の意味は英語の classic に近い。他方、classical は形容詞のみで、どちらかというと古代ギリシア、ローマの文芸を指すときに使われるから、たとえば classical drama というと、古代ギリシア、ローマ時代の劇あるいはそれを規範と仰いで書かれた十六～七世紀の主にフランスの劇かそれに類するものを指す。classic drama の言い方はしない。だから日本語の「古典劇」は classical drama の訳だろう。それが近代以前の劇一般に適用されるときは、クラシック音楽や古典歌舞伎に似た用法で、その奇妙さは神山論文でも指摘されている。だがフランス語やドイツ語では、英語のように二つの言葉に分かれていないから、手元の仏英辞典、独英辞典をみても、それぞれ classique、klassisch には両方の英語があげられている（フランス語の classique には、独自の意味もあるようだが）。日本の「古典」の語の使い方の混乱はここに理由の一端があるのかもしれない。

伝統

「古典」と同様、今日の「伝統」の書き方もそれほど昔から定着していたわけではないようである。日本の「伝統」は、中国の古い漢籍に出てくる「伝統」の意味を受け継いだが、古語では、法式を伝え継ぐことを意味する「伝灯」の語を使っていた。『角川古語大辞典』第四巻（平成六年）には、「伝灯」の項に「①仏語。法脈を受け伝えること。衆生の蒙を啓き導く意で仏法を灯火にたとえる」とし、また「②転じて、芸道などを師から弟子にと受け伝えること」とあるが、「伝統」の項目はない。小学館の『日本国語大辞典』になると、「伝灯」のほかに「伝統」の項もあがっていて、そこには「古くからの、しきたり・様式・傾向・思想・血統など、有形無形の系統をうけ伝えること。また、うけついだ系統」と記されている。その用例としてあるのは徳富蘆花や佐藤春夫の文章である。この辞典の用例のあげ方には、最初に出ているものがその言葉の初出例だとするほどの厳密さはないようだが、今日の「伝統」の語が明治になってから一般的になったと見ることはできるだろう。

しかし先にも述べたように、伝統演劇の言い方も『日本国語大辞典』に項目立てされていないし、百科事典でも同様である。最新版の『広辞苑』第七版（二〇一八年）で、「伝統」の項に「伝統芸能」が補足項目としてあげられていることは先に触れたが、「伝統」も「古典」同様、演劇にも芸能にも、ほとんど同義語のようにつけられる。ここでも英語のtraditional theaterの言い方がかかわっているのではないかと思われる。

英語のtraditionはもちろん古い言葉だが、これは漢籍の「伝統」や日本古語の「伝灯」と同じ、伝えていくこと、伝えるものを指し、歴史的にはさまざまの内容が意味されてきたようである。だが肯定的な意味だけでなく、因襲といった否定的なニュアンスも含む。形容詞のtraditionalになると、旧態依然たるの意で使われることがかなりあって、たとえば前世紀からつづく自然主義的な演技を指してtraditional actingと言うとき、相変わらずの演技というニュアンスをもつ。われわれの「伝統」の語には否定的なニュアンスは薄いだろう。

しかしながら、英語でも、traditional theaterと言うときには、われわれの「伝統演劇」と同じく否定的な意味合いは含んでいない。ただこの言い方は、アジアの伝統演劇をさす以外にはほとんど使われないように思われる。昔の上演形式／様式が基本的に変わらず今日でも上演されている例は、アジア演劇以外は希だからであろうか。統計をとることはできないが、アメリカの国会図書館（Library of Congress）のオンライン・カタログでtraditional theaterを検索すると、大半はアジア演劇についての著作である。これも実証は難しいが、traditional theaterはわれわれの言う「伝統演劇」を英語に訳したか、あるいは逆に、英米のアジア演劇研究者がアジアのtraditional theaterと言うのを聞いて、日本で伝統演劇と呼ぶようになったのであろうか。

「伝統」が、「古くからのしきたりなど、有形無形の系統をうけ伝えること、受け継いだ系統」を意味するとすれば、これは、伝承行為と伝承内容の両方をさす。演劇の伝承は、大きく上演テキストの伝承と上演芸態の伝承とに区分されるが、西洋ではテキストの伝承が中心で、日本では形式／様式の伝承が主眼となっていると一般に言われる。上演形式／様式の伝承にはほとんど必然的に変容が伴うだろう。変容の要因には大きく三つあると考えられる。一つは、その芸態自体の要請いわば美学的意思によることであり、二つ目は、その芸能を享受する社会の趣向、感性に合わせた変化である。加えてもう一つ、当事者に直接かかわらない支配権力の強制による変容がある。コミュニケーション論の用語をかりれば、次のように整理できるだろう。

送り手による変容――美学的

受け手に対する変容――社会的

第三者からの変容――政治的

言うまでもなく、これら三つのレベルの変容は孤立して生じるのではなく、互いに重なりあって生じる。だがそれぞれの比重、度合の違いを見極めるのはそう容易ではない。（本書の山路論文は石見神楽を例に出して、また、山下論文は中国の影絵人形劇についてこの問題を論じている。）われわれの研究会では、明治、大正、昭和の浄瑠璃語りの名人たちの語りの録音を聞く機会があったが、彼らの語りかたは、時代の流れによって通俗的なものから次第に高尚なものへと変化して行ったと感じられた。これは山城少掾の個人的な感性と力によるところがあり、彼が当時の知識層に支持されることでこの傾向が強められたと言われる。しかし、そのように判断するわれわれの耳がすでに山城少掾によってその美的尺度の方向付けをされているとも指摘された。わたしは明治の語りの録音から少なからず浪曲のような印象を受けたが、この印象自体が近代のものであると同時に、そこにこそ明治の人形浄瑠璃の圧倒的な人気の源があったのかもしれず、山城少掾を高く評価する風潮が高まれば高まるほど、文楽の大衆的人気は下降したと言えるかもしれない。もともと歌舞伎や人形浄瑠璃は大衆的、通俗的なものであったが、そのかつての人々の感性のありどころを、彼らとは生活状況を著しく異にしているわれわれが、わずかな録音やフィルムから推しはかることは、考古学者が、出土した僅かな骨から見たこともない恐竜の全体像を復元するのと同じような具合に行くのかどうか。

変容の度合いの判断には、どうしても研究者の主観的、印象的なものが入ってくる。録音や映像が出る以前のことになれば文書や画像の記録に頼るしかないが、それらによって決定的に確証されることはごく限られてくるだろう。そしてまた、そこで事実関係を云々しているのもわれわれの感性によることでしかなく、われわれの感性は明らかに他からの作用（さまざまの史料また権威によるその解釈）に左右される。言い換えれば、その歴史的伝承・変容の事実は今日のわれわれの感性、ひいては今日の社会の要請によって成り立つ。つまり、当時の条件と現在の条件の二重のスクリーンを通してしか伝承の度合いを考えることができないということである。フェノロサが奈良の寺社の仏像調査で、法隆寺の救世観音を覆う白衣をとってはじめてその実像を目にしたとき、レオナルド・ダ・ヴィンチのモナ・リザの微笑にも似て、エジプト彫刻の美を凌駕するという印象をもったという。和辻哲郎はその見方に異議を唱え、救世観音は瞑想的、非人間的だと述べた。美術史家はここに東西の感性の違いをみるが、(12)はじめて思いがけなく救世観音をみたフェノロサと、幾多の評判を聞いた後で実像を見たに違いない和辻との状況の違いも大きく作用したはずである。おそらく同様のことが、われわれの芸能、演劇の研究にも生じているに違いない。

創られた伝統

一九八三年に出版されたE・ホブズボウムとT・レンジャーの共編による『創られた伝統』(13)は、人々が昔から不変のままつづいている伝統だと信じていることが近代に創られたものであることを明らかにして、大きな反響を呼んだ。日本でも、昔からの伝統だと思われていたものが、実際には、近年のものであったり、かなりの変容を伴っていることは多い。だが「伝統」の語が近代になって定着したのであるなら、われわれの伝統概念自体が、ある意味で「創られた」ものだということにもなる。

ホブズボウムは、『創られた伝統』の序論で、伝統traditionと慣習customとを区別して、「『伝統』の対象や特徴はそれが恒常的だということにある」のに対し、「伝統社会における『慣習』は、動力とハンドルの二重の機能をもっている」(14)と述べている。慣習は、変わることがあるが、しかし以前のあり方からまったく離れるものではない。裁判官の裁判は慣習（判例）によるが、裁判官たることを示す服装や儀式的な行為は、伝統にのっとるものだというのである。またホブズボウムは伝統としきたりconventionあるいはルーティンroutineとの違いにも注意を向ける。それは意味のある儀礼や象徴的なものを含んではいないが、「反復行為の必要がある社会的実践は、便利さと効率よさを求めて、一連のそうしたしきたりとルーティンを発展させる傾向があり、」「それは新人にも伝えて実践させるように、法則化される」という。[15]兵士の鉄兜は堅いことが条件で、そのためにより効果的な素材、形に変えることはあるが、狩猟にかぶる帽子は同じく堅い形をしているが、より強力な別の素材に変えることはない。

それなら、古典演劇の「伝統」は何であろうか。周知のように、能も歌舞伎も歴史上かなりの変遷を経てきた。それは外的側面の変化だけでなく、内的な変化もかなりあった（本書の天野論文は、観世寿夫にその例を見ている）。歌舞伎の場合、特に近代になって大きな変化を見せていることはつとに指摘される。ホブズボウムは、ヨーロッパで一八七〇年から一九一四年の間に、伝統が大量に生産されたことを論じているが、[16]いうまでもなくこれは近代文化の新しい変革が明確な形をとりだした時期であり、強大国間の国家意識をめぐる対立軋轢が顕著になったときだったから、反動的に、それぞれの地域の伝統意識が重要視されたのは当然でもあった。このヨーロッパの事情は、それに追いつけ追い越せで進んでいた日本にも、そのまま反映したと言っていいだろう。二十世紀への変わり目に、まさに日本の伝統と思われているものの多くが創られた。しかし能狂言や歌舞伎がこの時期に「伝統」とみなされるようになるのは、多くの変化を見せたにもかかわらず、これらを成り立たせている基盤となるものが基本的に守られていたからだろう。

古典演劇の伝統の基盤はその型である。能では摺り足の歩行をしなければ、もはや能と認められないのではないかと思うが、これは能の演技の型と言われる。歌舞伎にもさまざまの型があり、役者個人が作りだして代々伝わっていけば型となる。英語では型をformと訳すが、formは外的形だけでなく内的な本質も意味する。しかし、もろもろの上演にかかわる外的な型の場合は、しきたりと区別することは難しく、型は約束事conventionとして伝えられるものだと、英語の歌舞伎事典では解説されている。[17]本書の内山論文は人形浄瑠璃の江戸期の上演開始時間の変遷を述べているが、これは当時の一般的な習いであり、それが違ってきたからといって人形浄瑠璃の伝統が失われたとは見られないだろう。ところが、たとえば歌舞伎の型の変化がある一線を越えると歌舞伎ではなく新派とされる。伝統とは、その一線となる境界のことであろうか（この一線は、むろん、厳密には決められないが）。能は江戸期に入って古典化され、人形浄瑠璃は一八七〇年あたりを境に古典化されたと言われるのは、そのとき古典と呼ぶにふさわしい最後の作品によって、越えられない境界線となる伝統形式が定められたということであろうか。伝統と古典の語が相互交換可能な言葉になる所以がここにある。それは、本来価値観を含まない言葉である「伝統」に、古典と同じ価値づけがなされているということである。

もしそうならば、伝統の近代化というのは、矛盾した言い方になる。古典／伝統演劇の近代的様相は、あくまで伝統 tradition ではなく、慣習 custom やしきたり convention の変化ということなのか。ここで演劇の近代化とは何かという問題が浮上する。

三、演劇の近代

近代という概念はヨーロッパで成立したもので、そもそもの時代区分としての古代、中世、近代という三分法は、実際には古代と近代の二分法の中間に字義通り中世（英語なら medieval もしくは middle ages）をおいたものである。このときの近代はルネサンス以降を指すが、近代 modern とはわれわれの時代という意味だから、その起点をいつに定めるかは個々人の歴史観による。欧米の大方の近代論は十八世紀から十九世紀にかけての時期、すなわち産業革命による近代資本主義の成立時期を起点とするが、社会学者の富永健一はその著『日本の近代化と社会変動――テュービンゲン講義』（講談社学術文庫、一九九〇年）で、近代化は本来多元的なものだとして社会の四つのサブシステムにおける近代化を論じている。すなわち経済的、政治的、社会（狭義）的、文化（狭義）的の各サブシステムの近代化である。それぞれを実現する価値は、この順で資本主義の精神、民主主義の精神、自由・平等の精神、合理主義の精神であり、これらはヨーロッパにおいて、同時に成立したのではなく、時期的にずれて進行した。まずは中世から近代に移行する時期の社会の変容、有名なテンニエス（F. Tönnies）のいうゲマインシャフト（地方的封建社会）からゲゼルシャフト（都市的自由社会）への社会変容が起こり、次いでルネサンスと宗教改革によって文化的近代化が進んだ。これにつづいて市民革命による政治的近代化が起こり、最後に産業革命によって経済的近代化が達成される。したがって、先進国において近代化が完成するのは十八世紀から十九世紀の時期となるわけである。

近代化

古典演劇における近代の具体的な様相、事例の考察は本書の各論文に委ね、ここでは日本の演劇近代化に見られるいくつかの問題点を考える。

日本史の時代区分は西洋の三分法を踏襲したが、時代内容は必ずしもヨーロッパと同じではない。しかし、われわれの近代社会が西洋近代の後追いとして成立したことは否定できないだろう。しばしば、非西洋諸国の近代化は西洋化に他ならないと言われるが、アジアの近代化は十九世紀半ばからの西洋列国のアジア侵入によってもたらされたところが多分にあり、西洋の近代が十八世紀から十九世紀にかけて成立したとみるなら、アジアの近代化は欧米の近代による侵略の結果だったということができる。したがって、アジアの異なる国の西洋化／近代化の度合いは、その国への西洋列国の侵入／侵略の度合に左右された。やがて列国に交じって他のアジアの国に侵略していく日本は、どのように自らの近代をもってその行為を行なっていったのか。日本演劇の近代化は朝鮮韓国、中国の演劇近代化を促したと言われる。それは近代日本の経済的政治的侵略と類似する形をとるところがあったであろうか。

日本は、明治以降、西洋に追いつくために文明開化をモットーに掲げ、富永の言う四つのサブシステムの近代化をめざした。しかし、むろんそれらを同時に達成することは不可能であり、日本の近代化はヨーロッパの逆の順序で進んだ。つまり産業の技術／工業化がまず促進され、それに政治的近代化（自由民権運動）がつづいた。文化的社会的近代化はどうしても遅れることになる。近代化／西洋化はいずれの領域でも古い慣習との対立を引き起こすが、産業の近代化は、それがいちばん少なくてすんだのである。

よく知られているように、芸術分野で明治政府がまず西洋化を進めたのは美術と音楽であった。そのために学校教育を重視したが、これは芸術的意味の近代音楽、近代美術の促進というより、むしろ富国強兵のためであり、せいぜいが先進国の芸術に並ぶことでその仲間入りをしていることを誇示するためであった。したがって、まずはヨーロッパから教師を招聘して技術の教えを乞うた。[18] 演劇（歌舞伎）の近代化を政府が積極的に後押しすることがなかったのは、江戸期の歌舞伎の社会的地位の低さのせいもあろうが、そもそも演劇には西洋から移入して学ぶ技術が不明であることも潜在的な理由となっていたのではないか。演劇の基本要素を俳優、劇、観客とするなら、俳優の演技技術はその肉体から分離させられない。西洋の演技には西洋人の身体が必要となる。観客の西洋化は通常の生活、思考、様式の西洋化を意味するから、むろん一朝一夕にはなされない。演劇近代化／西洋化のこの矛盾はその後の新劇の歴史でも消えなかった。

すでに述べたように、ヨーロッパでは個人の自由を主張するところにルネサンスが起きたが、それを支えた思想は合理主義であった。近代化／西洋化とは物ごとの合理化ということであり、これを当時は改良と呼んだ。明治二十一年一月十四日の『団団珍聞』に「当世流行改良競」として、さまざまの改良が列挙されているが、それは衣服改良、飲食改良から婦人改良、束髪改良などを経て、鳴物改良、塵溜改良にまで及んでいる。ここに文学改良や演劇改良はあるが、美術改良、音楽改良がないのは、すでに「改良」が進んでいたからであろうか。ともあれ、これらの改良が基盤とする近代合理主義は、端的に言えば、リアリズム（現実重視）志向である。非リアリズム演劇とされる伝統演劇や芸能の場合も、明治期以後の表現方法は、少なくとも前近代のそれに比べればリアリズムに向かっていた。活歴物や散切物、その後の新歌舞伎も新演劇／新派もこの傾向の線上にあったが、これを支えたのは一般の庶民というより、近代知識人の感性だったのではなかろうか。新派の観客が当時の知識人を中心にしていたことを久保田万太郎は述べている。(19)

だが明治期の知識人には、日本人の身に沁みついている従来の感性と急激な西洋的感性摂取のはざまで苦しんでいるものが少なくなかった。ラフカディオ・ハーンは、この日本の状況を次のように記している。

この国は、知性の過度の緊張を経験する時代に入ってきている。意識的にか無意識的にか、突然の必要性にしたがって、日本は精神的な発展を、われわれの知る最高の水準にまで無理にでも到達させようという掛け値なしの大いなる努力をしている。そしてそれは神経組織の発展を強要するものである。このような知性の変容を望み、それを二、三世代で達成しようということは生理的な変化を伴わざるを得ないが、それは恐ろしく高価な代償を払うことになるに違いない。言い換えると、日本は身丈以上のことを試みている。しかし、今の状況では、それ以下の試みですませることは出来なかったのである。[20]

ついでに言えば、文学、音楽、美術の分野では、西洋と日本の相克の中で、何とか伝統の殻から抜け出ようと模索したものが少なくなかった。よく知られているように、進路を見失って若くして命を絶つものも出てくる。それは明治期だけでなく、その後の日本の芸術家のほとんど宿命のようなものと言っていい。明治期の演劇界で、伝統と近代の相克に苦しんだ例としてあげられるのはだれであろうか。黙阿弥も多かれ少なかれ齟齬を感じて、それを乗り越えようと努めたであろうが、この相克を強くかつ自らにとって重大な問題と感じ取った最初は逍遥であろうか。彼は国劇のモデルとしてシェイクスピアを考えたようだが、結局わが国の近代劇のモデルを示すことにはならなかった。

しかし、演劇の観客は一人では成立しない。知識人だけでもない。集団性／公共性（ドイツ語では観客をPublikumという）が美術や文学の享受者との相違である。近代以降、次第に観客は個人化して、その集合性を希薄にしていくが、客席の雰囲気が重要視される伝統演劇、芸能の場合はいっそうその変容が問題になる。

観客にもっとも明白な形で影響を与えたのは劇場形態だろう。演劇は観客がいて初めて成立するとすれば、劇場も観客の場があって初めて成立する。それには客席だけでなく、劇が始まる前や休憩時に観客がいる場所も当然含まれる。歌舞伎で茶屋制度がくずれていくとき、観劇にはどのような変容が生じたであろうか。実際、近代劇は観劇の態度自体の変化を要請した。川上音二郎が『オセロ』を上演したとき、逍遥は最後まで見ないで帰り、鷗外は遅れてきて途中で帰ったという。これは、つまらなかったからというより、歌舞伎の観劇態度を踏襲したということだろう。自由劇場や文芸協会の公演は、少なくともこのような知識人の観劇態度を一変させたと思われる。

したがって、過去の演劇を知るには、そのときの状況をできるかぎり正確に知ることが重要になる。舞台側の諸様相だけでなく外的な劇場形態も重要であり、それには照明や音響、大小道具なども含まれる。劇場の建っている場所の地理的、風俗的状況、興行形態なども観客の感性には影響するだろう。観客についての研究は、どの意味でも重要でありながら、これまで東西ともに等閑視にされてきたきらいがある。それは歴史上の記録文献が少ないせいもあろうが、実践者、研究者の側で舞台中心主義（sceno-centrism）が支配してきたこともあるのではなかろうか。これからはおそらく録音録画の類が有力な歴史資料となるに違いないが、舞台中心主義は解消されるどころか、いっそう強められる可能性もある。そしてここにもまた二重の変容スクリーンがあるだろう。演劇、芸能の上演が動画記録されるときのテクノロジーの限界（観衆を含めての全体をまるごととらえることは不可能に近い）と、往々にして無意識の、その録画記録を本物の上演とする誤解（上演の固定化はすでに上演そのものではない）である。

おわりに

蛇足じみるが、最後に一言付記しておく。現在の文化思想界では、近代を論じるとき、一九七〇年代から欧米で云々され出し、たちまちのうちに世界の思想動向を変えた観のあるポストモダンの概念と、九〇年代になって、その反動として起こってきたとみられる新たな近代性論を無視することは出来ない。もとよりそれはわれわれの課題に入っていないが、日本の芸能が欧米の実践者と研究者の興味を引くようになるのは、その近代合理主義を無視したような上演が、演劇のポストモダン志向を示している格好の実例と思われたからではないか。あるときから突然のように始まった欧米演劇研究者の宝塚フィーバーも、ジェンダー問題だけでなく、（商業）演劇としての宝塚に見られる西洋と日本の混在が一種のポストモダン的傾向に見えたからではあるまいか。これらは、結局、先に述べた演劇の文化論に集約されていく。そして一方で、ドラマを中核とする舞台表現そのものへの関心は、次第に希薄になっていく傾向にある。

注

（1）藝能史研究会編『日本芸能史』全七巻（法政大学出版局、一九八一〜九〇年）。

（2）科学研究費補助金、代表毛利三彌『比較演劇史の方法論の構築』（二〇〇二〜〇四年度科研費研究成果報告書、二〇〇五年）。

（3）毛利三彌「明治期の演劇近代化をめぐる問題（一）」（『美學美術史論集』第六輯、成城大學大學院文學研究科、一九八七年七月）。
（4）中村正直譯述『西國立志編』（求光閣、明治三十二（一八九九）年［合本］）参照。
（5）Samuel Smiles, *Selfhelp*, London: John Murray, 1918 [1859], p.26.
（6）古典叢書『式亭三馬集』第三巻（本邦書籍、一九八九年）四四七～八頁。
（7）山田俊雄『詞苑間歩』上（三省堂、一九九九年）三四三～四六頁。
（8）式亭三馬『戯場訓蒙図彙』（歌舞伎の文献・3）（国立劇場・芸能調査室、昭和四十四年一九六九）一三頁。
（9）古典叢書『式亭三馬集』第二巻（本邦書籍、一九八九年）四四七頁。
（10）山田俊雄、前掲書、三四五頁。
（11）ジャネール・ライネルト「学問分野の推移」(Janelle Reinelt, “Disciplinary Moves: Performance Studies Some Years On”)、毛利三彌編『演劇論の変貌』（論創社、二〇〇七年）。
（12）清水真澄『日本の仏像』（岩波新書、二〇一三年）五一頁。
（13）Eric Hobsbawm & Terence Ranger, ed., *The Invention of Tradition*, Cambridge, UK: University of Cambridge Press, 1983.（『創られた伝統』前川啓治、梶原景昭他訳、紀伊国屋書店、一九九二年）
（14）Eric Hobsbawm, “1. Introduction: Inventing Traditions,” *op.cit.*, p.2.
（15）*Ibid.*, p.3.
（16）Eric Hobsbawm, “7. Mass-Producing Traditions: Europe, 1870-1914,” *op.cit.*
（17）Samuel L. Leiter, *New Kabuki Encyclopedia*, Westport, Conn. & London: Greenwood Press, 1997.
（18）金子一夫『近代日本美術教育の研究――明治・大正時代』（中央公論美術出版、一九九九年）および、奥中康人『国家と音楽――伊澤修二がめざした日本近代』（春秋社、二〇〇八年）参照。
（19）久保田万太郎「序にかへて柳君に」（柳永二郎『新派の六十年』河出書房、昭和二十三年）。
（20）Lafcadio Hearn, *Glimpses of unfamiliar Japan*, Vol. II, Boston & New York: Houghton, Mifflin and Co., 1894, pp. 665-6.

［伝承］

民俗芸能における近代
――近代は民衆の祭礼芸能をどう変えたか

山路興造

やまじ・こうぞう――世界人権問題研究センター研究員。専門は日本芸能史・民俗芸能・被差別民史。主な著書に『翁の座――芸能民たちの中世』（平凡社、一九九〇年）、『近世芸能の胎動』（八木書店、二〇一〇年）、『中世芸能の底流』（岩田書院、二〇一〇年）などがある。

一般庶民は、「近代」という時代の変革をどのように迎えたのか。村落共同体の人々が、数少ない日常から解放される日である祭りの場で、中世後期以降から享受された「神楽」という民俗芸能を題材としたが、具体的には、現島根県西部一帯に伝承された「石見神楽」を取り上げ、その変容を考察した。

はじめに

日本の近代は迎えるべくして迎えたと考えるのが、現代の歴史思潮の流れであるようである。徳川幕府三〇〇年弱の間に、近代を迎える土壌が醸成されており、黒船の来航によって、近代社会を動かす動力がはめ込まれたという主張である。それ故に明治の幕開けによって、近代への幕開けが、たいした混乱もなく、比較的スムーズに進められたというのである。

わたしもこの考え方に大きな異論はないのだが、庶民の生活実感において「近代」は、どのように進められ、それに対していかなる方法で対処していったのであろうか。その実態を日常の生活感覚や、ハレの場である「祭礼」、その祭礼に演じられた「民俗芸能」（この用語は戦後に定着した分類用語である）という用語で一括される祭礼芸能などについて、いくつかの事例を挙げて検証してみたのが本稿である。

一、ハレの場の帽子

わが国はそれまでの太陰暦明治五年（一八七二）十二月三

日を、太陽暦明治六年一月一日として、暦の基準を変更した。この勅令は庶民の生活にとっては大きな変化であった。季節の移ろいを生活の基準として大切にしてきた人々には、暦上の数字などより、生活感覚の方が血肉になっていたので、農作業や個人的職能については、それほどの影響はなかったのかも知れないが、共同体の連帯や、支配者との連絡には大いに支障が出たはずである。わたしはこの暦の感覚に完全に対処するためには一〇〇年の歳月を必要としたと考えている。私の学生時代（一九六〇年代末頃）までは、カレンダーの数字の隅には旧暦（太陰暦）の表示があったし、七〇年代のカレンダーでも一日と十五日には旧暦の表示が残っていたはずである。まだそれを必要とする生活が残っていたのであろう。

現在の日本は、ひと月遅らすとか、新暦のまま旧暦の行事を強行するとか、それぞれに折り合いをつけて今日に至っており、旧暦が必要なのは八月十五夜の月見くらいになっている。たとえば京都の祇園祭は旧暦では六月七日から十四日までの行事であったのだが、現在では七月十七日と二十四日の祭礼とされている。これなどは明治六年の旧暦の祭日を新暦に直した日なのであるが、この日に定着するまでには十年以上の試行錯誤があり、明治十九年に決着したのである。近代を迎えた時の京都町衆の混迷がよくわかる話である。

しかし現在ではしっかりと新暦が定着しているのは、太陰暦自体が古代における大陸からの借り物であったからであろう。太陰暦を生みだした国である大陸では、未だに一年の初めの「春節」や、端午・重陽などの諸節供をはじめ、重要な行事は太陰暦を死守している。自国発祥の文化なのである。

江戸時代末期には、絹物こそうるさかったが、庶民の正装としての黒紋付に羽織姿は許されていたはずである。町方や村方の役付けの者たちは、丁髷姿で紋付き羽織の正装をして、神輿渡御の供に加わったはずである。明治四年に出された「断髪脱刀令」は、わが国の西洋化を促進するための太政官布ではあるが、武士階層の抵抗を受けて、帯刀こそしばらくは認められたようであるが、庶民にとっての「断髪」は、我が身が直接変容する法令だけに、よほど戸惑いがあったはずである。

私が高校や大学を過ごした一九六〇年代、巷には帽子屋が溢れていた。大学周辺の学帽屋は別にしても、男性の帽子を売る店が多くあったのである。多くは中折れ帽であったが、地方の祭礼などに行っても、役員が紋付き羽織に帽子という出で立ちで登場するのが普通であった。なぜこれほど日本で、西欧の習俗である帽子が普及したのか。山奥の村祭りにまで、身なりは紋付きの着物であり羽織を着ながら、役員の男たちの頭には帽子があるのか。これは断髪令で切ってしまった丁髷頭の頼りなさを隠す、恰好の素材なのだと気が付いたのは、しばらくしてからであった。当時はそれほどにこの出で立ちは、田舎の祭りの風景になじんでいたのである。

村祭りの帽子の場合は、突然にやってきた近代への咄嗟の対応の一つと思われるのだが、以下に論ずる「石見神楽」の事例は、石見国（現島根県西部）という地方の村落共同体の民俗芸能[1]なのだが、やはり江戸時代という長い年月による庶民文化の熟成が背景にあったからこそ、近代という時代を無理なく迎え、スムーズに新しい時代に沿った変容が可能であったものと考えられる。

二、民俗芸能としての「神楽」

1 神楽とは何か

本稿では、石見神楽を事例として近代への変容を論じるのであるが、そのためにはまず「神楽」とは何かを知っておかねばならない。「神楽」と呼ばれる民俗芸能は、全国的に伝承されているのだが、その芸態は時代や地域によって大いに異なり、おうおうにして誤解を生じているからである。

「神楽」とは本来芸能の名称ではない。神が降臨する場所（物）である「神座」（かみくら）という一般名詞が転訛した用語であり、清浄なる女性の身体そのものが神座として機能した場合は「巫女神楽」と呼ばれる。神を身体に迎えることのできる能力のある女性が巫女《みこ》とか巫《かんなぎ》と呼ばれる。また、獅子頭《ししがしら》を神座として神を迎える場合は「獅子神楽」と称される。最も一般的な神楽の形態は「採り物神楽」で、榊・御幣・剱・笹・弓・鉾・杓・茣蓙などを神座とし、手に採って舞うのである。古代、宮廷で執行された「御神楽《みかぐら》」においては、この採り物舞が中心であったらしいが、平安時代中期には、すでに採り物歌しか残らず、舞は殆ど伝承されていなかった。ただし「人長《にんじょう》」と呼ばれる進行役が、輪の付いた榊枝を採って舞うことのみが残されていた。

宮廷の御神楽においてもすでにそうなのだが、夜を徹して演じられる芸能の中心は、この採り物舞に続く余興の部分で、人長の進行によって芸に秀でた殿上人や舞人・陪従《べいじゅう》などが召し出されて、次々に当時流行の催馬楽《さいばら》や東遊《あずまあさび》・風俗《ふぞく》歌・猿楽《さるがく》技などを披露して楽しんだのである。もちろんこの場合、酒が酌み交わされたのは当然である。ただし宮廷の「御神楽」は、神事ではなく基本は天皇の出御する一種の「遊び」であったために、神楽の中心をなすべき「神懸かり」のことはなかった。採り物舞が歌のみの伝承であったのは、その為であったのかも知れない。

神事としての「神楽」は、本来、神の降臨を仰ぎ、降臨した神と共に夜を徹して饗宴を楽しみ、最後には神の託宣を聴くのが目的であったはずである。宮廷の場合、「御巫《みかなぎ》」を交えてのその神事は、「鎮魂祭」として別にあったのである。

2　猿楽能と神楽能

巫女神楽（巫女舞）や獅子神楽などはっきりと形態の異なる神楽は別にして、中国・九州・中部・関東、東北地方などで神楽と称した場合、『古事記』『日本書紀』などを題材に、神々や鬼たちが登場する仮面劇を思い浮かべるに違いない。東北地方では山伏神楽とか法印神楽の別名もあるように、これらの神楽は、中世後期に修験山伏などの宗教者によって演じはじめられたものであり、その基本は「採り物神楽」（採り物舞）に、余興の「猿楽能（能・狂言）」が付随したものである。

採り物舞は、素面の者が神の依り代となる採り物を手に舞うが、余興の「神楽能」は、仮面を使用することによって、何にでも変身し、物語を演じるという猿楽能の特性を利用して、独特の発展を遂げている。

猿楽という芸能は、古代に大陸から持ち込まれた散楽《さんがく》という芸能のうち、「ものまね」と「仮面を用いて変身する」という要素が、わが国独自の展開を遂げて生み出された芸能で、南北朝期以降に大和猿楽座の観阿弥・世阿弥父子によって大きく大成する。神楽能はこの手法を修験山伏たちが取り入れて独自に発展させたものではあるが、技法はあくまでも猿楽能に依拠しており、神楽の本質からすれば降臨した神と一夜を興じる余興の芸能である。

修験山伏によって演じられたという基本は同じであるにせよ、この系統の神楽は地域によってそれぞれの展開をみせる。東北地方においては修験山伏の一団が、季節を定めて村々を巡回し、祈祷をして廻るという手法を取る所があり、この場合は神の依り代として獅子頭（権現と称する）を使用するために、採り物舞は重要視しない。その意味では獅子神楽に分類すべきであろう。ただし村の大家などを宿泊所にして、その座敷を舞台に、神楽能を演じるという点では、一般的な獅子神楽とは異なり、採り物神楽の手法に近い。

江戸という大都市で発展をみせた神楽は、修験から脱して陰陽師支配に置かれた神楽師によって、神社祭礼などで湯立の祈祷などとともに演じられて来た。彼ら神楽師は、神事舞大夫の支配下に置かれて統率されていたが、この神楽を「里神楽」と称するようになるのは、その支配から脱した明治初期に、天覧の話が持ち上がった時である。急遽それらしい名称を考えたという話が残る。結局、天覧は実現しなかったのであるが、この江戸の神楽の特色は、猿楽能の技法を用いた神楽を演じることでは同じなのだが、謡やセリフを一切なくして、パントマイムで進行させることにある。また、湯立などによる祓いの神事は行うが、神楽能自体には神事性は薄く、採り物舞で神を降臨させることもない。娯楽性が大きく強調された神楽と言うことが出来る。

3　修験山伏が演じた神楽の特色

中世後期の修験山伏が始めた神楽の面影が、本格的に現在に残る神楽と言うことになると、結局、静岡県の安部川・大井川流域の神楽以西である。ただし三河・遠江・信濃の山岳地帯に伝承された花祭りや霜月神楽は、独自に発展している から除外すると、北陸地方や近畿地方にはこの神楽の伝承はないから、一足飛びに中国地方に飛び、四国・九州ということになる。

この神楽の特色は、

① 神楽を演じる場所を、五色の紙（白のみの場合もある）を美しく加工して飾ることで、中央の天井には天蓋、四方の長押には切り紙などで飾る。
② 前段に直面の者による採り物舞が舞われる。
③ 面を着けた神々や鬼神が登場して神楽能を演じる。
④ 神楽の途中で神懸かりが行われ、託宣が聴かれる。
⑤ 江戸時代以前は神楽を執行する者が修験山伏系の宗教者に限られていたが、そのなかには巫女も加わっていた。(2)
⑥ 毎年の例祭に執行するのではなく、何年かに一度の式年祭や、特別の目的で演じられ、夜を徹して行われた。

などである。これらの共通項を持つ神楽は、江戸時代を通じて地域的特色が生じたが、その多くは修験のグループごとの変化であり、国を単位としておおよそのグルーピング化もできる。

江戸時代に入ると、徳川幕府の宗教政策もあって、彼ら神楽を演じた宗教者は、吉田神道の裁許状を貰うことにより、地域の神社を祀る神職として位置づけられ、毎年の例祭祭祀に専念することとなるが、式年の神楽の執行には、近隣の神職を組織し、中世以来の①から⑥の特色を残した修験色の濃い神楽を演じ続けたのである。ただし、女性の巫女を参加させることは少なくなっていった。

今日の中国地方でいえば、備中神楽・備後神楽・出雲神楽・石見神楽・隠岐神楽・安芸神楽（芸北神楽と瀬戸内海沿岸部の神楽）・防長神楽などがそれにあたるが、隠岐神楽だけは巫女の参画が今日まで守られている。因みに九州では、壱岐神楽・豊前神楽・日向神楽・肥後神楽などは、国を単位に呼ばれるが、高千穂神楽・椎葉神楽・銀鏡神楽・阿蘇神楽・球磨神楽のように、地域を単位に呼ばれる場合が多い。なお対馬などでは神楽の伝承は絶えているが、命婦《みょうぶ》と呼ばれる巫女の伝承が残されている。

三、なぜ石見神楽なのか

以上、縷々挙げてきた全国の民俗芸能としての神楽は、いずれも近代という新しい時代を迎え、それぞれに変容を遂げて、今日に至っているのであるが、民俗芸能の近代化を論じるのに、なぜ石見神楽を取り上げるかである。

その問題を論じる前に、近代を迎えた神楽が共通に余儀なくされた問題があることを知っておかねばならない。その問題の第一が慶応三年（一九六七）の王政復古の大号令によって、神道が大きく国家の宗教として浮上し、その職に携わる人々に規制がかかり始めたことである。翌四年には神祇官が設置され、神仏分離令が発令されるとともに、全国諸神社などの神主が、神祇官に附属されたことである。

多くの例外があるにせよ、神楽は、かつては修験山伏であり、江戸時代は吉田神道の配下に属した神職たちによって演じられていたのである。その神楽を舞うことや、地域ごとに祀る小祠の祭祀、ある種の祈祷なども行ってきた村神主が、祭政一致の復活によって、神祇官（神祇省）所属の神主とされたのである。それに加えて、明治四年の太政官布告により、伊勢神宮を頂点とする社格が設けられ、地方の神社も「郷社定則」によって、郷社・村社・無各社などの序列化がなされていった。

当時混乱をきたしていた神祇省の方針が、何処まで行き渡っていたのかはわからないが、明治四年二月一四日に出された「達」には「是迄心願ト称シ、猥ニ社頭ニ於テ、神楽奉納之儀、自今禁止之事」（『法規分類大全　第二六巻』所収）とあり、明治六年一月十五日付で教務省から出された「達　第二号」[3]には、「従来梓巫・市子並憑祈祷・狐下ケ杯ト相唱玉、占・口寄等ノ所業ヲ以テ、人民ヲ眩惑セシメ候儀、自今一切禁止候条、於各地官此旨相心得取締厳重可相立候事」とあり、神懸かりによって託宣を受けるという行為自体も、全面的に禁止されたようである。なお、明治八年には太政官布告によって神宮以下の神社祭式が定められ、現在でも行われているような一定の統一された祭式が、徐々に浸透していった。

さて、肝心の石見神楽であるが、他の神楽と同じように、以上のような明治政府による宗教改革の波を、まともに受けながらも、江戸時代の神楽の様子を比較的よく残した地域と、近代の改革に応じて新しい神楽として再生した地域とがあり、その様子がある程度資料によって追うことができる神楽なの

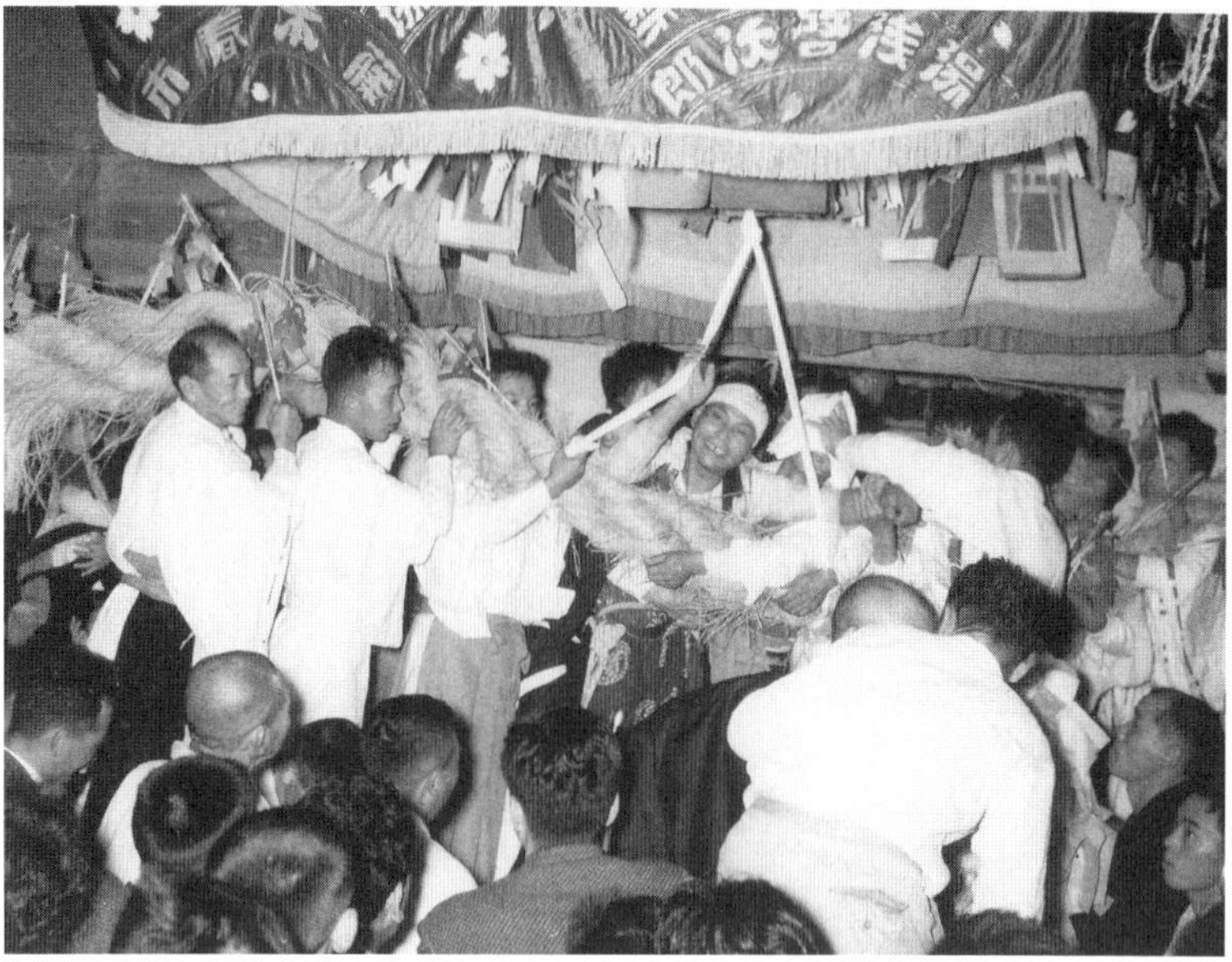

大元神楽の神懸かり

である。それ故に近代を迎えた民俗芸能（神楽）の事例として、敢えて取り上げることとしたのである。

その具体的資料の一つが、幕末期に石見国邑智郡原村（現邑南町）で生まれ育ち、当時の村の祭りをつぶさに体験した竹崎嘉通の記録である。この記録は、柳田国男が中心となって創立した郷土会（郷土研究会）の機関誌『郷土研究　三巻九号』（一九一五年十一月刊）に寄稿した「村の祭り」という文章なのだが、これには幕末期から明治に移行する当時の村の祭りとして演じられた神楽の実態が、隈無く記されている。(4)

> 自分の故郷は石見国邑智郡であるが、（中略）年一度の氏神例祭で、其時は貧富相応に祭子と称して衣服を新調し、或は畳の表替、或は障子の張替といふ様に其準備も随分費用が掛る。（中略）大方は前夜から翌日一日である。前夜は夜祭とて神職が少きも五・六名集り神供を為し、夫より七座神楽を舞ふ。神楽は神職の常識であった。

ここまでは例祭の記述である。当時の例祭では、近所の村の神職五・六名で祭祀が行なわれ、素面の採り物舞である「七座の神事」のみが、神職によって舞われていたことが知れる。それとは別に数年に一度の式年祭については、

> （前略）神祭につき更に式年の神楽と云ふ事があった。凡て神前で奏する音楽歌舞は何れも神楽であるが、別けて神楽と云へば式年のものを差して云ふ習慣であった。其式年の神楽は、或は五年或は七年目に行ふものがある。是を大元神楽と称へた。

とあり、竹崎氏の育った邑智郡の村人にとって、「神楽」といえば五年とか七年に一度行われる「式年の大神楽」、すなわち「大元神楽」こそが神楽であったと強調している。

其大神楽執行の時は、豫て建設しある舞殿《まひどの》（又は新たに仮屋を立てる所もある）、向ふ三面に関係村民の集合の出来得る限の桟敷を造る。此桟敷の割方は最もやかましいもので古来よりの定がある。役人桟敷は別物とし、其外に土地の旧家で、当時は衰微して居ても、其桟敷の一区画を持つて大に誇りとする者もある。（中略）凡て楽器は大鼓小鼓笛手拍手で、歌は中には多少聞くべきものもあるが古雅でない。舞は東京辺のものと大差なく、神代の故事若くは歴史の有名な事柄を仕組んだもので、其音調などは能狂言に習ひ、東京辺の者より聊か上品である。

と記している。竹崎氏は東京（江戸）の里神楽を見ていたようで、それよりは上品と評しているのが面白い。さらに、

（中略）大神楽に属して又一地方に行はれたものに託舞と云ふ一神楽があった。是は勿論児戯に類する様な事ながら、当時に在っては重要視せられたもので、俗間信仰の一端も伺ひ知らるゝものであった。託とは神託の事で一人の審神を立て、神降しを為し、種々の問答を試みるのである。託大夫即ち審神となる神職は、自然世襲の有様で又其に属する腰抱と云ふ役があったが．是も亦世襲の姿であった。託舞の設備としては、大きな注連縄の頭を龍頭に似せて造ったものを、神前の左方の柱から相対する方面の柱に引渡す（此大注連は託舞で無くても大神楽の時は之を用ゐ、其名はやはり託縄と称した）。深更の刻審神者を上座とし多数の神職其縄に取付き．幣を持ち歌をうたひ祝詞を読む、然すると暫時にして審神俄かに顔色変り大声を発して、村の某は云々の罪悪がある、某は不信者．本年其の方面に火災があるなど口走り、又祭主たる神職種々の問答をする事もある。時に依つては神怒を発し太刀を抜いて荒れまはり、或は桟敷に飛込み怪我人を生する事もある。其時腰抱なる者是を抱鎮めるのである。自分は三・四度其席に列した事があるが、何時も余りの恐しさに片隅に打伏して居た。自分は其当時も聊か不審に思ひ、師なる某に真に神様が乗り移りますのかと聞いたれば、師は然りと微笑して其他は云はれぬ。夫で自分も安心した事であった。此行事の如きは今更真偽の問題にはならぬが、当時に在っては仮令佛教信者でも一点の疑念を懐く者はなく、悉く神聖なる神事と認めて居たのである。（中略）但し右の事柄は維新前の状態で、今は神楽は一種の職業の形をなし、農民是を為すが故に

百姓舞と称し、勿論託舞の如きは既に行はれない。神社の祭式は今では凡て内務省より定められて居る次第であるが、実際に於て維新前の方が厳重であつたやうに思はれるのは、是も老人の僻見であらうか。

と記しているのである。式年祭はその中心が神懸かりによる託宣にあり、それこそが神楽を執行する目的であったのである。ただし竹崎氏が最後に書いているように、これは維新の前の状態であり、維新後は神職が神楽を演じることをしなくなったのである。その理由は前述したように、明治政府による神職による神楽の禁止令であり、神懸かりによる託宣などの禁止令による故であった。

だからといって神楽は絶えることはなかった。村の農民たちがそれを受け継いだのである。竹崎氏は農民たちの受け継いだ神楽を「百姓舞」と記し、「今は神楽は一種の職業の形をなし」と記しているが、維新後十年を待たずして、神楽は農民の手によって演じられるようになったのである。もちろん神職が司っていた祭儀の部分や、神懸かりによる託宣の部分など、農民たちには手に負えない部分はそのままであったが、余興として演じられた神楽能は、農民たちによって直ちに積極的に演じ始めたのである。

その理由の一つは、農民の側の経済的・精神的成熟である。例祭に演じられる儀式的な採り物舞である「七座の神事」には、さして魅力を感じなかった当時の農民も、式年祭で演じられる神楽能は、面によって神や鬼に変身し、華やかな衣装を着け、激しい立ち回りを演じるその演劇性に、自らも演じてみたい、自らが主役になりたいという欲求は早くから持っていたはずである。特に若者組みなどを組織して、祭りの準備などに積極的にかかわってきた若年層には、その思いが強かったはずである。藤原宏夫氏の研究(5)などによると、石見国の海岸部ではすでに幕末期には、村の若者を主体とする神楽団が組織され始めていたようで、庄屋や役人の差し止めを受けるのだが、すでに農民の内部に自らが神楽を演じて楽しみたいという欲求が芽生えていたようである。(6)もちろん余興の神楽能を演じることが目的であり、神楽の本質である祭儀の要素にかかわっていたわけではないはずである。

明治期初頭の神職による神楽の禁止については、前述の「達」以外に、神祇省もしくは教務省が直接神職に法規を発した法令を知らないが、この時期、各地域で任命された教道師が、新式の神社祭祀の方式を、具体的に伝授して歩き、神職による神楽舞の禁止も伝えていたようである。

一方、農民の側が演じたかったのは、祭儀としての神楽ではなく、余興である娯楽としての神楽能であった。彼らは神楽団を組織して、各村の神社の例祭に神楽能を演じて歩いたのである。そこでは観客から多くの「花（祝儀）」を集めることができた、この「花」を元手にして新しい華やかな衣装を新調し、面の数も増やしていったようである。もちろん彼らに神楽能を伝授したのは、それを伝承していた神職たちにほかならないが、自分たちが直接演じることができなくなった神楽能を、積極的に彼らに伝授した形跡がある。もちろん彼らが所蔵していた面や衣装も、譲ったはずである。

このようにして明治十年代あたりを境に、石見神楽（他地方の神楽も同様のはずであるが）は一変していった。式年祭のみならず、毎年の例祭に神楽団による神楽能が演じられるようになったのである。氏子中は神楽団に一定の出演料を支払うとともに、村人からも「花」が出され、別途に「所望」「願」として、特別の神楽能が演じられた。完全に神楽の娯楽化である。その代わりに式年祭の神懸かりによる託宣が失われた。いや、式年祭自体を行わなくなった所が多くなったのである。

特に石見国の海岸部の神楽は、娯楽芸能としての側面が強調され、明治三十年頃には、拍子の急調子化（六調子から八調子）が工夫され、その急調子のテンポで舞うためには、木製の仮面ではなく、石見和紙による紙製の軽い面の制作が工夫された。紙製による大型面も造られるようになったのである。明治四十年頃には、提灯製作の技法を使って、神楽能の人気曲である「八岐大蛇《やまたのおろち》」に登場する蛇に、蛇胴を用いるという工夫もなされた。この蛇胴を用いた大蛇こそが、石見神楽の大きな特色となっていくのである。しかし農民による神楽団の活躍にも、時代の景気による浮沈があり、淘汰があったようである。

一方、神職による神楽の禁止を受けてもなお、神職による式年祭の執行を絶やさなかった地域もあった。石見地方のなかでは邑智郡や那賀郡の一部で、現在ではこの神楽を「大元神楽」の名称で区別している。前述した竹崎氏が居住していた邑智郡奥部の山間村では、維新とともに中止されたようであるが、同じ邑智郡の江川下流域（旧桜江町・川本町・日貫町など）の神社神職で構成される神楽組と、那賀郡の一部（旧旭町）の神職集団は、江戸時代以来の神楽組を保持して、いくつかの村の式年祭を旧来通りに執行してきた。もちろん神楽能は村ごとに存在している神楽団に任せたのだが、その内のいくつかの式年祭では、神懸かりによる託宣も残したのである。本来の式年祭では、託宣に至るまでに多くの祭儀が、神職によって執行されていたのであるが、大元神楽ではその過程を残したのであり、大元神楽こそが維新以前の石見神楽であったのである。

しかし、明治維新の改革により、神職の演舞と神懸かりによる託宣という部分を禁止され、式年祭を伝承しなくなった多くの石見神楽では、農民の神楽団による神楽能ばかりが強調され、本来の神楽としての姿を失ってしまったのである。

戦後の経済成長期には、石見神楽は再び大きく変化する。その一つが一九五四年に発刊された『校訂石見神楽台本』による神楽台本の統一である。第二が衣装の豪華化である。もともと神楽能の衣装は、木綿の布に染めが基本であったが、華やかなものにしたいという欲求は、農民による神楽が始まってからは一層顕著となった。昭和の初め頃には、業者が愛媛県今治地方の布団神輿などで使用されていた金糸銀糸の刺繍を、神楽衣装に応用して華やかな衣装に縫い上げるという工夫がなされていたようであるが、戦後はそれが一層華美になり、神楽団ごとに、その豪華さを競うようになっていく。

鬼の登場などに花火を仕掛けるという技法は戦前にもあったようであるし、歌舞伎芝居の衣装のぶっ返りの技法なども、早くから取り込んでいたことは確かである。なお、神楽能「八岐大蛇」に複数の大蛇を登場させたのは、大阪万博のお祭り広場に出演して以降であるとする研究など[7]もある。

現在の民俗芸能「石見神楽」は、石見観光で観るべきものとして、行政を中心とした観光業者が売り込みに成功している。もちろんそれは「神楽」という神事芸能ではなくて、かつてその余興として神職の演じる領域であったものが、明治維新によって農民による神楽団が成立し、その神楽団の現在的姿にほかならない。

注

(1)「民俗芸能」というのは、戦後に使用され始めた学術・行政用語で、戦前には一般的には「郷土舞踊」、学術的には「民俗芸術」などと呼ばれていたもので、共同体の祭礼などで、一般の民衆によって演じられる芸能を指す。

(2) 巫女の参加は近世以前においては当然のことであり、神懸かりや託宣は彼女らの役であったと思われるが、江戸時代に入ると急速にその姿を消す。ただし隠岐神楽では現在でも活躍しているし、石見神楽においても、現江津市波積高倉山八幡宮に残る明和八年（一七七一）の「大元神楽役指帳」（一九八二年刊『江津市誌　下巻』所収）に、巫女が「天女」を演じた記録が残る。

(3) 教務省は明治五年に宗教統制のために設置され、全国に教導師が派遣されて神社改革の実際を指導したが、明治十年には廃止され、その機能は内務省社寺局に引き継がれた。

(4) この記録を使って私はすでに「石見神楽の誕生」という論考を『民俗芸能研究　第五六号』（民俗芸能学会、二〇一四年三月）に載せている。

(5) 藤原宏夫「島根県浜田市における江戸末期から明治期にかけての神楽事情」（『民俗芸能研究　第六〇号』二〇一六年三

月）。

（6）明治二十年の「神楽舞類似流行ニ付廃止ノ件」には、天保年間の始め頃から、現浜田市域の細谷村の若者が神楽の真似をしたことをきっかけに、この地域に農民による神楽が演じられたという記載がある。

（7）俵木悟「八頭の大蛇が辿ってきた道――石見神楽〈大蛇〉の大阪万博出演とその影響」（『石見神楽の創造性に関する研究』島根県古代文化センター編、二〇一三年十二月）。

【伝承】

黒川能と鶴岡荘内神社

——明治維新後に引き継がれる酒井家への勤仕

重田みち

庄内地方に伝わる黒川能の場として、王祇祭と並び重視すべきは、明治初期に旧藩主酒井家の祖を祀り創建された鶴ヶ岡城址荘内神社の例大祭である。黒川能は村の信仰に根ざした藝能であるのみならず、庄内藩の公式の能楽という別の見逃せない性格をもち、藩主への忠誠は荘内神社への奉納にそのまま引き継がれたことが、その歴史や藝態からうかがわれる。地域藝能にとって、明治維新は必ずしも時代の画期を意味するわけではなかったのである。

しげた・みち——京都造形芸術大学非常勤講師・早稲田大学演劇博物館招聘研究員。専門は日本藝能史・能楽・東アジア文化交流史・藝道・日本中世文学。主な論文に「足利義持時代の美意識——世阿弥の藝論の冷え・さび・無文」（『藝能史研究』二〇八、二〇一五年）、「「夢幻能」概念の再考——世阿弥とその周辺の能作者による幽霊能の劇構造」（『人文學報』一〇九、二〇一六年）、「『風姿花伝』神儀篇の成立経緯と著述の意図——「申楽」命名説を軸として」（『日本研究』五八、二〇一八年）などがある。

一、黒川能の概要

1　黒川能の沿革と演能の機会

黒川能は、十五世紀後半頃に、庄内の武家政権であった大宝寺氏（庄内武藤氏）が深く関与し、羽黒山麓近くの黒川村の四所明神（今日の黒川春日神社）に創始した新年祭（今日の王祇祭の前身、以下「王祇祭」と称する）の藝能に端を発すると推測される。[1] 天正十一年（一五八三）の大宝寺氏滅亡後も、黒川能は庄内の武家統治下で祭礼とともに継承されてきた。とりわけ江戸時代元和年間に最上氏の改易によって庄内藩主となった酒井家とは密接な関係を有し、王祇祭以外にも、鶴ヶ岡城における藩主上覧能や、藩に許可を得た鶴岡や酒田での興行など、酒井家が関与した黒川能演能の機会が多くあったことが明らかにされている。[2] 近代に入ってからは、王祇祭とは別の春日神社恒例の祭礼（例大祭・新年祭・新嘗祭）でも演じられ、黒川の外でも、羽黒山花祭、及び荘内神社の祭礼において黒川能が奉納されるようになった。[3] また、東京公演など遠隔地への出張公演活動も明治期から行われるようになり、平成期に入ってからは黒川で年二回の定例公演を催している（二月の春日神社蝋燭能と七月の赤川河川敷における水焔能）。このように黒川能は、約五百年の歴史を有し、今日の上演の機会は、王祇祭をはじめとする春日神社祭礼における奉仕、近隣地域における奉納、黒川内外における公演と多岐にわたっている。

2　黒川能の能座と所演曲

黒川能の能座は上座・下座の両座からなっている。またその演目は、当地の信仰に基づき王祇祭にふさわしい内容を有する二曲（《所仏則翁》《大地踏》）と、[4] 今日の五流と同系の能楽（《式三番》・能・狂言からなる）[5] との二系統に大別されるが、[6] 演目数や上演数から見ると後者の比重が大きい。前者（の原形）は王祇祭創始時に作られ、後者は大宝寺氏が、祭礼創始時または十五世紀前半までに都の能楽を当地に伝えて王祇祭の演目に加えたと見られる。[7] また前者の二曲は今日まで同祭以外の場に不出の演目であるが、それに対し五流と同系の能楽は、少なくとも近世以来、上述した藩主上覧能、王祇祭以外の祭礼への奉仕・奉納や近隣地域での興行、公演等の場でひろく演じられてきた。その当初の演目は知りえないが、村が貧窮し演目数が減っていた元禄年間以降、藩主上覧能や興行を重ねて演目数を増大させ、さらに明治二十年代の上下両座の所演曲拡大競争の激化（黒川では上座と下座とで所演曲を分けており、相手の所演曲でない曲を新しく演ずるとその曲を自座の持ち曲とすることができる）も経て、[8] 今日の実際の所演曲数は能百番余、狂言三十番余となっている。[9] 鶴岡荘内神社祭礼への奉納黒川能の演目も、これらの五流と同系の演目のなかから選ばれ、王祇祭独自の演目である《所仏則翁》と《大地踏》は演じられない。

二、庄内藩主酒井家と黒川能
——近世から近代へ

1　黒川能は庄内藩の公式の能楽であったろう

黒川能が庄内藩主酒井家と密接な関係を有していたことは、様々な点に認められる。先述した藩主上覧能や藩の興行許可のほか、藩主は能装束類を下賜し、黒川祭礼のため酒井家紋付の幕を寄進し、また祭礼用の費用を藩が負担してもいる。[10] 藩がここまで黒川を厚遇している点には注意すべきであろう。黒川能は当地に伝わる藝能ではあったが、他藩の藩主が上覧する鹿踊り・曲藝・相撲などとは位置付けが異なっていたのではないか。将軍徳川綱吉の能への熱狂と時を同じくして元禄期から新藩主庄内入部に伴う上覧黒川能が慣習となり、国元での他の本格的演能がなかったらしいこと、またその番組構成が江戸城での能の催しと近いことからも、庄内藩はそれを幕府の式楽であった四座一流の能楽（今日の五流の前身）に準じた藝能と見なし、国元での公式の能楽と認めていたと見るべきであろう。

黒川能は一般に「民俗藝能」「郷土藝能」と説明されることが多いが、一村落の祭礼の藝能とのみ把握していると、庄内藩において黒川能の占める大きさが見えにくくなってしまうことには注意を要する。元禄期の黒川能は、王祇祭の藝能であることに加えて、藩の能楽としての性格を新たに帯び、その後はその両方の性格を兼ねることになったと見るべきである。換言すれば、元禄期以降の黒川の人々にとって、黒川能が庄内藩の能楽であるという認識は、王祇祭の祭礼の藝能であるという認識と同等に重要であったと見てほぼ差し支えない。近代以降の荘内神社への黒川能奉納も、庄内藩（武家）の能楽であるという性格をふまえて観れば、おのずとその意味の重要性を見通すことができる。

2　酒井忠発の黒川能愛好

酒井家の歴代藩主のなかでもとりわけ黒川能を愛好したのは、江戸末期に第九代藩主をつとめた酒井忠発《ただあき》（一八一二—一八七六、在任一八四二—一八六一）であった。忠発と黒川能の関係については桜井昭男氏が注目し、具体的に言及している。[11]桜井氏説及び黒川関連史料を参照し、庄内藩史を顧みつつ新たに要すれば、忠発の黒川への特別な関心の高さは、藩主就任の翌月という早い時期に歴代藩主としてはじめて黒川を巡見し、しかも春日神社参詣を希望したことにうかがわれる（ただし参詣は大雨で中止）。藩主在任中には、入部に伴う天保十四（一八四三）年正月の鶴ヶ岡城黒川能上覧をはじめとして四回観能し、文久元年（一八六一）八月家督を弟忠寛《ただとも》に譲り隠居してからも、元治二年（一八六五）二月に御用屋敷において観能した。

まもなく庄内藩は戊辰戦争で新政府軍と戦い、明治元年（一八六八）には公地没収のうえ酒井家は転封されたが、翌年の旧藩士・商人等の政府への献金によって庄内復帰が決まり、翌三年に忠発の子息で旧十一代藩主であった酒井忠篤《ただずみ》（一八五三—一九一五）と弟で旧十二代藩主であった忠宝《ただみち》（一八五六—一九二一）が帰還した。その庄内復帰を祝い、明治二年から四年まで黒川村は酒井家に餅を数回献上したが、そのつど黒川の役者衆は忠発の前で能を舞い、酒を拝領した。さらに没する二年前の同七年（一八七四）五月十六日には、三十数年前の天保十三年に天候不順で中止となった春日神社参詣を酒井家の人物としてはじめて達成し、そこで黒川能も鑑賞している。

忠発の黒川能鑑賞は計十回を超え、歴代藩主のなかで飛び抜けて多く、藩主就任時から晩年まで黒川と黒川能への関心は失われなかった。この近世から近代への橋渡しの時期における忠発の存在が、それまでと変わらぬ明治期以降の酒井家と黒川との結びつきを決定的にしたと言ってよい。

3　酒井忠発死去と荘内神社の創建

その酒井忠発が没した明治九年（一八七六）は、折しも鶴岡荘内神社の創建事業が進められていた只中であった。同社は、江戸時代の庄内藩主酒井家（左衛門尉酒井家）の初代忠次（一五二七―九六）、二代家次（一五六四―一六一八）、三代忠勝（一五九四―一六四七）の神霊を合祀した社である。『鶴岡市史』によれば、(12)明治八年（一八七五）に旧士族の有志が、旧藩主酒井氏の居城であった鶴ヶ岡城址に上記三代を祀った一社を創建することを当時の鶴岡県に請願し、受け入れられた。その後事業は着々と進められ、明治十年には本丸跡に社殿が造営され、同年十月四日から六日まで落成を祝う盛大な祭典が執行される。

このように、酒井忠発の死去と重なり合う時期に荘内神社が創建されたことは、黒川能を考える際にも留意すべきであろう。荘内神社は、黒川の人々の旧藩主忠発への思いがスムーズに移行していく対象となる可能性を十分に有していたと言えるからである。

三、荘内神社奉納黒川能の概要と庄内藩の能楽としての特徴

1　今日の荘内神社奉納黒川能の実態

これまでの黒川能研究では荘内神社への奉納はあまり注目されず、二十世紀末の筆者の黒川実地調査でも、戦前からの行事であることを伝え聞くだけであった。本稿がその最初の歴史的考察となるが、ここでまず、平成期に入ってからのその概略と特徴を述べておく。

荘内神社への黒川能奉納は、平成二十六年（二〇一四）まで毎年八月半ばの例大祭に際して行われてきた（ここ数年は日程調整のため休演）。平成期の同社例大祭の本祭は八月十七日である。そのほかに宵祭・御旅所祭・歴代藩主墓前祭の儀式があり、その間に大名行列や黒川能奉納等の行事が入る。平成十七年から翌十八年にかけて、市政や町会との連携のため諸行事の日程の再編成があり、八月十五日の午前に行われていた黒川能の奉納は、十四日夕方の薪能へと変更された。また荘内神社現宮司石原純一氏の談によれば、平成期以前に

もその前段階としての変更があり、以前は舞台となる拝殿から奥の本殿の神霊のほうを向いて正面とし、一般の観客には背中を見せて演じていた方式が、石原氏の宮司継承直後の昭和五十年代後半に、全国から当地を訪れていた祭愛好者の要望に応えるかたちで、手前の観客のほうを正面とする逆向きの方式となった。異論の多かった黒川の人々に「神様はどこからでも観られるから」と説得しての変更であったという。これらは地域の祭礼の盛況を期しての決断であったが、祭神と黒川能の関係を思うと反省の念にかられるとのことである。このように、旧藩主の神霊を楽しませるための純粋な奉納であった黒川能に、昭和末年以降、市民や一般参加者に向けた夏のフェスティバルの一環としてエンタテインメント性が付加されたが、当事者には奉納という本来の在りかたへの意識が存している。

また、平成期における奉納黒川能の演目は、《式三番》に続いて祝言性を伴う脇能が演じられ、その後狂言、能と続くが、全体の演目数や能座の構成は時期によって異なっている。番組類によれば、近年は《式三番》、能二番、狂言一番であり、たとえば上記平成十八年の番組は《式三番》、能《弓八幡》、狂言《茶壺》、能《大瓶猩々》の四番で下座だけの演能であった。この時期は一年ごとに上座と下座が交互に出勤しているが（ただし他方の座の役者が後見として一人必ず随伴する）、平成十四年までは上下両座の演能（同年は下座《式三番》、同能《弓八幡》、同狂言《琵琶借り》、上座能《現在鵺》）であった。また平成十一年以前は演目数が多く、能が三番であった（同年は下座《式三番》、上座能《竹生島》、同狂言《蟹山伏》、下座能《龍田》、上座能《鈴鹿山》）。このように、平成期のなかでも上下両座の番組構成や全体の演目数が変化しているが、羽黒山花祭では奉納されない《式三番》が必ず冒頭に舞われ、続いて脇能が演じられる点は守られており、《式三番》と脇能が荘内神社奉納黒川能の根幹をなすと考えられる。

2　脇能の大臣ワキの特別なルール

その荘内神社奉納黒川能の脇能に見られる目立った特徴として、ワキ役に関する特別なルールを挙げることができる。脇能は、正式な猿楽の能の催しの最初の演目である《式三番》に続いて演じられる能をいい（《式三番》の脇に置かれる能の意味である）、室町時代初期の世阿弥活動期以来、《式三番》に準じて祝言性を帯びることが第一義と位置付けられた。《弓八幡》《難波》《高砂》など、ワキの帝の臣下などの人物（「大臣ワキ」）が旅先で神の類の超人的な存在に出会い、遊舞やめでたいことばによる歓待・祝福を受ける筋をもつ曲が多い。荘内神社奉納能における脇能がそのような曲である場合、大臣ワキ登場時に特別な演出があり、一人の役者が一生に一度限り担当可能であるというのがそのルールである。おおかた壮年の役者が勤め、経験者は黒川で一人前の役者として認められる。このように脇能に、黒川最大の祭礼である王祇祭の脇能にも見られない特別なルールが存在することが、荘内神社奉納黒川能の特徴であり、王祇祭とは異なる由緒を感じさせる。

図1　今日の荘内神社例大祭の奉納黒川能における脇能の大臣ワキ登場の段。「カラミ」直後の名ノリの場面。ワキが着用する紺地に金の丸紋をほどこした狩衣（上衣）は江戸時代に酒井氏より拝領したと伝える。舞台は神社の拝殿であり、奥に酒井氏先祖を祀る本殿がある。写真手前は観客がいる神社の庭である。かつては、奥の本殿に向かって演じられていた（撮影：石原純一氏）。

3　「カラミ」の演出と礼脇

その脇能のワキ登場時の演出は、当地で「カラミ」と呼ばれる。二十世紀末の筆者の調査によれば、その演出はおよそ次のようなものであった。

橋懸りから舞台に入ったワキが、足音を響かせながら、小刻みな足運びを見せる。〔本舞台の正面で〕キリキリッと、からめるように〔左右の〕袖を巻き上げ、正面先で平伏の礼をする。囃子も通常と変わる。……尋常ではない気と勢いに圧倒されそうになる……五流の『翁』に続く脇能の特別演出「礼脇」にカラミと共通点があるが、黒川のカラミは独自の演出である。……専用の狩衣に袖を通し、晴れ姿を颯爽と披露する……[13]　（〔　〕内は本稿筆者注）

このように「カラミ」は、王祇祭を含めた通常の脇能のワキの演出よりも重々しく儀礼的であり、平伏の礼をする点に特徴がある。

ここで注目したいのが、右に述べたように、そこに近世の幕藩体制下の能楽の脇能における特別演出であり今日の五流にも継承されている「礼脇」との共通点が見出されることである。礼脇は、近世の能楽関連の諸資料によれば、徳川将軍家や藩主の御前で晴れの能楽が催された際、《式三番》に続く脇能のワキ大臣を勤める役者が、特別に重々しい「置鼓《おきつづみ》」

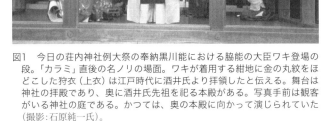

と呼ばれる囃子に乗って登場し、主君に敬意を表して平伏をする、儀礼的な特別演出であった。黒川能のカラミも、庄内藩の能楽における同類の演出の跡を留めていると見るべきであり、中世からの村落の祭礼である王祇祭の脇能では演じられないのもそのためであろう。また、カラミでワキが着用する特別な狩衣は、近世に藩主から下賜されたものであると黒川では伝えているが、それもおそらく事実であろう。つまり庄内藩では、近世の鶴ヶ岡城における新藩主入部祝賀上覧などの黒川能演能の際、《式三番》に続く脇能に、当時の四座一流の礼脇に則ったワキの独自の作法があったと推測される。

今日の荘内神社奉納能の番組に《式三番》と脇能が不可欠であり、脇能の大臣ワキにカラミの演出があるのは、江戸時代の庄内藩の公式の演能における礼脇に類する作法が継承されたと解することができる。(14) 藩の公式の能楽としての黒川能の性格は、このように今日の催しにも示唆されている。

四、荘内神社祭礼における黒川能奉納のはじまり——荘内神社記録をもとに(1)

1　荘内神社関連史料に見る創建時祭典の黒川能奉納

それでは、その荘内神社祭礼における黒川能の奉納は、いつはじめられたのであろうか。

『鶴岡市史』は、荘内神社祭礼に関する叙述に続いて、「明治十二年には黒川能の奉能があり、祭に一層の趣を添えた」と記している。(15) 従来の研究では注意されなかったが、これが荘内神社の黒川能奉納のはじまりに関する唯一の歴史叙述であり(ただし右の依拠史料は不記)、黒川能奉納が同社創建からまもなく行われたことをうかがわせる。

ところが、最近筆者が荘内神社及び鶴岡市歴史資料館所蔵の同社関連文献史料を調査したところ、その黒川能奉納はさらに早く、すでに明治十年の創建の祭典時に行われたとする史料が見出された。次の三点がそれである。

○鶴岡市郷土資料館蔵、明治八年—同十五年一月『御日記』(史料番号「宮2」)

表紙に「明治八年　御日記」と記し、内題に「明治元年ヨリ　御日記案」とある(以下『御日記案』とも称する)。他の日記類の記事を合写した記録である可能性が考えられる。(16)

○荘内神社蔵『荘内神社記録』(史料番号「宮1」)

明治八年から昭和五十六年(一九八一)までの記録。早い時期の記事は『御日記案』または類似の記録の記事を適宜削除して整理したものと見られる。

○鶴岡市郷土資料館蔵、明治十年九月『御祭典御用一式』

（史料番号「宮6」）

落成祭典準備に際する入費に関する控。

まず、『御日記案』『荘内神社記録』により明治十年十月の祭典の次第をまとめておく。

十月三日　山形在住の「令公」（当時の酒井家当主忠宝か）
　到着も急用のためすぐに帰還。

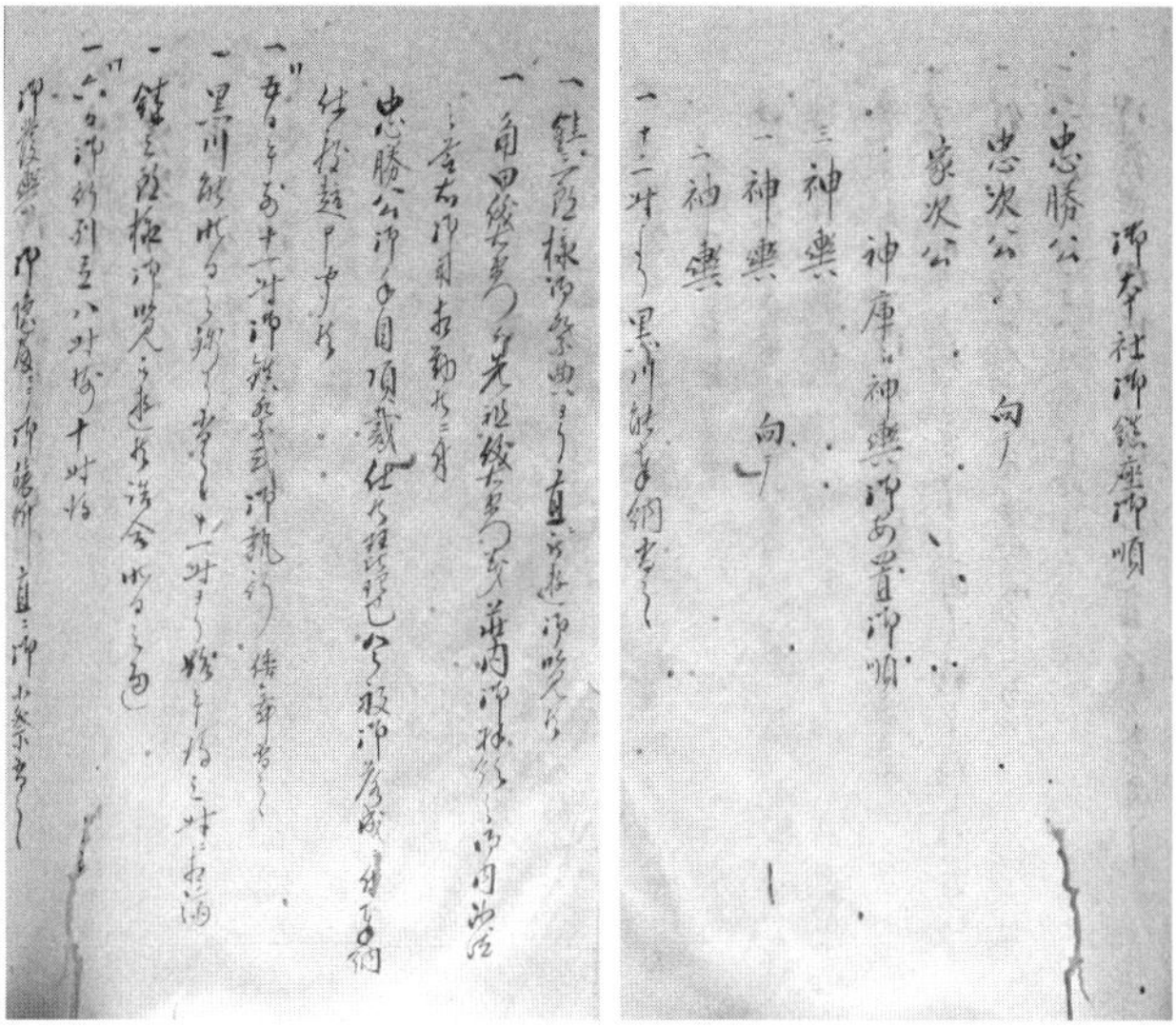

図2　鶴岡市郷土資料館蔵、明治8年―15年1月『御日記』（『御日記案』、史料番号「宮2」）、明治10年10月4日・同5日条。荘内神社創建時祭典の際の黒川能の記事。前の丁（右写真）最終行及び後の丁（左写真）1行目が4日の演能、後の丁7・8行目が5日の演能の記事。

十月四日　午前七時より大祓式、大殿祭。午前十時すぎ御
　遷座祭、十二時終了。

　当主代拝、「鉎三郎様」（忠宝子息の幼名か）参拝。

十月五日　午前十一時御鎮座式執行、倭舞あり。

十月六日　午前八時前「御行列」（大名行列）出立。

　十時すぎ発輿、御隠殿（第九代藩主酒井忠発隠居所、現鶴ヶ岡城址致道博物館内）を御旅所とし御小祭執行。

　午後一時すぎ発輿、二時すぎ帰社、三時すぎまで御祭式。


ここで注目すべきは、同書十月四日条、五日条には、祭典に伴う黒川能奉納についても記されている点である。より記述の詳しい『御日記案』からその記事を次に引用する。

一、十二時より黒川能奉納有之《これ有り》。
　鉎三郎様、御祭典ヨリ直ニ被遊御覧候《御覧遊ばされ候》。〔十月四日条〕
　黒川能、昨日之残リ有之《これ有り》。十一時ヨリ始、午後三時ニ相済《あひすむ》。
　鉎三郎様被遊御覧候《御覧遊ばされ候》。〔十月五日条〕
（標点及び訓みは本稿筆者による。以下同じ）

十月四日は祭典終了直後の十二時より黒川能奉納があり、翌五日には十一時より演じ残した演目が奉納された。なお、

後者が開始時を御鎮座式開始と同時とするのはやや不審であり、あるいは御鎮座式の直後、十二時頃の開始であったものを誤記したのかもしれない。

2　初期祭礼における黒川能奉納の規模・舞台・日程

　この落成時祭典について、先の『御祭典御用一式』は、黒川能奉納のため来社を予定していた役者衆の人数を「黒川能八拾九人」とし、奉納前後の賄い準備の旨を記している。演能が二日間にわたっていたことに加え、この人数からも、相当に大がかりな奉納であり、たとえば《式三番》付の五番立などの演能も可能な規模であったことが知られる。

　また、この祭典における黒川能の奉納場所を記した史料はないが、『御日記案』には翌明治十一年九月十三日条に、やはり黒川能奉納の記事が見え、そこに次の記述がある。

　一、九月十三日。例年之通黒川能奉納。午前七時ヨリ始、
　　午後三時後相済。
　一、右ニ付奉納中、開扉神饌例之通。[17]

　右の文に奉納中、本殿を「開扉」したとあるから、奉納は本殿手前の拝殿において、神霊が鎮座する本殿を正面にして行われたのであろう（先述した昭和五十年代以降と逆の向き）。

　また右明治十一年は、九月中旬・下旬に祭礼が行われている（少なくとも十四日・十五日・三十一日）。上記の『御日記案』『荘内神社記録』ほか数種の荘内神社関連史料[18]によれば、翌十二年以降の例大祭は原則として八月に行われるが、この年はまだ祭礼日程の原則が定まっていなかったのであろう。また黒川能奉納と祭典儀式の日程の関係については、明治十一年では奉納が十三日の早朝から午後三時過ぎまで行われており同日の儀式の記録がないから、儀式に先立って奉納の日程が設けられたものであろうか。翌十二年は八月十五日に黒川能奉納があり、その日には「御小祭」があったが、本祭の執行は十六日であった。上記の史料によれば、明治期をとおして黒川能奉納は祭礼の初日かその前日に行われる記事が多く、明治十一、二年という祭礼創始間もない時期から、それが原則となっていたことが知られる。黒川能奉納の記事を欠く年もあるが、奉納の事実がなかったのではなく、単に記録されなかったのであろう。次に述べることからもそのように推測される。

3　黒川による荘内神社への永世奉納の意志

　右に述べた神社創建期の祭礼と黒川能奉納の記録に加えてさらに興味深いのは、先述した『御日記案』及び『荘内神社記録』に、黒川から荘内神社への能楽奉納の意志が示されていることである。すなわち『御日記案』明治十二年五月十一日条には次の記事が見える。

　一、五月十一日。黒川能、永世、御祭事之節、奉納

仕《つかまつりたき》度願書指出《さしだし》候ニ付、御掛《かかり》ヱ申上候而聞置《さふらひてききおく》。（『荘内神社記録』もほぼ同文）

これは、この時に黒川より、祭礼への黒川能奉納を未来永劫（「永世」）行いたい旨の願書が神社に提出され受諾されたという内容であり、右の記事からは、黒川の人々の酒井家に対する忠誠の意志が近世以来変わっていなかったことがうかがわれる。先述したように、黒川能を愛好した酒井忠発は神社創建の準備期間に没し、右の願書が提出されたのはそれから何年も経たない時であった。この点に注意すれば、神社創建時の黒川能奉納も神社側の要請というよりは黒川の人々の意志によるものであり、忠発の生前から創建時にかけての酒井家への思いの強さが、この願書となって表出されたのであろう。また、荘内神社が創建された鶴ヶ岡城本丸跡は、まさに藩主上覧黒川能の演能の場であった。つまり黒川の役者衆にとっては、藩主御前の能が、藩主祖先の御前の能に変わったに過ぎない。

上記史料が記録する昭和五十六年までの間に荘内神社例大祭の際の黒川能奉納がなかったことが明らかな年は、大正元年（一九一二）と昭和二十年（一九四五）である。前者は明治天皇崩御のための諒闇にあたり祭典儀礼のみ行い諸藝能奉納等を中止し、後者は八月十五日黒川の役者衆が詰めていたが玉音放送により急遽中止された。これ以外の年は右の永世奉納の意志表明のとおり、毎年黒川能の演能が欠かさず行われていたと考えられる。

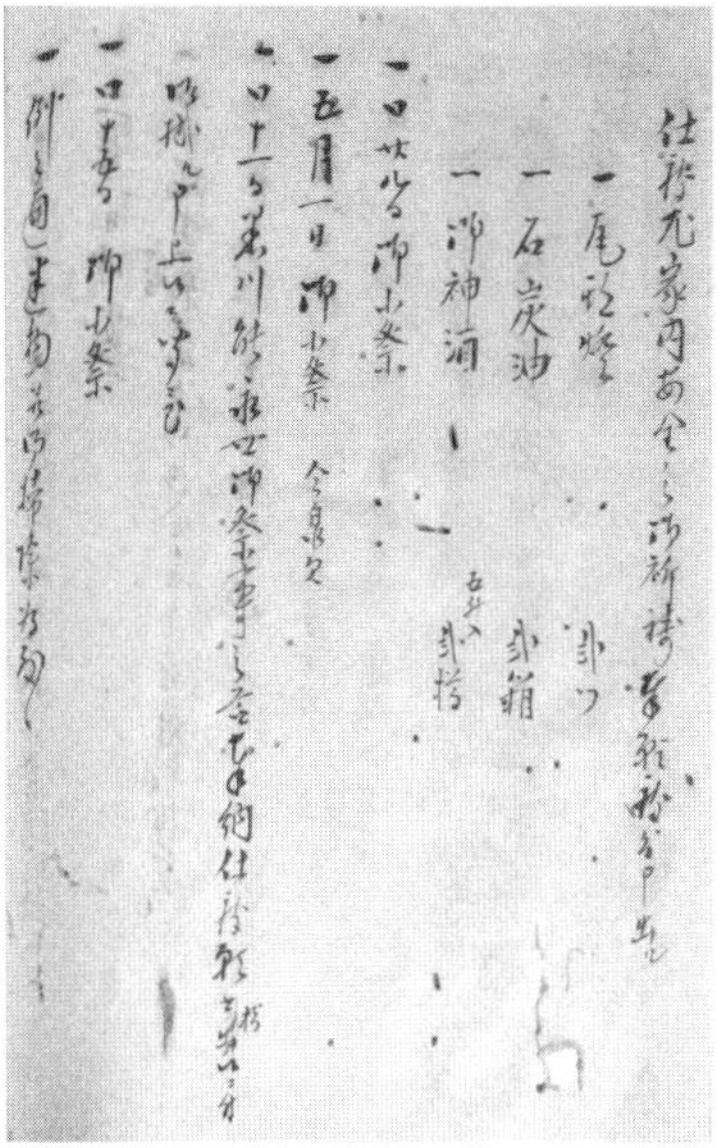
図3　鶴岡市郷土資料館蔵、明治8年-15年1月『御日記』(『御日記案』、図2に同じ）明治12年5月11日条。本文7・8行目に黒川能が荘内神社祭事への「永世」奉納願書を提出した旨の記事が見える。

以上のように、明治十年十月の荘内神社創建の大がかりな祭典の時から黒川能は奉納され、一、二年のうちに黒川の人々は永世奉納の意志を神社に伝えている。当時の黒川の人々にとって荘内神社との関係は、本質的に江戸時代の藩主酒井家との関係がそのまま引き継がれたものであり、時代の趨勢によって形をやや変えはしたが、奉納能による酒井家への忠誠もまた、永遠に続くべきものであったことが、当時の神社の記録から読み取られる。

五、初期の荘内神社奉納黒川能の演目
――荘内神社の記録をもとに（2）

1　明治十三年・十四年の奉納黒川能の番組

先述した荘内神社関連史料には、明治十三年・十四年の記事に、奉納黒川能の演目が記されている。ここではそれを紹介し、そこからうかがわれる事柄を述べたい。

まず、奉納黒川能の番組を明記した最初の例である明治十三年の『御日記案』八月二十日条の記事は次のとおりである（ただし貼紙に記す）。

式三番・大社〔下〕・宝ノ槌・八嶋〔上〕・節分・張良〔下〕・蟹座頭・船弁慶〔上〕・苞山伏・大江山〔下〕・針立雷・皇帝〔上〕・祝言（〔　〕内の「上」は上座所演、「下」は下座所演と見られる曲、以下同じ）

また『御日記案』『荘内神社記録』の翌十四年九月三日条にも、次のとおり奉納黒川能の番組がある（この年は洪水のため祭礼が八月から九月に延期になった）。

加茂〔上〕・文相撲・箙〔下〕・祢山伏・羽衣〔上〕・膏薬練・大江山〔下〕・宗論・（祝言）猩々〔上〕

調査した荘内神社関連史料では明治十二年までと明治十五年以降十年間の番組を記さないが、このように早い時期の番組が知られることは貴重である。右の記事は各曲の上演を担当した座を明記していないが、先述したように黒川能では江戸時代から上座と下座とで能の所演曲を分けているため、曲名からどちらが演じたかが知られる。ただし《式三番》は両座にあり、狂言は両座が同じ曲を演ずるため、右の演能でもどちらの座が演じたかは未詳である。

2　初期の演目・番組構成の特徴

演目の特徴について、能の演目は、それ以前の王祇祭等の演目と大異はなく、黒川で演じ慣れていた曲が並ぶ。狂言は、それ以前の王祇祭の曲目が知られないが、江戸時代の興行や明治期の公演等の所演曲と重なる曲が多く、やはり上演頻度の高かった曲であろう。

次に番組構成について、両年とも最初の能《大社》《加茂》は脇能であり、十四年の番組ではその前に《式三番》を記さないが、おそらく実際には《式三番》があったろう。当時から、脇能にはカラミの演出があったのではないか。また番組全体は、十四年のほうは王祇祭とほぼ同様の、黒川独自の五番立の構成である。[19]十三年は五番立がやや崩れており、三番目物がなく、能は祝言（曲名不記）を合わせて七番である。演能時間は、明治十三年の記事には九時から十八時までとあり、十四年の記事には十時すぎから夕暮までとある。日中いっぱいを費やしての奉納であり、今日の同奉納に比べて規模が大きい。また上座と下座の能が交互に演じられるのは、江戸時代の藩主御前での演能と同様である。

以上を要するに、初期の荘内神社例大祭への奉納黒川能の演目と番組構成は、江戸時代の鶴ヶ岡城における新藩主入部の際の演能と近似しており、それを踏襲する意識があらわれているとみてよいのではないか。

おわりに

以上のとおり、これまで黒川能研究のなかで注目されたことがなかった荘内神社への奉納について、同社関連の新資料から知られる創建期から数年間の演能の実態も取り上げて考察した。黒川能には、王祇祭など黒川春日神社を中心とした祭礼の藝能としての性格のほかに、江戸時代元禄年間からは庄内藩の国元の公式の能楽としての性格が加わったと考えられるが、明治維新以後も、黒川の人々は旧藩主への忠誠の意志をもち続けた。それが能を愛好した旧藩主酒井忠発の明治九年の没後間もなく創建された荘内神社に対し、黒川能奉納というかたちでいち早く表明されたと言うことができる。奉納能の場所も、番組構成も演出も、江戸時代の藩主御前での正式の能をほぼそのまま引き継いでいた。


幕藩体制が崩れ明治政府が発足したことは、言うまでもなく日本にとって大きな歴史的変化である。しかし、以上に述べたことから見るかぎり、黒川の人々と黒川能にとって、この時期の近世と近代との境界は曖昧であり、少なくとも主観的、心情的には庄内藩主であった酒井家との結びつきがその後も続いたと言ってよい。また形式的にも、外圧的に変化せざるをえなかった要素を除いては、それ以前の方式を踏襲する志向をもっていた。それから百数十年を経た現在も、荘内神社奉納黒川能は日程等の都合により「休演」してはいるが「廃止」されてはいない。今日でも黒川には藩主から下賜された装束類が保存され、王祇祭では酒井家紋の幕が用いられる。

荘内神社を中心とする城址公園が在りし姿を彷彿とさせる鶴岡の町の景観と、専業農家は稀になったが庄内平野に田畑が拡がる黒川地区、また両者に数百年以前から継承される家系や行事は、そこに〈近世〉が深く根を張り存続していることを実感させる。むしろ二十世紀後半から現在までの間に、荘内神社祭礼諸行事をめぐる観光客層の拡大や市政との連携により、奉納黒川能が本殿の神霊ではなく観客側を正面として舞う方式に変更され、日中の奉納が薪能の演出に取って代わられたなどの点に、神社・黒川双方の当事者の本意に必ずしも沿うとは言えない〈近代〉的傾向がうかがわれるのではないか。明治初期の荘内神社への黒川能奉納には、〈近世〉の〈近代〉による改易の跡は微塵もうかがわれない。武家政権によって数百年もの間支えられてきた地域藝能は、容易に「近代化」しなかったのである。

注

（1）拙稿「王祇祭及び黒川能の形成と大宝寺氏の庄内統治――寺社藝能・武家権力・羽黒修験」（『藝能史研究』二一九号、二〇一七年十月）。なお、王祇祭という名称は近世以前には別の名で呼ばれていた可能性が高いが、いまは便宜的に王祇祭と呼んでおく。

（2）表章「黒川能の歴史」（『黒川能』平凡社、一九六七年）。桜井昭男『黒川能と興行』（同成社、二〇〇三年）。

（3）羽黒山花祭の奉納は明治六年（一八七三）以来の慣例であり、一時数年間廃絶したが、以後今日まで続いている。戸川安章『黒川能の歴史と風土』（中央書院、一九七四年）。

（4）《大地踏》《所仏則（翁）》の藝態については、以下を参照。本田安次「王祇祭見学記」（『延年』木耳社、一九六九年）。渡辺国茂写真、重田みち・正田夏子解説『黒川能狂言百番』（小学館、二〇〇〇年）。

（5）「五流」はシテ方を中心とした呼称であり、シテ方観世・宝生・金春・金剛・喜多流の五流を指す。大和猿楽の四座（観世・宝生・金春・金剛）が豊臣秀吉の能楽制度の整備を承けて徳川幕府成立期に幕府の式楽の座と位置付けられ、さらに江戸初期に四座から将軍家が愛好した喜多流が分かれて四座一流となり、近代以降の五流へと受け継がれている。表章「能楽史概説」（『能楽の歴史』岩波書店、一九八七年）参照。

（6）黒川能がこの両系統の藝能からなることについては、表章「黒川能の歴史」（前掲）参照。

（7）《所仏則翁》（《所仏則》）と《大地踏》の制作については、拙稿「王祇祭及び黒川能の形成と大宝寺氏の庄内統治」（前掲）を参照。また大宝寺氏が都から当地に能楽を伝えた時期については以下を参照。戸川安章『黒川の歴史と風土』（前掲）三四～三九頁、及び上記拙稿。

（8）上下両座の所演曲及びその拡大競争の経緯は、表章「黒川能の歴史」（前掲）参照。

（9）これは『黒川能狂言百番』（前掲）所収曲に数曲を加えたものである。

（10）櫛引村教育委員会編『黒川能史料』（同委員会発行、一九五九年）所収史料。表章「黒川能の歴史」、桜井昭男『黒川能と興行』（ともに前掲）もそれらの一部について言及。また、酒井家紋（片喰紋《かたばみ》）の幕は今日の黒川の祭礼でも用いられている。『黒川能狂言百番』（前掲）九九、一一一頁等の写真参照。

（11）桜井昭男『黒川能と興行』（前掲）五七～五九、七六～八三、二〇一～二〇四頁。

（12）『鶴岡市史　下巻』（鶴岡市役所、一九七五年）二四六～二四九頁。同書の著述は地元の諸資料に基づいたと見られ、筆者が最近調査した荘内神社関連史料である後述『御日記案』『荘内神社記録』にも発案から落成までの記録が見える。

（13）『黒川能狂言百番』（前掲）五六、五七頁「カラミ」（重田執筆）。

（14）この脇能のカラミの演出は、一人前の役者のお披露目としての機会が荘内神社奉納能だけでは不足しているという理由から、黒川の例大祭に限っては、他の祭礼や公演と異なり特別に行われることがある。明治三十六年（一九〇三）の例大祭では「カラミ」が行われたことが、大和田建樹（一八五七〜一九一〇）の記録した「脇は礼脇にて三大臣なりしが……仕手柱より流足の様なる横足を使ひて大小前に来る形などありき」という演出内容より推測される。大和田氏「黒川能　其二」（『能楽』第一八号、一九〇三年）。

（15）『鶴岡市史　下巻』二四九頁。

（16）注17を参照。

（17）ここに「例年之通」と記すのは前年の落成祭典の翌年の記事としては不審であり、同書がオリジナルの日記ではなく、黒川能奉納が恒例の行事と認識されるようになった後年に、他の記録類の内容を参照しまとめ直したものであることを推測させる。

（18）鶴岡市郷土資料館蔵『荘内神社祭典控』（史料番号「宮12」）・『明治二十五六年御日記』（「宮25」）・『御祭典諸控』（「宮26」）・明治二十六年以後『日記』（「宮36」）。

（19）黒川の五番立については『黒川能狂言百番』前掲、三九頁（重田執筆）を参照。

附記　本稿は、日本学術振興会科学研究費助成金（研究課題番号15K02232）の成果の一部である。本稿執筆にあたり、荘内神社・鶴岡市郷土資料館のご厚意により貴重な資料の調査のご許可を賜った。また荘内神社宮司石原純一氏・黒川在住蛸井伊右衛門氏には本稿テーマに関する貴重なお話をうかがった。また稿中に言及した史料、及び調査を行った他の複数の史料にも、いま割愛した黒川能奉納に関する記事が多見する。別の機会にあらためて考察を行いたい。

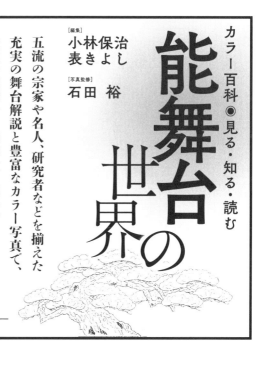

［伝承］

日本古典演劇譜本の近代——その変容と明暗

田草川みずき

たくさがわ・みずき——千葉大学准教授、早稲田大学演劇博物館招聘研究員。専門は近世文学・演劇学。主な著書・論文に『浄瑠璃と謡文化——宇治加賀掾から近松・義太夫へ』（早稲田大学出版部、二〇一二年）、「新出資料・宇治加賀掾跋『八九杖』と竹翁坐像について」（『楽劇学』第二〇号、二〇一三年）、「浄瑠璃正本における〈平家〉考——文字譜〈平家〉の摂取と変遷をめぐって」（松尾葦江編『文化現象としての源平盛衰記』笠間書院、二〇一五年）などがある。

日本古典演劇の発展に不可欠であった〈譜本〉の出版は、近世期までに、豊かで複層的な世界を形成していた。しかし、近代化による社会の変化は、それまでの古典演劇譜本の様相を、根底から覆すこととなる。本稿では、近世から近代にかけての、譜本の発達と出版の傾向について考察する。さらに、近代化に伴う各譜本の変容に着目し、古典演劇譜本の今後のあり方を模索したい。

はじめに

演劇において、声や楽器による「音」は、原則として一過性のものであり、これを永遠に留める術はない。それは、あらゆる記録媒体が発達した今日においても変わらない。リアルタイムで行われるパフォーマンスの臨場感を甦らせ、その場にいなかった人間に追体験させるといったことは、技術的な点は兎も角として、演者と観客という人間同士のやりとりである演劇の特性を思えば、ほぼ不可能といっても過言ではないだろう。

平安末から鎌倉初頭に至る、院政期の流行歌謡であった今様に耽溺し、その道に途方もない情熱を傾けた後白河法皇は、そうした「声わざの悲しさ」を次のように嘆いた。

おほかた、詩をつくり和歌をよみ、手を書くともがらは、書きとめつれば、末の世までも朽つる事なし。声わざの悲しき事は、我が身かくれぬるのち、とどまる事のなきなり。

（『梁塵秘抄口伝集』巻十）(1)

日本で書写された現存最古の譜は、紙背文書としての琵琶譜で、天平十九年（七四七）以前に記されたものと考えられている。(2)一方、声楽の記譜は器楽譜に遅れ、九・十世紀頃から行われるようになり、後白河法皇が『梁塵秘抄口伝集』を著した約二〇〇年後の十四世紀末頃より、仏教音楽としての声明に詳しい記譜が生ずる。しかし、『梁塵秘抄』に書き留められた今様にはそうした「譜」が記されていない。一過性の「声わざ」への後白河法皇の哀惜も、至極尤もなものと思われるのである。

その後、「譜」は進化を遂げながら、日本のあらゆる音楽ジャンルで用いられるようになる。録音・録画といった現在の技術には遠く及ばなくとも、「譜」による記録は、その場限りの「音」を後世へ伝えたいと切実に願う人々にとって、ほぼ唯一の手だてであった。そして、音楽を伴って演じられる日本の古典演劇にとっても、「譜」は必要不可欠なものになってゆく。

＊

二〇〇五年五～六月、早稲田大学演劇博物館において、「古典演劇譜本展」という企画展示が開催された。(3)筆者が貴重書担当助手として、演劇博物館に在籍中に企画・実行したもので、ジャンルを問わず、日本古典演劇における「譜本」の歴史を、視覚的に示すことを目的とした。

以下は、展示図録『古典演劇譜本展』(4)より、展示開催にあたっての挨拶の冒頭部分である。

日本の古典演劇は、その多くが音楽を伴う「楽劇」であるとされている。そういった古典演劇のそれぞれは長い歴史の中で、時に互いの影響を受けながらも独自の譜本を持ち、伝承と普及とに努めてきた。実際に、音楽が重要な役割を果たす日本古典演劇において、その伝承のために不可欠であった「譜」は、書写、或いは出版されるなどして、膨大な資料群が今に残されている。今回は、「譜」という一側面から日本古典演劇史を概観しつつ、それぞれのジャンル及び時代を担った演技者たちの、伝承への熱意を感じさせる展示を目指している。

（田草川みずき「「古典演劇譜本展」開催にあたって」）

当該展示は、Ⅰ譜本の濫觴、Ⅱ譜本の展開、Ⅲ譜本の爛熟、Ⅳ袖珍本いろ〳〵、Ⅴ譜本の盛衰、の五部構成となっていた。そのうち、「Ⅴ譜本の盛衰」は、近代の古典演劇譜本を扱った箇所で、Ⅰ～Ⅴの各部の内、最も多い三十八点の資料を出陳した。時代が近く、残された資料が多いという事由もあるが、何よりも、各ジャンルの譜本の変容が激しく、ダイナミックな展開があったことが大きい。ゆえに、課題が残り、さらなる調査・研究の必要性を感じたのもこの時代の譜本についてであった。

以来筆者は、本書『東アジア古典演劇の伝統と近代』刊行の直接のきっかけとなった、国際高等研究所「東アジア古典演劇の『伝統』と『近代』」研究プロジェクトや、公益財団法人清栄会主催の講演会等で[5]、この課題についての考察と発表を行ってきた。先述の展示図録『古典演劇譜本展』は、図録という性質上、図版を中心に資料ごとのキャプションと、各時代の概略のみを記したもので、一般の目にも触れにくい。そこで、図録刊行以後に考察を進めた、近代化に伴う日本の古典演劇譜本の変容と、その問題点を改めて本稿で考察し、大方の教示を得たいと考えるものである。

一、日本古典演劇譜本について

まず、日本古典演劇の「譜本」とは何か、という定義と、近代に至るまでの歴史について概説しておきたい。

日本の古典音楽に、共通の「譜」は存在しない。ただし、声楽に関して言えば、言葉で音高や旋律を指示する「文字譜」、点や線で一音のアクセントや節回しを表現する「胡麻章」（あるいは、記される線が長めの「目安博士《めやすはかせ》」など）という二種があることは、ほぼ共通している。

また、各ジャンルで用いられる音楽（理論）用語の多くは、中国の音楽理論を取り入れつつ、徐々にその和様化をも進めていった雅楽に端を発している[6]。しかしそれに限らず、日本古典音楽の譜には、共通する用語が頻繁に見られる。

例えば、平家（平曲）・謡・義太夫節等の各ジャンルで用いる〈ユリ〉という文字譜が各譜本に記譜された際に、全く同じように語られる（謡われる）ことは決してない。それぞれのジャンルにとっての、〈ユリ〉の節回しが存在するのである。ただし、各ジャンルの同名文字譜記譜箇所に、共通する要素を感じることは多々ある。その場合、互いの影響関係も視野に入れて研究を行う必要が生じる。

一方、楽器の譜については、その楽器の形態によって、勘所や指孔を現す数字、音色を現す記号、唱歌など、様々な要素を含む。また、「譜」を表す用語そのものにも、能楽囃子の〈頭《かしら》〉、義太夫三味線の〈朱〉などの違いはあるが、本稿では便宜上、「譜」または「譜本」という言葉で一括して示したい。

ちなみに、「古典演劇譜本展」では、その名称の通り、「古典演劇」周辺の譜本を扱い、純粋に音楽たる、尺八楽や琴曲などの譜は除外した。しかし、声明や平家の譜に関しては、比較的発生の早かったことや、日本の音楽理論や記譜に与えた影響の大きさ等を踏まえて、適宜取り上げている。

1　中世まで

　日本古典音楽の先蹤たる雅楽の譜は、盛んに筆写され、特に近世後期以降は、徐々にではあるが一般にも浸透していったとみられる。しかし、その譜本は原則として限られた人々の間でのみ伝えられ、ついに明治期に至るまで、刊行されるということがなかった。一方、「譜」の刊本としては最も早く、文明四年（一四七二）に高野山で譜本を刊行した声明は、平安末期から鎌倉初期にかけて既に全盛期を迎えていたものの、それ以降は大きな変革がなく、長い伝承期に入る。

　また、中世期に発生した平家（平曲）は、雅楽や声明と同じく、後世に大きな影響を与えた芸能である。しかしながら、盲人音楽であることも影響してか、『平家正節《へいけまぶし》』のような画期的な平家（平曲）譜本は、近世中期に至ってようやく整えられた。

2　近世前期

　「譜本」の世界に最初の大きな変革がみられたのは、室町末期から江戸初期にかけてである。それは、取りも直さず当時の出版技術の向上と、受容の広がりに拠るものだった。中でもいち早く動きを見せた譜本が、能の謡の教則本としての〈謡本〉である。能（謡）の詞章と節を記した謡本は、室町後期から、高位の人々の間で盛んに書写され、伝播しつつあった。しかし江戸時代に入ると、町人などの庶民の間でも謡が好まれ、その享受層は爆発的に拡大してゆく。これと同時並行的に行われたのが、様々な種類の謡本の刊行である。[7]曲の組み合わせが異なる五番綴本、曲の一部分を抜き出して編纂した部分謡本、多彩な版型等々、謡本刊行のバリエーションの豊かさは、謡本研究必携の書、表章『鴻山文庫本の研究――謡本の部』[8]にも明らかである。

　なお、近世期の新興芸能たる人形浄瑠璃も、早い段階から正本を刊行している。[9]ただしそれらは、譜の殆ど入らない絵入細字本であった。これらは〈譜本〉というよりも、絵を伴って物語を楽しむための読み物として流布した。しかし、江戸中期の義太夫節人形浄瑠璃成立前夜の頃から、増加する浄瑠璃稽古者の需要に応え、先行する謡本を規範とした、詳細な節付を施す譜本が出現する。以来、義太夫節からは、作品全体を一冊に収録した正本のみならず、稽古者に人気のある場面を抜き出した稽古本、複数作品から音曲性の高い一部分を抽出し、取り合わせた段物集など、様々な譜本が生じた。

　一方、近世演劇として著名な歌舞伎は、初期にはまだ譜本にあたる刊行物を持たなかった。歌舞伎は発生当初から豊かな音楽性を有していたと考えられるが、江戸時代初期から中期にかけて刊行された絵入狂言本は、劇の概略を絵入で示すもので、歌舞伎音楽たる長唄・清元等の譜本が、独立して盛んに刊行され始めるのは、江戸中期以降のことであった。

３　近世後期

江戸時代の中期から後期にかけて、譜本の版行は益々盛んになり、その形態も多様化してゆく。版型や内容に工夫が凝らされるほか、豪華譜本と、粗末な譜本とが共に出版されていることからは、当時の享受層の厚さを窺うことが出来る。上方（京・大坂）に集中していた出版書肆も、都市としての成熟をみせていた江戸はもちろんのこと、各地方へと広がっている。

特に、謡本と義太夫節正本は各地で大量に出版され、日本中に伝播していった。謡本は、江戸初期より観世流の譜本が最も多く刊行されていたが、この時期、徐々に他流の公認謡本も整備されている。小謡、曲舞などを収めたいわゆる〈部分謡本〉も、様々な版型で刊行された。例えば、寺子屋における教養教育に特化して出版された「小謡集」が多種存在したことは、社会学的な面からも無視できない。

また、義太夫節正本は、百丁前後と相当の丁数があるにも関わらず、新作上演ごとの刊行が慣例化しており、人気作品については、上演時のみの一過性のものではない、近世期を通じてのベストセラーとなっていく。[10] さらに、主として義太夫節の稽古に用いる、簡易な製本で場面毎に刊行された〈稽古本〉も、多くの書肆が関わる人気刊行物だった。

しかし、そういった時流の中で、玄人向けの筆写譜本もまた、さかんに作成されていた。現存する雅楽譜にも、この時期に筆写されたものが多い。玄人間で伝えるべき伝授事などを記した、能楽囃子手付などの写本も、各楽器の諸流派に多数伝存する。[11]

なお、この時期に刊行された譜本の特徴として、出版技術を駆使した装丁が挙げられる。長唄・常磐津・清元・富本など、歌舞伎で活躍した様々な音曲の譜本は、それぞれ絵入りの華やかな表紙を付けて出版された。絵入正本の表紙には、鳥居派や歌川派で描かれた役者の舞台姿と外題の他、出演者等の上演情報が記載され、上演資料としての側面も有する。

江戸の書肆・蔦屋重三郎刊行の富本正本の絵表紙には、のちに蔦屋版の黄表紙や浮世絵で活躍する、山東京伝や喜多川歌麿、葛飾北斎といった優れた絵師によるものもある。[12] 実際の上演に際し、まずこうした絵入正本が出版され、その後稽古用に文字のみの字表紙正本が出るのが当時の通例であり、こうした状況には、当時の譜本出版の多層性が見て取れる。

以上、近代化までの古典演劇譜本の状況について、掻い摘んで紹介した。それぞれのジャンルが、それぞれの芸に相応しい譜本のあり方を模索・開発し、享受層を広げて発達していたことが理解できる。こうして「古典演劇譜本」は、日本における芸術文化の一角に、豊かで複層的な世界を形成していたのである。

二、変容の傾向

前節では、出版事情や、属するジャンルの発展に伴う、個々の譜本の様相について、時代を追って記した。しかし、古典演劇譜本の全体を俯瞰してみると、その発達と変容の過程において、ある一定の傾向を見出すこともできる。

1　近世期の総譜

日本の譜本の主流は、原則として楽器毎に分割された〈パート譜〉である。しかしながら、江戸時代も中期に差し掛かると、一部の古典演劇譜本に、舞台の全体像が把握できる〈総譜〉ともいうべき譜本が登場する。

万治二年（一六五八）、林和泉刊「七太夫仕舞付」は、刊年・刊者を明記した最初の下掛り謡本である（図1）。この謡本の特徴は、『童舞抄』(13)・『八帖花伝書』(14)等の先行する謡伝書から、多くの情報を注記した点にあった。以下は、同書奥付にある注記内容を示す文である。

一、太夫衣装付　一、脇仕方并衣装付同セリフ　一、舞台図并作物置所　一、狂言間セリフ　一、笛頭付　小鼓同　大鼓同　太鼓同

その他、仕舞付も詳細に記してあり、当時としては刷新的謡本であったといえよう。

時を同じくして、観世流においても頭注入りの謡本「万治二年衣更着《きさらぎ》山本長兵衛注入り本」が刊行されていた。山本長兵衛は、幕末に、現在も観世流謡本を刊行している檜書店へ版権を譲渡するまで、長きに亘り、江戸時代の観世流謡本版行の中心となっていた書肆である。ところが不思議なことに、情報の多い斬新な謡本であるにもかかわらず、「七太夫仕舞付」および「万治二年衣更着山本長兵衛注入り本」はその後、再版されることがなかった。(15)

また、安永八年（一七七九）刊『謡曲手引八拍子』(16)は、能楽の拍子を示す八ツ割罫紙に詞章を割り付け、幸流小鼓・葛野流大鼓・観世流太鼓の譜を記し、上巻巻頭に手組一覧を掲載した、きわめてシステマティックな能上演の総譜であった（図2）。この謡本について、福島和夫氏は次のように述べている。

記譜体系の歴史の中でも興味深い（中略）能の音楽の総

合譜、即ち能楽の総譜である。（中略）自由リズムと拍節的リズムの同時進行を巧みに併記するなど、記譜体系としてみても画期的といえよう。

（福島和夫「近世の音楽史料　概説」（『日本音楽史叢』[17]））

一方、同様に多くの情報を記載する総譜的譜本が、浄瑠璃にも存在していた。古浄瑠璃の土佐節の譜本である（**図3**）。

情報過多ともいえるこの譜本について、筆者は拙稿「土佐節譜本の研究――周辺芸能との比較を通じて」[18]にて次のように記した。

土佐節にとって、複雑な節譜に加え、囃子の掛け声、唱歌、拍子に関る記譜などは、上演そのものを引き立てる大切な要素であり、それこそが、土佐座の誇るべき芸術

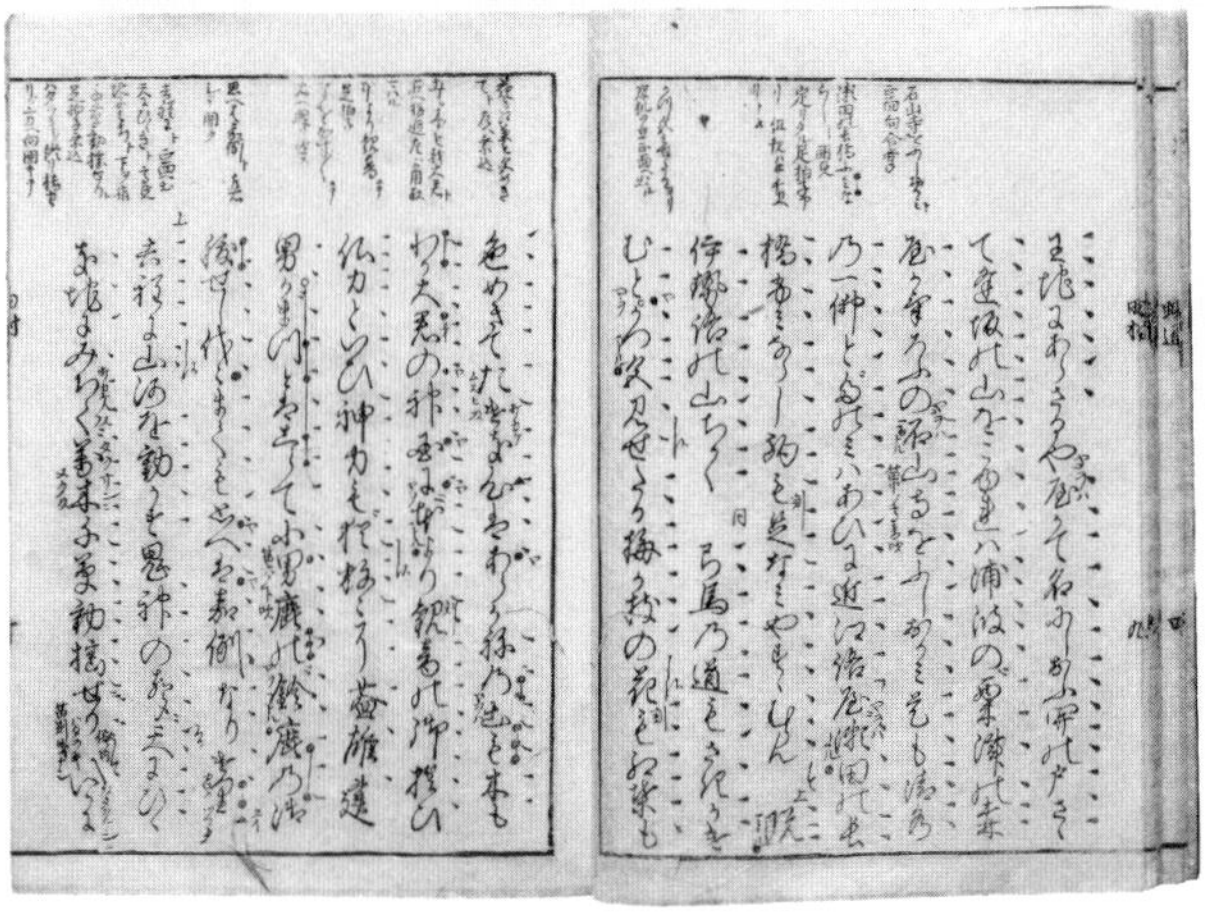

図1　『七太夫仕舞付』（早稲田大学演劇博物館蔵）

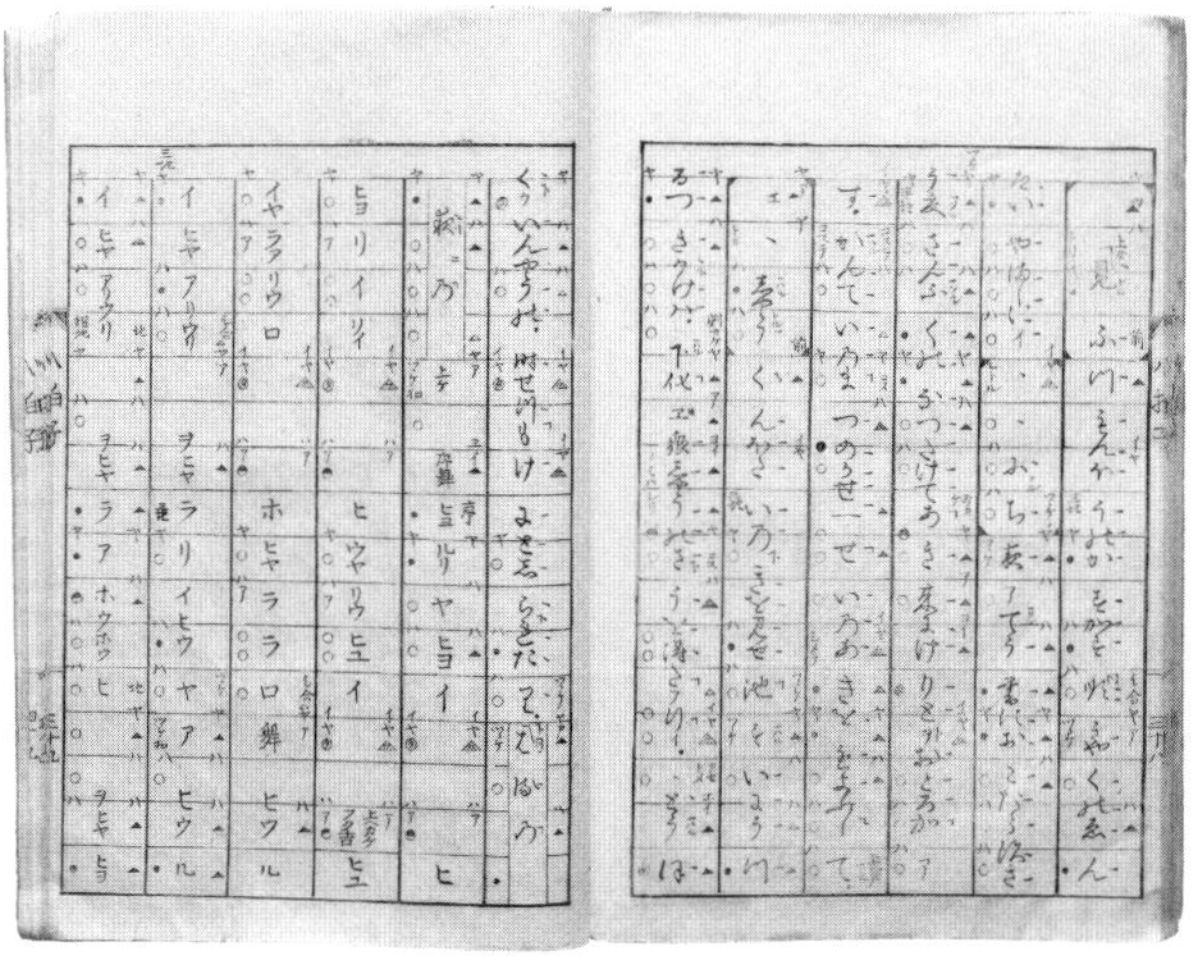

図2　『謡曲手引八拍子』（早稲田大学演劇博物館蔵）

性そのものであったに違いない。してみればこの煩雑な譜本は、土佐座の華麗な「人形舞踊の伴奏」全体像を示す総譜なのである。

土佐節は、多くの譜本を出版し、江戸の古浄瑠璃として一時代を築いたものの、やがて義太夫節に押されて衰退していった。その義太夫節の習得用譜本である〈稽古本〉(19)は、ごくシンプルなものである。そこに、演者や稽古者が、詳しい譜を自ら書き込んで使用するのが、義太夫節の稽古本の定型だった（図4）。

同様に、謡本出版の大勢を占めたのも、「七太夫仕舞付」のような総譜に近い本ではなく、謡部分のみを単純に記した謡本の方である。能の囃子、装束、仕舞付については、単独

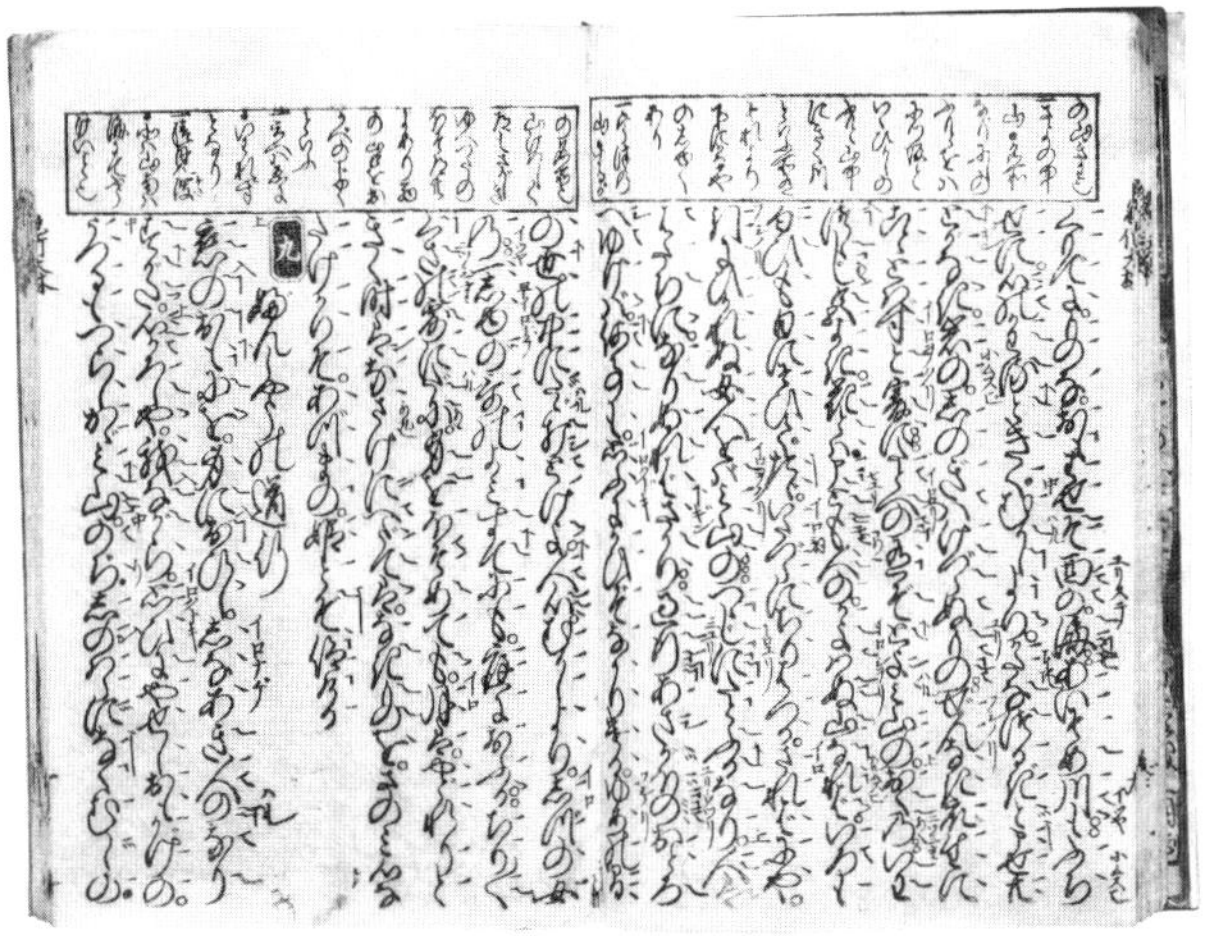

図3　土佐節段物集『闌曲色竹』（早稲田大学演劇博物館蔵）

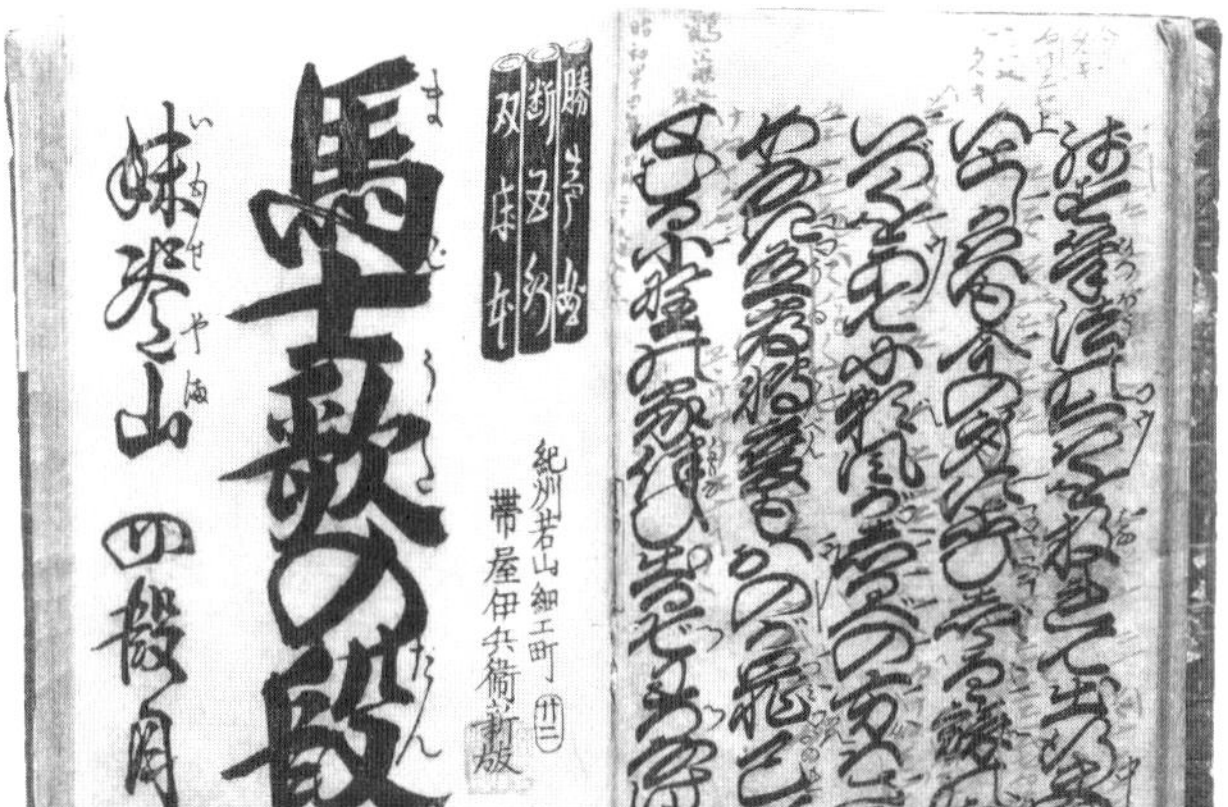

図4　義太夫節寄せ本（早稲田大学演劇博物館蔵）
義太夫節の稽古本を合綴したもの。掲出箇所の左面は、寛政9年（1797）3月まで浄瑠璃本を出版していた、紀州和歌山細工町・帯屋伊兵衛刊の稽古本表紙。

の伝書も刊行されており、「七太夫仕舞付」が提供しているような情報に需要がなかったとは思わない。しかし、謡を稽古し、謡うための、いわば〈教則本〉の版面は、シンプルである方が好まれたのだろう。

2　教則本としての譜本

古典演劇の譜本の出版は、当然ながら、そのジャンルの稽古者たちの意向に左右された筈である。実演家のみの需要では、出版は成り立たない。浄瑠璃の絵入細字本が、より詳しい節付を示した譜本へと進化したのも、宇治加賀掾や竹本義太夫の台頭前夜に、以下に示すような稽古者からの強い希求が生じたためと思われる。

> めい〳〵口真似せんとすれども、其比は床本かたく閉じて弟子たらんにもむさとゆるさず。勿論稽古本といふ事なく、やう〳〵聞き書きにして、一行《くだり》二行づゝ覚へ、夜あるきの友となしぬ。（中略）替り浄瑠璃出れは、前の浄瑠璃を懇望して、京にて是を板行するといへども、しらみ本といふに五段を書き、その間《あい》〳〵に。一段〳〵の絵を差し込み、童子のもてあそびとして広むる。まつたく稽古人の助けとならず。（西沢一風『今昔操年代記』）(20)

このように、一般の素人稽古者への譜本の普及と情報公開は、各ジャンルで進んでいたが、それは必ずしも情報のすべてを開示するものではなかった。義太夫節の稽古本についても述べた通り、江戸時代の譜本の多くは、教授者が対価を受け取って追加情報を書き込むか、あるいは稽古者が、教えを受けた情報を自ら書き留めていくことによって完成した。

例えば、謡で定型化している、「ウキ・ハル・ウキ」の旋律は、文字譜が「ウーハルーウ」と連続して指されることで示されるが、近世期の謡本では、「ウーハルーウ」の最初の「ウ」は、記譜されないことが殆どである。それは、原則として師匠に教わって書き入れるものであり、この最初の「ウ」を朱書した謡本が数多く残されている。

しかし、その書き入れ箇所は、同じ曲の同じ詞章であっても、同箇所とは限らない。この「ウ」をどこに書くか――すなわち、どこから音を浮かせていくか、ということも、教授者によって異なっていた。謡本のこうした記譜傾向は、「謡」という芸そのものの多様性を示すものでもあったのである。

このような傾向は謡本に限らず、義太夫節や歌舞伎音楽等の他ジャンルの、シンプルかつ書き入れが良く見られる譜本でも、同様であったと考えられる。教則本としての譜本がシンプルに作られていることは、芸の多様性、可変性を残すと同時に、教授者の生活を保証するものだった、ということが以前より度々指摘されている。

もともと「直し」（節付に関する詳細な指定）は、謡の師匠が弟子の本に書込んでやって謝礼を貰う習わしであったため、謡の師匠は直し入謡本を歓迎しなかつた。江戸時代に観世流謡本にしばしば直し入本が開版されていながら、結局直しの無い山本長兵衛本が主流を占めたのも、山本と提携していた観世流の玄人が直し入本を弟子に勧めず、山本本をテキストに採用したことに原因があるものと考えられる。

（表章「明治大正期謡本概説」（『鴻山文庫本の研究』））

ところが、近代化以降、謡本における右のようなシステムは、大幅な方向転換を余儀なくされることとなる。

三、急速な近代化

近代化による社会の急速な変化は、前節に記した近世後期の譜本の豊かな様相を、良くも悪くも根底から覆したといってよい。海外からもたらされた出版技術の革新、人々の趣味の多様化、あるいは戦争経験等により、各ジャンルの譜本は、それぞれ異なった運命を辿ってゆく。そして、これらの譜本の変容は、各譜本が属する古典演劇の命運を、直接的に示すものでもあった。

1　再び総譜化する譜本

明治維新の混乱がある程度終息すると、譜本出版には活発な動きがみられるようになる。特筆すべきものとしては、能の謡本の改変と、長唄および三味線譜の開発が挙げられる。ここでは、近代以降にこれらの譜本が劇的な変容を遂げたことに着目し、それぞれの新譜本の傾向を見ていきたい。

近世期から多くの素人稽古者を有し、伝授の方法や教授システムを進化させていた能謡であるが、近代化以降の謡本の出版は、その傾向をより一層推し進めることになった。この時期、謡の素人稽古者数による需要の大きさを背景に、複数の書肆が謡本出版に進出した。稽古者の便宜を考え、それぞれ内容の充実に鎬を削った謡本出版は、やがて版権をめぐる訴訟が起きるまでに白熱する。

このような出版競争の中で、微に入り細に入る、懇切丁寧な譜本が刊行されたのも、近代の謡本の特徴である。大正九年（一九二〇）、田崎延次郎著、檜常之助刊「地拍子・手配付観世流一番綴謡本」第一期五十冊が刊行される。題簽には、「地拍子附／大、小、小鼓／笛手配附」とあり、中身は三色刷りで、極めて詳細な譜本であった。備考欄には、「黒色括弧は高安流大鼓・赤色は大倉流小鼓・藍色括弧は葛野流大鼓・藍色は幸流小鼓・赤色括弧及び・・（赤丸、筆者注）は観

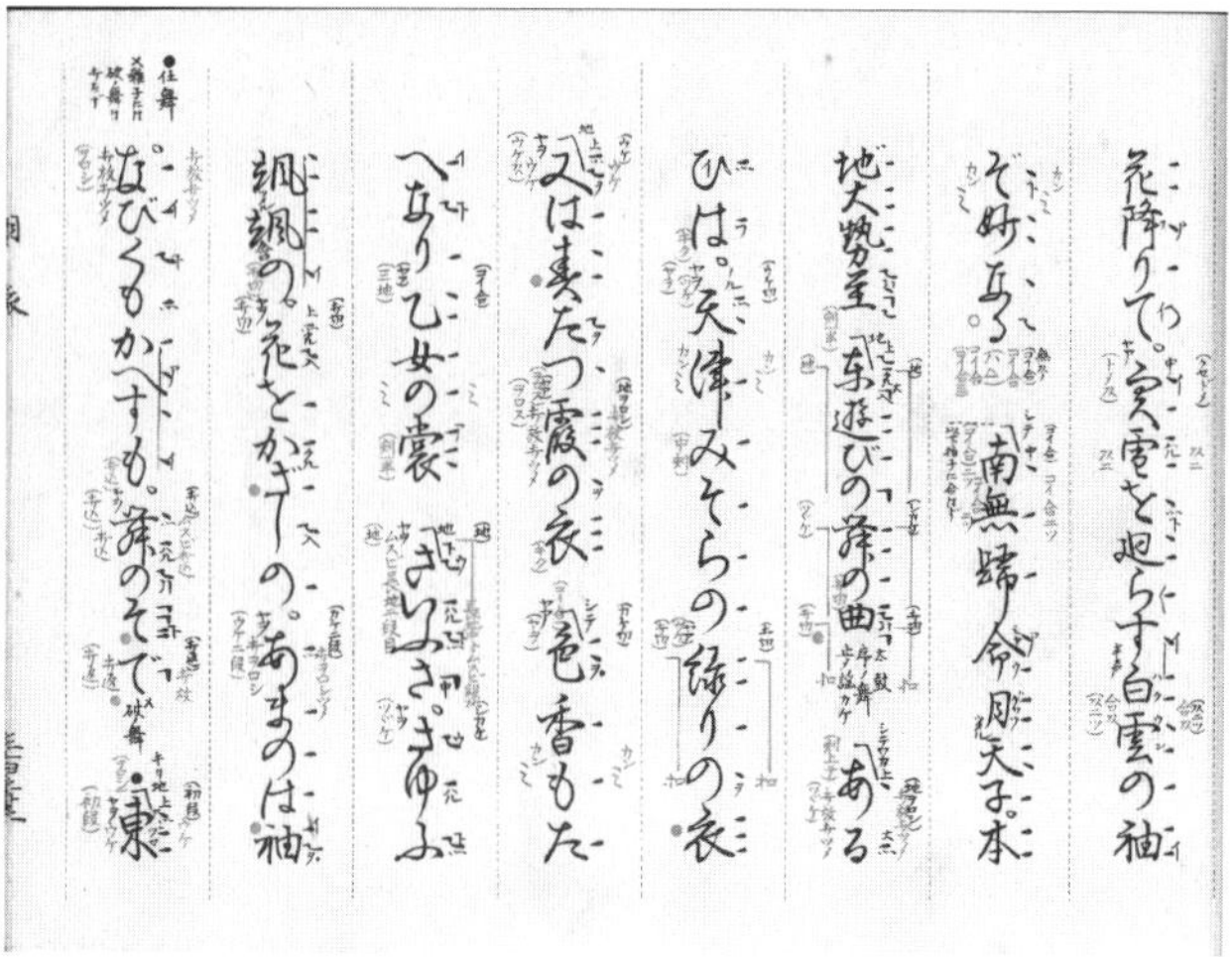

図5　『囃子大成』夏之巻（架蔵）
掲出箇所は「羽衣」。

世流太鼓」とある。この譜本が読者に好意的に受け容れられたことは、姉妹編としての『囃子大成』の刊行でも明らかである。『囃子大成』は大正十四年（一九二五）刊、全五冊揃いの横本で、譜を記載する流派をさらに増やしている[21]（**図5**）。

ちなみに、前節で紹介した総譜的謡本「七太夫仕舞付」は、檜書店が「明治年間に小数部」（『鴻山文庫本の研究』）を再版している。初版から二百年以上を経たこの時期になって、「七太夫仕舞付」が再版されたということは、当時の需要の傾向を示す、象徴的な出来事だといえるだろう。

ところで、こうした謡本の「情報公開」には、稽古者の便宜を図るのみならず、実演家側の様々な思惑もあった。

> 観世流は、（中略）梅若家や分家の観世銕之丞家、さらに観世喜之家など有力な会派を流内に擁して流儀統一の問題に直面していた。（中略）喜之家とは謡本の版権を巡って裁判となり、宗家（元滋）側が敗訴した。喜之家の謡本は、同家初代の観世清之（嘉永二（一八四九）―明治四二（一九〇九））の記譜にもとづき、清之の弟子丸岡桂が設立した観世流改訂本刊行会から発行されたもので、詳しく理論的な記譜による優れた謡本であった。（中略）もとより地方と東京の謡い方の不統一という懸案を抱えていた宗家にとって、謡本改革は急務であった。
> （髙橋葉子「近代能楽観世流のフシの統一――ウキをめぐって」[22]）

観世宗家は、同一の檜書店刊行謡本を使用することで、流派内の統一を推し進めようとした。結果、どの地方の催しであっても、同一の観世流謡が聞けるという理想はある程度達成されたものの、京都において独自の発達を遂げ、江戸（東京）の謡とは体系を異にする「京観世」のような貴重な一派

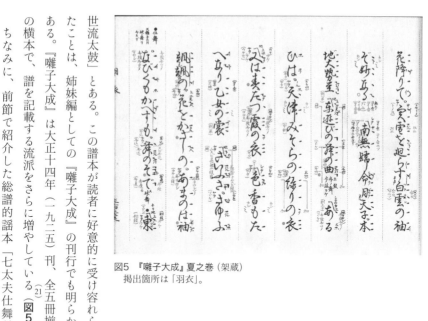

の謡が、失われてゆくことにも繋がったのである。

2　変化する譜本

近代以降の古典演劇譜本の世界で、最も大きな変革を遂げたのは、長唄譜本であったといえる。明治三十五年（一九〇二）、四世吉住小三郎（後の慈恭）と三世杵屋六四郎（のちの二世稀音家浄観）が創設した長唄研精会は、歌舞伎舞踊の伴奏音楽としての長唄から、鑑賞用音楽として、演奏会形式での普及を目指して設立された。この長唄研精会の吉住小十郎（山田舜平）が考案・刊行したのが、〈長唄研精会譜〉だった。縦書きで、詞章の右に節を示す数字、左側二行に口三味線、および数字で示した三味線譜という、四行から成る総譜形式の譜である（**図6**）。前節で述べた「謡曲手引八拍子」にも似た、系統的な記譜方法による譜本といってよいだろう。

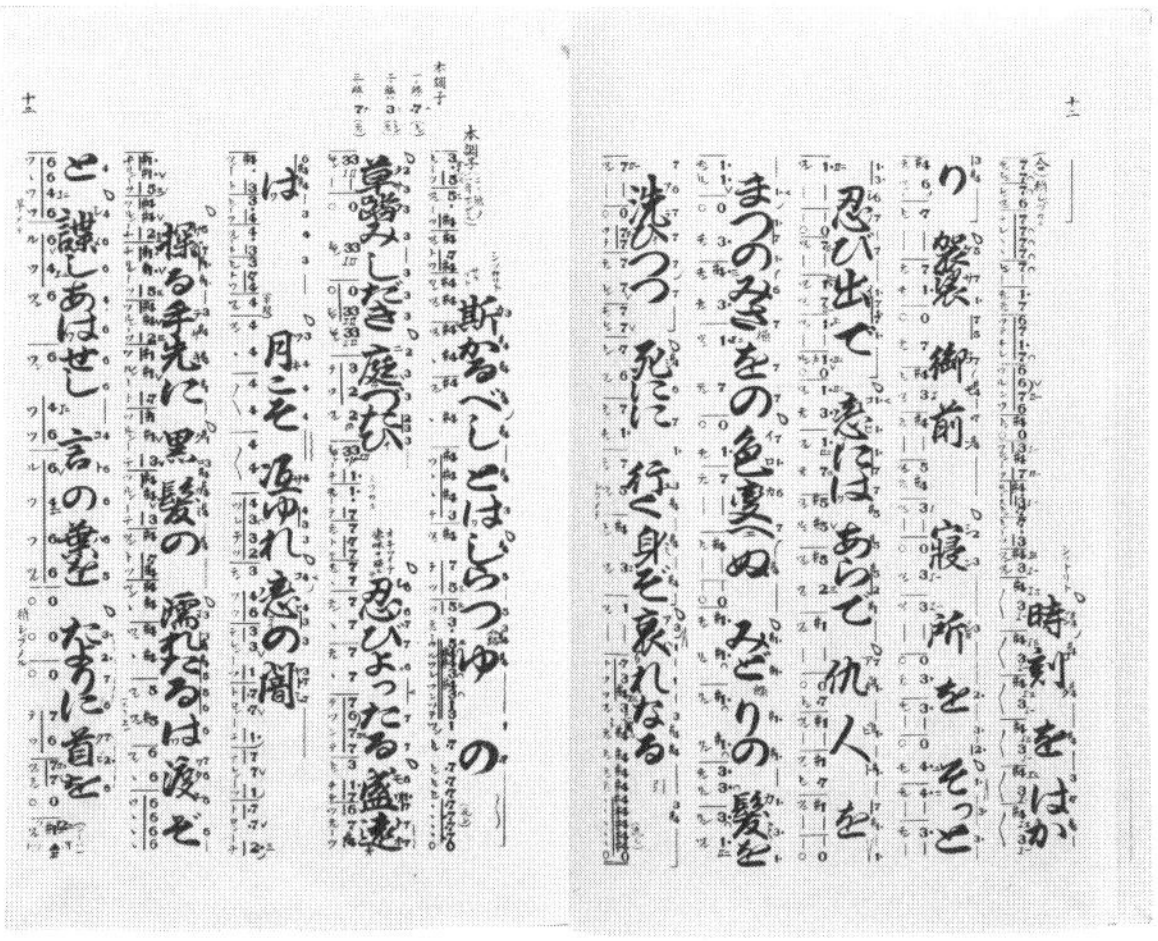

図6　長唄研精会譜『鳥羽の恋塚』
大正13年（1924）2月、山田舜平刊（早稲田大学演劇博物館蔵）
「鳥羽の恋塚」は、明治36年、研精会の大会のために新作されたもの。

研精会譜は〈研譜〉と通称され、現在も用いられているが、長唄には他にも様々な譜本がある。現代の長唄演奏家（唄方）・稀音家義丸師は、これらの長唄譜本について、以下のように述べている。

> ご存知の様に長唄の譜の種類は様々あり、流派によって使用する譜が異なります。大別すると研譜のようにドレミ的に音を記す譜と、文化譜のようにポジションを記す譜の二つに分ける事出来ると思います。（中略）私はやはり昔から見慣れている研譜（小十郎譜）が一番理解し易いです。どうも勘所譜は申し訳ないのですが錯覚を起こすことが多く、勘所譜で〇とあるとつい一瞬研譜の休止かと錯覚します。
>
> （稀音家義丸「譜の事など」（『長唄囈語』[23]））

〈文化譜〉とは、大正十一年（一九二二）に、四世杵家弥七が考案した〈三味線文化譜〉で、長唄のみならず、清元や常磐津など、様々なジャンルの三味線譜に採用され、現在も版を重ねている。三味線の一〜三の糸それぞれを示す、五線譜ならぬ三線譜に、押さえるべき坪、いわゆる勘所を数字で記し、口三味線を添えた、横書きの譜である。表紙の色から〈赤譜〉と略称され、初心者にもわかりやすいことで、稽古人口の増加に大きく寄与したことが想像される。

早稲田大学演劇博物館が所蔵する、大正十一年九月刊の長唄文化譜「義太夫さわり集」（杵家弥七編、近藤書店）には、次のような文言を記した紙片が挟み込まれていた。

謹告

杵家弥七編　文化三味線譜　発行につきて　旧来及将来を通して普く御愛顧を賜る御同好の方々へ申上ます　著者は明治四十一年二月　東京音楽倶楽部発行三絃楽譜を創作とし　幾多の三味線楽を楽譜又は音譜として二三の書店より公にして居りましたが　今回愈単独の経営で発行致ますから　旧慴を打破して科学的に三味線楽を扱ひ得る　文化　の名に背かざる物との御認めが願はれましたらば　女の細腕で致する故義侠に富める御推挙を願ひ申上ます。（以下略）

「科学的に三味線楽を扱ひ」、「文化の名に背かざる」等々の文言からは、はからずも文化譜成立当時の、古典演劇をめぐる空気を感じることができよう。また今日においては、この文化譜の清書や、研精会譜との変換が可能なソフトウェアがインターネット上で提供されており、現在進行形での普及度の高さを窺わせる。

一方、杵屋弥之介・青柳茂三編の長唄譜〈青譜〉もあり、これは〈青柳譜〉とも称される。節付を示す数字が付された詞章の左側に、西洋の五線譜を縦にしたような形の三味線譜が配され、上部には難解な歌詞についての頭注がある。現在、青柳譜は東和出版が刊行しており、銀砂子の題簽に、橙色の綴じ糸を用いた美本である。

3　変わらなかった譜本

このように、近代以降に怒涛の如き変革を遂げた古典演劇譜本がある一方で、近世期の譜本を凌駕するような譜本出版がなされなかった——別の言い方をすれば、あえて変革を拒み、譜本の体裁を死守した——ジャンルや、遂には譜本の出版自体が行われなくなったジャンルも多くある。

明治から昭和初期にかけて、義太夫節の稽古は全国的に盛んになり、素人による発表会も頻繁に行われ、近代以降も譜本が数多く出版されている。しかし、義太夫節の譜本は、近世期の記譜法や形式を、頑なまでに守っていた。そのため、明治期に出版された稽古本に、昭和になってから稽古者が書き入れをして使用した本も散見される。しかし現在、義太夫節の稽古本を刊行している出版社は存在しない。往時に比べると桁違いに少なくなった稽古者にとっても、不自由な状況が続いている。

　また、近代以降の常磐津正本の刊行を担った坂川平四郎は、明治期にも江戸期の版木をそのまま用いて常磐津譜本を出版し続けた。戦後の昭和期にも、大正の刊記のままで後刷した譜本が残されている。これらの本には、三味線の調子等、僅かな注記以外の節付はなく、きわめてシンプルな、譜本というよりは詞章本に近いものだった。そのため、昭和十五～八年（一九四〇～三）にかけて出版された『定本常磐津全集』(24)が、譜本に替わり、常磐津詞章の基本となってゆく。

　なお、市川團十郎家の「助六所縁江戸桜」上演時に、素人の旦那衆が御簾内で奏する慣例で有名な河東節には、『十《ま》寸見要集《すみようしゅう》』という代表的な稽古本がある。『十寸見要集』は、個々に刊行された正本を合本したもので、明和頃から昭和に至るまで、増補・改訂を繰り返しながら幾度となく刊行された。これも、「変わらなかった譜本」の代表的な例である。

四、譜本の明暗

　多少の波はあったとしても、技術と文化が向上し続けていた近世期、人々の娯楽を担った譜本出版は、ジャンルそのものが消滅しない限り、発展し続けてきた。しかし、近代化以降の社会の急激な変化は、〈譜本〉にジャンルごとの盛衰を齎した。続く現代において、日本古典演劇譜本にみられる「明暗」ともいえる差とは、何であろうか。少なくとも、今日でも刊行され続けている譜本と、そうでない譜本、に大別することはできよう。

1　現代の譜本

　先にも述べた如く、近代化以降に最も著しい変化を遂げた譜本は、長唄譜である。また、能楽の譜本についても、長唄譜のような劇的な版面の変更はないものの、内容が洗練・工夫されたこと、また五流の謡本、各囃子方の譜本等のバリエーションの多さ、改訂の回数などを鑑みれば、大いに発展したといえる。

　ただし、こうした変化によって危ぶまれるのは、芸の一律化である。前節でも記したが、観世流の謡では、「京観世」のような特異性を有する謡が、結果的に排斥されることとなった。また長唄に関しても、譜にある通りの、同じような演奏しか出来なくなってしまう、という危惧の声が、度々仄聞される。

一方、譜本が刊行されなくなったジャンルでは、本そのものを譲り受けることや、筆写による伝授が行われている。前近代的な状況に思えるが、必ずしもそれが最悪の事態であるとは言い切れない。前述の通り、一律の譜本出版により、芸の多様性が失われてゆくということも考えられるからである。ただし、例えば義太夫節が、多くの素人稽古者を有しながら、長唄の世界で行われたような譜本の改革をほとんど行わなかった事実については、まだ検証の余地があるだろう。素人稽古者の存在は、良くも悪くもジャンルを動かす力となる。義太夫節稽古のブームが急速に衰えたことには様々な要素があろうが、稽古用譜本のあり方に、何らかの要因があったとも推測できる。

2　譜本のこれから

現在まで刊行が続いている譜本に関しても、その将来は決して楽観視できるものではない。戦後には、各古典演劇を芸術として鑑賞しようという機運が高まったが、それに反比例するように、古典演劇の稽古者は年々減少している。例えば、能楽が「舞台芸術」としてのあり方を希求したその陰には、舞台上よりも、膝上の謡本に目を落としながら能楽堂に居るような、昔ながらの素人稽古者への、批判的な眼差しが往々にしてあったといえるだろう。結果、当然ながら、近世期から戦前にかけて、譜本刊行の中でも全盛を誇ったといってよい謡本の刊行は、先細ることとなった。そして現在、能楽堂で能を鑑賞する観客が目にする詞章は、多くの場合謡本ではなく、プログラムまたは、モニターやタブレットに映し出されている。

また近年は、文明の利器を使用した、コピー、デジタル化などの手段が、譜本に対しても用いられていると思われる。譜本が刊行されていないジャンルでは助けになるが、刊行され続けている譜本と、その出版元にとってみれば、使われ方如何では、たいへんな脅威にもなり得よう。古典演劇譜本が、文明の利器とどのように付き合っていくか。今後、避けては通れない問題である。

刻一刻と変化する現代社会において、各古典演劇とその譜本の状況は、これからも変わっていく。個々のジャンルと譜本にとっての幸不幸は、現状ではまだ計り知れないといえるだろう。

おわりに

本稿で扱った日本古典演劇譜本については、既に各ジャンル個別の、優れた論が備わっている。しかし、時代やジャンルの壁を越えた横断的な考察は、残念ながら決して多くはない。一方で本稿が、限られた紙数の中で充分とは言えないまでも、主として近世から近代にかけての日本古典演劇譜本の全体像とその変容の傾向を把握しようと試みたのは、こうした考察を通じて、古典演劇譜本の「未来」のあるべき姿を、真剣に模索する必要性を感じたからである。

譜本の改革・一律化は、芸の多様性を失うリスクを伴う。一方で、譜本の体系・様式を死守すれば、稽古者・理解者が離れていくリスクがある。近代化を迎えた日本古典演劇譜本の眼前には、こうした二者択一によって分かれた道が、それぞれに続いていた。

この二つの道を凌ぐ、第三の道はないのだろうか。実演者、出版社、研究者、または稽古者や愛好家が、それぞれの立場から、ジャンルを超えて検討する機会や場所が、今後あっても良いのではないかと筆者は考える。

本論の冒頭に記した通り、演劇の「音」は一過性のものであり、永遠には留まらない。どれだけ優れた「譜」が開発され、記録されていたとしても、演劇そのものが消滅すれば、その「譜」は輝きを失うのである。資料として残された「譜」に向き合うばかりでなく、未来の「譜」をどう考えるか。「日本古典演劇譜本の近代」は、現代へと繋がり、そしてこれからも続いてゆく。

注

（1）康暦元年（一三七九）書写、宮内庁書陵部蔵本より引用。引用に際しては適宜漢字をあて、濁点を補った。
（2）福島和夫「日本音楽の文献史料について」（『日本音楽史叢』和泉書院、二〇〇七年）参照。
（3）二〇〇五年五月十八日（水）〜六月十九日（日）、早稲田大学坪内博士記念演劇博物館・企画展示室Ⅰにて開催。
（4）編集・田草川みずき、早稲田大学坪内博士記念演劇博物館、二〇〇五年五月十八日刊。檜常正・山根爲雄・金春安明各氏の寄稿あり。
（5）二〇一五年六月三日（水）、平成二十六年度清栄会奨励賞受賞者による記念講演会＆一中節演奏会。講演題目は「日本古典演劇の「譜本」のさまざま――その歴史と変容」。
（6）蒲生郷昭「日本音楽の用語」「雅楽が他の芸能・音楽に及ぼした影響について」（『日本古典音楽探究』出版芸術社、二〇〇〇年）参照。
（7）表章「うたい（謡）考――その発達史を中心に」（『文学』二五－九、一九五七年九月）等参照。
（8）わんや書店、一九六五年。なお、本稿における謡本の仮題は同書による。
（9）ひとつの作品を丸ごと収めた本。丸本、通し本とも。
（10）神津武男『浄瑠璃本史研究』（八木書店、二〇〇九年）参照。
（11）竹本幹夫「室町後期・江戸初期の伝書とその特質」（表章・

竹本幹夫『岩波講座能・狂言Ⅱ 能楽の伝書と芸論』岩波書店、一九八八年）参照。
（12）赤間亮「浄瑠璃・長唄の正本・稽古本・段物集」（『図説江戸の演劇書――歌舞伎編』八木書店、二〇〇三年）参照。
（13）慶長元年（一五九六）、本願寺坊官であり、能役者としても活躍した下間少進による能の型付で、同時期成立の『舞台之図』および『叢伝抄』との三部作。無刊記版のほか、寛永九年（一六三二）版、正保四年（一六四七）版の整版本がある。
（14）室町末期の伝書類を集成・編集し、謡や囃子、具体的な実技など、様々な要素を八巻八冊にまとめた能伝書。慶長（一五九六～一六一四）頃の古活字本、寛文五年（一六六五）版・無刊記版等がある。
（15）表章氏は、「万治二年衣更着山本長兵衛注入り本」の再版本が確認されないことについて、「同本が比較的多く残存しているところを見ると、万治の奥付のままで、実際には後年にも刊行されていたのかも知れない。」（『鴻山文庫本の研究』）と指摘されている。しかしその場合においても、奥付を改めてまでの、度々の再版には至らなかった、ということはできるだろう。
（16）菊屋七郎兵衛・村上勘兵衛・山本平左衛門刊。
（17）福島和夫著、和泉書院、二〇〇七年。
（18）田草川みずき『浄瑠璃と謡文化――宇治加賀掾から近松・義太夫へ』（早稲田大学出版部、二〇一二年）所収。初出は二〇〇七年一月。
（19）義太夫節の稽古本（抜き本とも）については、神津武男『浄瑠璃本史研究』第一部第一章「浄瑠璃本の種類と性格」の第三節「「抜き本」概説」（八木書店、二〇〇九年）に詳しい。
（20）享保十二年（一七二七）、正本屋九左衛門版。引用に際しては、適宜漢字をあて、濁点や送り仮名等を補い体裁を整えた。
（21）「大倉流幸流小鼓・高安流野流大鼓／観世流金春流太鼓／手附観世流謡曲　囃子大成」が正式名称。
（22）『日本伝統音楽研究』第一四号（京都市立芸術大学日本伝統音楽研究センター編、二〇一七年六月）所収。
（23）稀音家義丸著、邦楽の友社、二〇一五年。
（24）七代目常磐津文字太夫校訂・著作、定本常磐津全集刊行会刊、十二冊揃。

参考文献

福島和夫『日本音楽史叢』（和泉書院、二〇〇七年）
蒲生郷昭『日本古典音楽探究』（出版芸術社、二〇〇〇年）
岸辺成雄博士古稀記念出版委員会編『日本古典音楽文献解題』（講談社、一九八七年）
表章『鴻山文庫本の研究　謡本の部』（わんや書店、一九六五年）
野上記念法政大学能楽研究所編『鴻山文庫蔵能楽資料解題　上』（野上記念法政大学能楽研究所、一九九〇年）
神津武男『浄瑠璃本史研究』（八木書店、二〇〇九年）
竹内道敬『近世邦楽考』（南窓社、一九九八年）
赤間亮『図説　江戸の演劇書――歌舞伎編』（八木書店、二〇〇三年）
黒木文庫特別展実行委員会著・ロバート キャンベル編『江戸の声――黒木文庫でみる音楽と演劇の世界』（東京大学出版会、二〇〇六年）

［上演］

観世寿夫の登場——そのあとさき

天野文雄

あまの・ふみお——京都造形芸術大学舞台芸術研究センター所長、大阪大学名誉教授。専門は能楽研究。主な著書に『翁猿楽研究』（和泉書院、一九九五年）、『能に憑かれた権力者』（講談社選書、一九九七年）、『現代能楽講義』（大阪大学出版会、二〇〇四年）、『世阿弥がいた場所』（ぺりかん社、二〇〇七年）、『能苑逍遥〔上中下〕』（大阪大学出版会、二〇〇九年、二〇一〇年）、『能楽名作選〔上下〕』（角川書店、二〇一七年）などがある。

「世阿弥の再来」とまで言われ、五十三歳という若さで亡くなった観世寿夫については愛惜と称賛とともに語られることが多く、現在は寿夫を直接知らない世代のほうが多くなってもいる。その結果、寿夫の生涯と事跡はやや神格化の傾向をもって語られる傾向も出てきているが、この稿では、観世寿夫という能役者の登場が近代の能をどう変えたのかという視点から論じてみた。

一、報道にみる寿夫没後の反応

昭和五十三年十二月七日、午前十一時二十四分、観世流シテ方の観世寿夫は、丸一年ほどの闘病のすえ、享年五十三で入院中の東京、虎の門病院で逝去した。翌日の新聞各紙は一斉にその死を報じたが、最も扱いが大きかったのは『朝日』で、大平内閣の誕生を報じる朝刊の第一面に、「能の現代化に精魂／観世寿夫さん死去」の見出しで、写真と能評家山崎有一郎氏のコメント「独特の芸風をつくる」とともに長文の訃報を載せている。『朝日』はその三日後にも、「観世寿夫を悼む／世阿弥の理想を現代に開く」という渡邊守章氏の追悼文を載せている。渡邊氏は寿夫とジャン・ルイ・バローの仲を仲介するなど、寿夫と親交があったフランス演劇、フランス文学の研究者で、寿夫没後に最も多く寿夫について語った人である。八日の夕刊には、「力で押す異端の芸／あすの〝能〟求め続け死んだ観世寿夫氏」（『毎日』）、「惜しまれる卓越した才能」（『サンケイ』）などの記事も載った。また、

観世寿夫（舞囃子『放下僧』堺能楽堂、年次不明）銕仙会提供

その後も各紙には、「観世寿夫の死を悼む／現代に生きた能役者、古典の重みを復元」（『世界日報』十二月十二日、長尾一雄）、「観世寿夫の死」（『日経』十二月十四日／「文化往来」欄）、「神髄に迫った能楽師／惜しまれる観世寿夫の死」（『サンケイ（大阪版）』十二月十八日）と追悼関連記事が続き、年が明けると、週刊誌や月刊誌が特集を組むなどして、以下のようにその早すぎる死を悼んでいる（一部、年内のものも含む）。

○『図書新聞』一月二十日、「観世寿夫の絶筆」（大河内俊輝）
○『観世』一月、「観世寿夫師逝く」の訃報、二月に「観世寿夫師追悼」として告別式における喜多実と片山博太郎（幽雪）両氏の弔辞。
○『能楽タイムズ』一月、訃報「観世寿夫氏逝く」、二月〈追悼　観世寿夫〉、告別式における喜多実、片山博太郎、野村万之丞（萬）、渡邊守章各氏の弔辞。「研究者としての寿夫さん」（表章）、「もう二十年…」（近藤乾三、談）、「演劇の豊饒化を果した寿夫さん」（石沢秀二）
○『週刊新潮』十二月二十一日、「ガンに奪われた能楽界の〝主役〟」／「墓銘費」欄
○『サンデー毎日』十二月二十四日、「何百年に一人の天才があまりにも早く…」／「告別のとき」欄
○『週刊朝日』一月二十六日、「能の名手が遺した奥義にふれた文章」／「活字の周辺」欄
○『現代思想』一月、「〈まことの花〉の人観世寿夫を悼んで」（中村雄二郎）
○『海』二月、夢と抽象――観世寿夫の演劇」（渡邊守章）
○『悲劇喜劇』二月、「黒曜石の人――日本最高の演劇人」（堂本正樹）

○『テアトロ』二月、「寿夫さん！」（石沢秀二）

○『新劇』二月〈追悼　観世寿夫〉、「弔辞」（渡邊守章）、「寿夫さんのこと」（鈴木忠志）、「寿夫のなかの私とは？」（武智鉄二）、「後悔と、そして」（山崎正和）、「寿夫君との若き日の思い出」（金春惣右衛門）、「残していったことばから」（南博）、「一カ月まえ」（清水邦夫）、「寿夫さん」（井上八千代）、「二重の重さ」（木下順二）、「観世寿夫氏との想い出」（一柳慧）、座談会「観世寿夫氏を偲ぶ」（渡邊守章、野村万作、堂本正樹、石沢秀二）、「観世寿夫略年譜」（荻原達子）

○『芸術新潮』二月、「兄貴・観世寿夫」（観世栄夫）

○『新劇』七月、「観世寿夫と現代演劇」（土屋一朗）

一方、寿夫の活動拠点だった銕仙会もその例会冊子『銕仙』二月から十二月までに、「寿夫さんと研究者の交流」（表章）、「兄貴・観世寿夫」（観世栄夫）、「友」（大河内俊輝）、「この人は誰か」（高橋睦郎）、「雪は降る」（湯浅譲二）、「執心」（小西甚一）、「観世寿夫／華の会のころ」（増田正造）、「香西精さんと寿夫さん」（表章）、「観世寿夫さん」（白石加代子）を掲載している。また、追悼の催しとしては、一月三十日に日仏演劇協会の主催になる「映画――ジャン・ルイ・バロー、観世寿夫ほかによる「演劇作業の根拠」および「メデア」――と座談会」もあった。座談会の出席者は、石沢秀二、岡本章、中村雄二郎、野村万作、渡邊守章の諸氏だった。

二、能の内面における変化

一人の能役者の逝去がこれだけ多くのメディアにとりあげられたのは前代未聞のことであろうが、みてのとおり追悼記事は能楽関係者以外のものが多く、掲載誌も現代演劇や芸術、思想関係の雑誌が目立つ。もちろんそれこそが寿夫の活動の特色を端的に物語っているわけで、そのことは『日経』の「文化往来」（一月二十七日）が「観世寿夫の追悼文載せた新劇誌」として、いち早く注目したところであった。これに対して能楽関係の媒体では、観世流の『銕仙』と『観世』や流儀誌ではない『能楽タイムズ』を除くと、『宝生』『金春月報』『金剛』『喜多』といった流儀誌は寿夫の訃報をまったく載せていない。現在の観世流を越えての（と思われる）寿夫評価からすると意外な印象もあるが、当時の能楽界では、寿夫はあくまでも「観世流の役者」だったということなのであろう。

その後、寿夫については写真集も含め、さまざまの刊行物が出ているが、そのうちでは「観世寿夫の能」「現代音楽と能」「現代演劇と能」「観世寿夫と現代」という四テーマのシンポジウム記録からなる渡邊守章編『幽玄――観世寿夫の世界』（リブロポート、昭和五十五年）が寿夫評価として質量ともに最も充実している。寿夫のほぼすべての著述をまとめた『観世寿夫著作集』全四巻が平凡社から刊行されたのもこの年だった。また、近年では平成二十二年に早稲田大学演劇博物館が催したシンポジウム「観世寿夫とは何だったのか」で、岡本章、シェリー・フェノ・クイン、竹本幹夫、野村万作、湯浅譲二、渡邊守章などによる講演や討議があり、その記録『演劇博物館グローバルCOE紀要／演劇映像学2010報告集』2も刊行されている。

以上が寿夫が没した直後の反響と寿夫の活動についての評価の概要だが、寿夫が近代の能に何をもたらしたかについては、没後一年たらずの昭和五十四年十一月に刊行された写真集『観世寿夫――至花の風姿』（平凡社）に寄せられた戸井田道三氏のエッセー「表現意識を意識する――観世寿夫の能について」が注目される。そこで戸井田氏は、「能楽堂で演じられている能は戦前も戦後も変化していないかのように見える。しかし、その内面的なものは、寿夫によって変ったといっていいだろう」とし、この一文をつぎのように結んでいる。

大正以後の謡曲人口の増大が能役者の生活に安定をもたらし、型をくずすことだけに不安感をもつというおかしな思考が支配していた。今でもそれはたいして変ったわけではない。だからこそ、寿夫の生き方と彼の能が根底的に、在来の能とちがうことをいわねばならないのである。明治に育った名人たちが死に、寿夫の能が出現した時点で能は変ったのだと。それは型が変ったのではない。能をとりまく歴史によって能そのものの存在意味が変ったのである。そして、それを意識することによって演者の表現意識が変ったのである。

ここで注目されるのは、「寿夫の生き方と彼の能が根底的に、在来の能とちがうこと」と、それを承けて「寿夫の能が出現した時点で能は変った」と言い切っていることである。たんに寿夫の能がそれまでにない新しさをもっていたというだけなら、それは才能に恵まれた能役者観世寿夫個人へのオマージュにとどまるが、戸井田氏は、寿夫の登場で能そのもの、とりわけその「能そのものの存在意味」と「演者の表現意識」が変ったという。戸井田氏は、この前でも、寿夫の絶筆「心より心に伝ふる花」（『新劇』昭和五十三年十月号～五十四年一月号）における、能の演技の基本中の基本であるサシコミ、ヒラキについて説いたくだりを引いて、「みごとな説明である。説明の言葉がまるで扇をもって型を演じて見せているかのようだ。ここにも、はっきり呼吸のつめひらきがある。これだけの説明が可能であるのは、寿夫が表現意識を意識することができたからである」とし、「寿夫になって、はじめて能の型が近代人の意識によって内面からかえりみられたことを意味する」としているが、これも同趣旨の発言である。つまり、それまで長いこと文字通り「型」とのみ解されていた能の型の「表現意識（意味）」を言説化したのが寿夫であり、その結果、「能そのもの」が変ったというのである。戸井田氏は、その変化を観阿弥から世阿弥への変化に匹敵するとさえしている。

三、寿夫の遺産

そもそも観世寿夫とは何だったのかを考えるばあい、寿夫が「能そのもの」を変えたという指摘はきわめて重要であろう。同様の把握は寿夫没後二十年の平成十三年に、『観世寿夫著作集』からの抜粋として刊行された荻原達子編『観世寿夫 世阿弥を読む』（平凡社ライブラリー）に収められた横道萬里雄氏の解説「観世寿夫と現代の能」にも認められる。そこでは「大袈裟に言えば、現在の能の盛況は、わずかの例外を除くと、寿夫の遺産で成り立っているとも言えるように思う」として、寿夫後の能の変化が明確に指摘されている。横道氏はその具体例として、『野宮』の「神風や伊勢の、内外の鳥居に、出るで入る姿は、生死の道を、神や受けずや、思ふらんと」あたりの演出などを例にあげて、寿夫が演出の幅を広げたこと、それは「上演のつど、能本の検討から取りかかるという態度」で臨み、「能本に忠実な新演出」であったこと、囃子全体にも関心をもっていたこと、観客の鑑賞眼の向上にも意を用いたこと、などをあげている。横道氏は寿夫とは戦前の十代の頃から交流があり、能楽研究者としては最も大きな影響を寿夫に与えた人とされるが（『観世寿夫著作集』第一巻の解説における表章氏の発言）、その横道氏がこれらを「寿夫の遺産」だとみているのである。この横道氏の見解は、あくまで「大袈裟に言えば」という条件付だが、この指摘は基本的に正鵠を射ていると思う。それは寿夫の登場によって、寿夫の時代はもとよりとして、寿夫没後の能楽界に画期的な変化がもたらされたということにもなるわけである。

四、テキストの検討

横道氏が言う「上演のつど、能本の検討から取りかかるという態度」については、寿夫没後に寿夫の遺志を継承して、土屋恵一郎（法哲学）、松本小四郎（演劇批評）、鳳英良（ロシア演劇）、松岡心平（能楽研究）の若手四人の運営委員によって結成された「橋の会」が公演前にこの方法を取っていて、演者では寿夫の指導を受けた浅見真州氏や山本順之氏も加わり、岩波の『謡曲集』のコピーによって一曲の理解に努めていたことが思い出される。そのような場に何度か同席したことがある筆者には、それはまことに新鮮な体験であったし、昭和三十年代までの名手の芸談などを参照しても、そうした姿勢は寿夫にはじまったとみてよさそうである。

寿夫が若い頃から能のテキストの検討を通して、一曲の戯曲としての内容を把握して上演に臨んでいたことは、増田正造氏の「観世寿夫／華の会のころ」（『銕仙』昭和五十四年十一月）にも、

> 戯曲と演出の検討、討論から、多くの稽古を重ねつつ、作品を世に問うた。観世寿夫の「芭蕉」、観世静夫の袴能「半蔀」など、特筆すべき舞台だったと思う。

と回想されている。「華の会」は昭和二十八年に寿夫、栄夫（当時は後藤栄夫）、静夫の観世三兄弟の会として発足し、やがてワキ方、狂言方、囃子方、それに増田正造氏も加わった同志的演能集団である。寿夫自身、この「華の会」の四回目には、「多くの方々にお集まりいただき「清経」「半蔀」「天鼓」の三曲について、いろいろな角度から検討していただきました。おかげで、いままで気がつかなかった多くの大事な点が明らかになり、たいへん啓発されました」とし、「ようやく、脚本の検討が真剣に考えられるに至った段階」だとしている（『伝統芸術』二十四、昭和三十年三月）。さらに昭和三十年四月の『観世』に寄せた「装束について」においても、一見、同じような能にみえる『野宮』と『井筒』もそれぞれに別個のテーマを持っているとして、

> 然し現在の能では、その曲のテーマの研究と云うのが餘りされません。これは大方演者が様式に負けてしまうためで、本当はもっとその曲の脚本から役を創作する事がなされても良いと思われます。

と述べている（寿夫の文章はおおむね『観世寿夫著作集』に収められているが、この稿では寿夫の思索の軌跡がたどれる初出の掲載誌や書籍を記すことにする）。横道氏があげた『野宮』の演技も、こうした能のテキスト重視の成果だったのであり、多くの人が寿夫の能から鮮烈な印象を受けたのも、寿夫のそうした姿勢によるところが大きかったはずである。

この方面における寿夫の実践としては、現行の『昭君』が前ジテの父親が中入したまま後場に登場せず、亡くなった愛娘（昭君）が鏡に映って両親に対面する場にいない形で演じられていることに疑問を持ち、原形と考えられる父親が中入しない形での上演を企画したこと（これは諸般の事情から直前

に断念という事態になったが、その後はしばしば寿夫が演じようとした形で上演されている）、現行では若い女姿の『通盛』『通小町』の前ヅレを詞章などから色ナシ（無紅）に変更したこと（その後、『通小町』については装束を色ナシにするだけでなく、面に姥などを用いることも試みられている）、『雲林院』を現行とは後半がまったく異なる世阿弥自筆本『雲林院』で上演したいという希望を持っていたこと（これも昭和五十七年の法政大学能楽研究所の試演で実現し、以後しばしば上演されている）、また、現行の『自然居士』にはないが、本来はあった「自然居士の謡」と呼ばれる文句を入れての上演（昭和四十五年らしい。この形での上演も五指を下らない）、などがあげられよう。

もうひとつ、現在、観世流だけが、本来の「浄御原の天皇（天武）」と「大友の皇子」を「やごとなき御方」「なにがしの連」などと「翳《かざ》して（朧化）」いる『国栖』の詞章を、「このほうが筋が通る」として本来の文句に戻したのも寿夫だった。『国栖』は壬申の乱を素材にした能だから、「浄御原の天皇」「大友の皇子」を朧化してしまうと、なんとも奇妙な感じになるので、観世流の『国栖』の詞章は関係者には評判が悪い。この寿夫の改訂は、昭和三十四年のことと思われるが、以後、銕之丞家や銕仙会の舞台ではこの寿夫によって改訂された文句で『国栖』が上演されている（拙稿「観世流の『国栖』の詞章とその来歴」『銕仙』平成三十年四月）。

問題は、このような「テキスト重視」の試みがどれくらい寿夫没後の能楽界に継承されたかどうかである。それについては「橋の会」の活動などいささか述べもしたが、いま思いつくままに、あらためてこれ以外の継承の事例を紹介するならば、昭和六十年から平成二年まで、二十三回の公演をもった梅若紀彰《としてる》（現、実）による、テキストの吟味をふまえた従来の演出の再検討をめざした「課題曲」の上演などは明らかに寿夫の理念を継承したものであろう。平成二十五年から三年にわたった福王茂十郎、梅若玄祥、天野文雄、それに国立能楽堂企画制作課による「能を再発見する」と銘打った、『高砂』『卒都婆小町』『百万』『藤戸』『花筐』や世阿弥本『雲林院』の見直し上演、あるいは平成十五年以降の『猩々』『自然居士』『花筐』『養老』などの演出を見直した大槻能楽堂の研究公演もそれに加えてよいであろう。また、観世栄夫、観世銕之丞、梅若六郎（現、実）、大槻文蔵ら観世流の演者に堂本正樹氏が加わった「能劇の座」による復曲や現行曲の見直し活動も逸することができない。「能劇の座」では平成七年に、同じ演者が前ジテの宿の長と後ジテ朝長を演じる現行の『朝長』を、前ジテの長は後場にも居残るべきだという判断から、『国立能楽堂』において前後のシテを別の演者が担当する形で上演している（拙稿「青墓の長は後場まで残っていた」『能苑逍遥（中）能という演劇を歩く』もこの判断を支持している）。

　さらに、銕仙会で寿夫の薫陶を受けた浅見真州、山本順之《のぶゆき》、北浪昭雄、永島忠侈《ただし》といった直系の演者たち、観世宗家元正の内弟子時代、教えをうけに深夜、寿夫のもとに通い、以後も寿夫に親炙していた野村四郎（野村四郎著『狂言の家に生まれた能役者』平成二十七年、白水社）、関西では片山九郎右衛門（幽雪）、慶次郎兄弟や大槻文藏ら、他流ながら交流があった宝生流の松本恵雄、三川泉、波吉信和、近藤乾之助（乾之助氏は角川学芸出版の『能を読む②世阿弥』の座談会などで寿夫との交流について語っている）、寿夫に心酔し、寿夫を記念した観世寿夫記念法政大学能楽賞も受賞している粟谷能夫（喜多流）などの活動に照らせば、テキストの再検討とそれに伴う演出の見直しは、流儀を超えて現代まで脈々と継承されていると言えよう。

　このうち、昨年刊行された山本順之氏の『相音《あいおん》二つの声を求めて』（山本順之先生傘寿記念冊子刊行委員会編）には、山本氏が稽古のさいに寿夫から受けた教えを記した大学ノート一〇〇冊にもおよぶ詳細なメモの一部が収録されているのも、寿夫の影響の強さを物語っている。

　なお、右のエッセー「装束について」では、テキストに対する姿勢とともに、能にはそれぞれテーマがあるとしていることも注意される。この点は能楽研究においても佐成謙太郎（明治二十三年～昭和四十一年）など少数の論者を除いて近年まであまり関心をもたれていなかったが、当時三十歳の寿夫が演能に不可欠のものとしてテーマの把握ということを主張しているのである。この寿夫の「テーマ」への関心については、拙稿「近代日本の能楽観とその溯源――「謡曲綴れ錦」説をめぐって」（『舞台芸術』十九）でも言及しているが、この点でも寿夫は先駆的だったのである。

五、能の全体を見る

横道氏は寿夫が囃子全体にも関心をもっていたと言うが、そのことは同氏がすでに寿夫逝去直後の昭和五十四年五月の『銕仙』に、

　実は、寿夫の面目は、そうしたことよりも、謡やハヤシや舞の技法に密着した深い部分の処理にあった。ワキ方やハヤシ方の技法はもちろん、シテと直接のかかわりのないアイの部分にも心を配って、統一体としての能の完結を志したその態度は、今後も人々によって継承されて行かなければならないもっとも重要な点だろう。

としていたように、まさに能を一個の統一的な芸術にしなければならないという思いからであった。そうした寿夫の姿勢については、「一つの能をやるときに、彼は間狂言の言葉まで関心をもって、舞ったわけですよ。いままでにそんな役者はありませんよ」という野村万作氏の発言があるが（「座談会／観世寿夫氏を偲ぶ」『新劇』昭和五十四年二月号）、そうした寿夫の志向が「銕仙会」の「銕之丞家の月並会」から「全演者による演能集団」への脱皮であり、「華の会」のような志を同じくする演能集団の結成へとつながったのである。寿夫が代表となって昭和四十五年に結成された「冥の会」は、能・狂言の演者に新劇の役者や演出家、演劇評論家、演劇研究者が加わってギリシア劇などを意欲的に上演した同志的集団であるが、これも「統一体としての能の完結を志した」姿勢の延長線上の活動ととらえてよいであろう。

寿夫自身も逝去直前の「無題」（『銕仙』昭和五十三年十一月、『著作集』には「銕仙会の能」で収載）で、「能そのものがシテ中心主義に出来上がっていますから、舞台においては大部分シテによって表現されるのです。しかしそこまでいく基盤として、ワキ、狂言、囃子、地謡、後見に至るまで、舞台全体の人びとが皆一緒になってひとつの作品を作り上げていく、そしてその全員の意欲がシテを中心にまとまって表現されていくのでなくてはならない」と述べているが、同趣旨の発言はこのほかにも少なくない。たとえば、寿夫が中心となって創りあげた銕仙会の地謡の魅力については諸氏の証言があるが、それが一曲の表現にいかに深くかかわっているかについては、土屋恵一郎氏の「〈不在〉の輝き――観世寿夫あるいは銕仙会の方法」（『銕仙』昭和五十四年五月）、「観世寿夫と現代演劇」（『新劇』昭和五十四年七月）に説かれている。土屋氏の『新劇』稿は、地謡にかぎらず、「寿夫が独力で切りひらいた能の可能性が、若い能役者によって方法として継承されている」とその論を結んでいる。

六、能会あるいは観客の変化

このほか、寿夫の革新的な活動が、それまでの能楽界にいかなる影響をおよぼしたかを知るには、昭和五十五年一月の『銕仙』に過去二十年ほどのあいだに興った新しい動きを概観した羽田昶氏の「一九八〇年代の能界」が参考になる。そこでは、

能の会といえば、流儀もしくは流内の家単位で主催する定期能と別会が典型的な興行形態であることに変りないが、近年は、より新しいかたちの会が注目される。第一に個人の名を冠せたリサイタル形式の会がふえた。これ

は五流ともに、老大家・中堅・若手を問わず、また必ずしも名門御曹司にかぎらず、ふえてきた。第二に同人組織で運営する会がある。いまのところ、観世流と喜多流に多いようだが、今後は他流での発足も充分予想される。濮《しゅう》の会のような、流派と役を超えた若手の結束などは、すでに多くの期待を集めている。第三に、消長変転は見られるが、ワキ方や囃子方の主催する会がある。第四に能楽師以外の者の主催する会がある。これには新聞社主催のものから数人の有志で運営しているものまで、規模の大小、会の性格や目的など一様ではないが、意外に多い。

銕仙会のように早くから演劇集団的に機能している会は別として、流儀の会や同門会はしばしば師匠と素人弟子の結びつきで維持されてきた。それが、ここ十数年来、能が社会的に広く見直されるようになって(その見直されかたにもいろいろなかたちがあって楽天的になれない問題をはらむにせよ)、そのようなルーチン化した演能形態とは別種の催しを求める動きが、各種の新しい能会の増加となって、六〇年・七〇年代に現われたのだと一応は考えられる。

と、能会の形態上の変化という点から、昭和三十年代後半以降の新しい動向を総括している。羽田氏はそれと明言していないが、演能形態がこのように多様になった要因の一つが寿夫の活動だったと考えているようである。ちなみに、このエッセーは「能が真に活性化するためには役者だけでなく私ども観客の意識が昂揚していなければならない。観世寿夫を失なった無念さと空虚さを噛みしめつつも」と結ばれている。

また、ここで羽田氏は能の活性化には「観客の意識の昂揚」が不可欠だと強調しているが、観客重視も寿夫が早くから留意していたことだった。たとえば、『文学』昭和二十九年五月号に執筆した「現在の能と世阿弥の能」では、

現在の能の最も欠如しているめんとして、観客との交流があげられる。最初に述べたごとく、今日の能会がその対象としている観客は、特殊な一部の人びとに限られている。そのために楽師の中には、「自分の芸を理解するような人はいない」というような、ひじょうに高踏的な考えの持ち主がいるが、これは明らかに式楽時代の考え方の一面を残しているのだと思う。また一方、能の大衆化については、ただ大勢の観客を集めることだけにとどまって、内容は観客に迎合するために能の水準を落として演じられる場合が多く、そこにはある意味で観客をばかにした考え方がひそんでいるごとく思われる。

としている。このあと、寿夫の筆は世阿弥の「衆人愛敬《しゅにんあいぎょう》」や「離見の見」に移り、世阿弥がいかに観客の反応に配慮していたかを述べて、現代の演者の姿勢と対比させている。

このような寿夫の信念の実践が、たとえば「銕仙会」における学生料金の設定であり（これには戦前の喜多実による前例がある）、多摩川時代の終演後の演者と観客による座談会などであるが、流儀にとらわれずに良質の能の提供を目的とした東京能楽鑑賞会、大阪能楽鑑賞会、京都能楽鑑賞会といった鑑賞団体が昭和三十年代前半に生まれたのも、寿夫のこうした姿勢を抜きには考えられまい。羽田氏がいう「新しい形の能会」の嚥出もそういう潮流のなかの現象とみてよいであろう。その「新しい形の能会」全体を把握することは容易ではないが、銕仙会が例会とは別に若手中心の「青山能」を平成六年から南青山の銕仙会舞台で催すようになったこと、短期間だったが、平成十六年頃に観世流家元の観世清和と喜多流の友枝昭世両氏による「能楽観世座」の活動、筆者の身近な例でいえば、大槻能楽堂が「自主公演」と銘打って、昭和五十九年以来、良い能を低料金で提供するとともに、演能前に識者の講演を置いたり、研究公演として研究者との協同になる試演的な上演を行ってきたことなどもその流れである。近年の関西では、小鼓の成田達志と大鼓の山本哲也の両氏が主宰する「TTR」も公演とは別に事前レクチャーを催すなどして、「観客の意識の昂揚」に努めていることも付言しておく。

七、役者における世阿弥発見

こうしてみると、横道氏のいう「寿夫の遺産」は、広く能と能をめぐる環境に認められることになるが、その「遺産」として、どうしても逸することができないのが、寿夫による夢幻能評価であり、能の演劇としての真の価値を幽玄に求めたことであり、数ある能のなかでも、とりわけ生涯を通じて『井筒』『野宮』を最大限に評価していたことである。

いうまでもなく、これらは一連のものであり、またこのような能に対する評価が、『風姿花伝』以下、二十一点におよぶ世阿弥の芸論の深い読解、そして世阿弥の思想への全面的な傾倒に拠っていることは、いまや衆目の一致するところであり、なによりもそれは『観世寿夫著作集』を繙けば一目瞭然なのである。

寿夫と世阿弥の出会いは、寿夫自身が「戦後まだ間もないころ、いまは亡くなられた能勢朝次先生の「能楽論」の講義を聴講させていただいて、私は世阿弥理論を知りました」（「能と私」『三田評論』昭和四十九年二月）と語っているように、昭和二十四年度の東京文理科大学の能勢朝次氏の講義だったが、世阿弥や能楽研究への関心は戦時中の十七、八歳頃からのもので、その頃すでに野上豊一郎や能勢朝次の著書を読んでいたという（「座談会・能の心と技」『SPAZIO』一七、昭和五十三年）。そうした知的関心が、昭和二十一年に開設された能学塾での、野上豊一郎、能勢朝次、野々村戒三といった能楽研究者や、安倍能成（美学）、桑木厳翼（哲学）、田辺尚雄（日本音楽）、土岐善麿（日本文学）など識者の講義の聴講につながり、東京文理科大学の「能楽論」における本格的な世阿弥との出会いにつながったのである。

さらに、昭和二十五年に、その名のとおり能楽再生のための能の上演を目的に生まれた「能楽ルネッサンスの会」の分科会のようなかたちで「世阿弥伝書研究会」が昭和二十七年から始まり、寿夫は「能楽ルネンスの会」とともに「世阿弥伝書研究会」にも参加した。その常連は、西尾実、小西甚一、横道萬里雄、池田廣司、表章、小林責といった能楽研究者、演者では寿夫、栄夫、静夫、野村万之丞、万作、近藤乾之助、浅見真高の諸氏だったが、この会では五年がかりで世阿弥の芸論すべてを「ジックリと読み徹した」（表章「観世寿夫の研究的なる著述の背景」『著作集』解説）という。寿夫は東京文理科大学での「能楽論」のときも積極的に発言したようだが、それは「世阿弥研究会」でも同様だったらしく、寿夫の発言によって、『申楽談儀』第十二条に引かれた「天、花に酔へりや」が「天も花に酔へりや」とある『田村』ではなく、廃曲の『鼓滝《つづみのたき》』の文句であることが判明したという逸話も伝えられている（前掲の表章氏の解説）。さらに寿夫は、昭和四十年頃に、銕仙会の若手が結成した「繭の会」の同人のために表章氏を招聘して、世阿弥の芸論をもう一度読んでもいる。もちろん、そうした研究会の場を離れても、寿夫は常に世阿弥と向き合っていたことが『著作集』から窺えるが、いずれにせよ寿夫の世阿弥研究には十分な年期が入っていたのである。

寿夫が研究者とともに世阿弥の芸論を読んだことは、まもなく関西の演者たちにも刺激を与えている。まず、昭和二十九年に世阿弥の芸論を読む会「あけぼの会」が大阪に誕生した。呼びかけ人は観世流の山本眞義氏で、演者では大倉長十郎、上田照也、大阪大学助教授だった田中裕（中世和歌）、関西大学教授堀正人（英文学）など。十代半ばだった大槻文藏氏も大倉長十郎氏に誘われて顔をだしている。この「あけぼの会」は昭和三十九年十月に「講演と能」と銘打って十周年記念能を山本能楽堂で催した。講演は九十分におよぶ横道萬里雄氏の「能の音楽的構成」、続けて寿夫の仕舞『砧』と山本眞義の『井筒』があった。この『砧』を沼艸雨氏は、「一字一字をおろそかにしない謡と、能の理想的な描線によるこれは、やはり能一番に匹敵するだけのものをもっていた。この仕舞は大阪文化祭賞を得た」と記している（『沼艸雨能評集』）。同会は昭和四十二年までのあいだに、世阿弥の芸論すべてを読み終えたという（権藤芳一氏『平成関西能楽情報』平成二十五年、和泉書院）。なお、田中裕氏は昭和五十一年に新潮古典集成『世阿弥芸術論集』を上梓しているが、それにはこの研究会での体験や知見が基礎になっているはずである。また、昭和三十一年には、京都でまだアマチュア時代の味方健（シテ方観世流）を中心に「花伝書を読む会」が檜書店などで催されてもいた。

その寿夫の世阿弥研究を代表する著述が、「演戯者からみた世阿弥の習道論」（日本の名著『世阿弥』中央公論社、昭和四十四年）、「演技者から見た世阿弥の作品」（日本の古典芸能『能』平凡社、昭和四十五年）と、絶筆になった「心より心に伝ふる花」（『新劇』昭和五十三年十月〜五十四年一月）の三編である。筆者はかつてこの三編に接したときには、その内容が能楽研究の成果を忠実にふまえていることに驚く一方、同じ理由から物足りなさも覚えた記憶がある。物足りないと感じたのは、研究という点ではとくにヒントになるものを感じなかったからである。しかし、このたびこの稿を草するにあたって、三編をはじめ『著作集』を読み直して、寿夫の世阿弥理解が「演技者」という視点に立った独自の価値をもっていることに、遅まきながら気づかされた。寿夫の著述における「演者としての視点」に注目する声はこれまでも少なくなかったし、そもそも、寿夫の世阿弥理解を代表する著述のうち、二本のタイトルが「演戯者からみた」「演技者から見た」なのである。いまとなっては不明を恥じるばかりだが、たとえば「演戯者からみた世阿弥の習道論」のつぎの一節などは、寿夫の世阿弥理解の一例であるとともに、寿夫独特の世阿弥理解を直截に示している例である。

たとえば、『花鏡』における「先聞後見」といった論で、世阿弥は、謡の文句を先に聞かせて、そのあとからその文句の内容を動作によって表現するべきだと書いている。これは、書かれた文字のうえだけからみると、観客に対しての心構えをいっているように思われ、またそうした観客への配慮は当然持たなければならないものであるが、演戯者として「先聞後見」を読めば、つぎのような実感が持てる。

地謡によって謡われていることばなり節なりから感じられるもの、それを演者はからだで感じとるところから演戯が生まれるべきで、謡われる前に動きをしてしまったのでは、演戯としてのリアリティーがなくなって、白々しいものになる。自分にとって白々しければ観客にとっても白白しいといった具合に。つまり、あくまで演戯者として問題を追求してゆけば、当然観客を抜きにしては何事も語りようがなくなるのが演戯というものなのである。世阿弥は演戯者として書き、しかも、それを後の時代の演戯者にこそ遺そうとした。それを考えると、もっともっと実際に舞台人としての立場から読まれることがなされる必要を心の底から感じる。

『花鏡』の「先聞後見」を、現在、一般的になっている対観客という理解だけでなく、演者の側からとらえ、それを能におけるリアリティーの問題だとして、世阿弥もそのつもりで書いているというのである。たしかに、そうも読めるし、世阿弥が役者であることを思えば、そこまで読み取るべきなのかもしれない。たとえば、こういったところが寿夫の世阿弥理解の特徴であり、価値なのだと思う。ちなみに、現在の能では、謡いより所作が先なのである。これはあくまでも推測だが、寿夫はここの解釈のように、実際に舞台でも「先聞後見」を実践していたのではないかと思う。少なくとも、そう思わせるのが「演者の視点からみた」寿夫の世阿弥理解なのである。

八、夢幻能の発見

このような寿夫の演者としての世阿弥理解が「夢幻能」「幽玄」評価、それと一体の関係にある『井筒』『野宮』評価につながっていることは、まず疑いあるまい。たとえば、つぎのような一文はそれを端的に示していよう。

世阿弥が理想とした能とは、一言でいってしまえば、劇的なものと音楽的なものをひとつに融合した舞台であった。それは「井筒」や「野宮」など、おおかたは美しい女性をシテとした夢幻能によって代表される。そしてこうしたすぐれた夢幻能の完成および、それを演じるための演技法の確立こそが、能をして五百年以上も生きつづけさせたといっても過言ではない。夢幻能のような構成の中では、演者はただその作品中の人物に扮すればよいということにはならない。あるめんにおいては演者と役とが対立し、またあるときは役を演者自身の側へ引きつけることによって、その作品をより大きく広げる結果をもたらさねばならない。二曲三体という稽古論は、こうした役づくりのために世阿弥が生み出したものである。まず舞歌の二曲のみを稽古し、次に老体、女体、軍体という物まねの基本形の三体を習得する。これをさらに広げてゆき、究極においては、「無」とか「妙」といった高度な境地へと発展させていくわけだが、これは『九位』などにもつながる考え方であって、彼が幽玄な芸を生みだすための一貫した理論といえる。（「幽玄な美と芸」鑑賞日本古典文学『中世評論集』角川書店、昭和五十一年）

ここにも「演者としての視点」は明確に認められるが、それはともあれ、ここでは世阿弥の「二曲三体」論を介して、『井筒』『野宮』に代表される夢幻能と幽玄の関係が巧みに説かれている。換言すれば、寿夫はこのような夢幻能や幽玄理解を通して『井筒』『野宮』を評価し、そして演じたことになる。その結果、「寿夫が生涯をかけて企てた変革のおかげで、私達は、世阿弥の言う「幽玄」というものを、歴史の成層を通貫しつつ、理解することができるようになった」（渡邊守章「幽玄ということ――観世寿夫の姿について」『観世寿夫――至花の風姿』）のである。また、これによって、渡邊守章氏の編になる『幽玄――観世寿夫の世界』（前出）の「幽玄」が、「能イコール幽玄」というような皮相的な意味ではないことも明らかであろう。これはひとり渡邊氏だけでなく、寿夫の舞台に接した人々の実感でもあったはずである。

九、世阿弥が説いた「幽玄」の現出

幽玄という言葉は、わが国では歌論において用いられたから、まず近代の和歌研究で関心がもたれたが、明治四十二年の吉田東伍による『世阿弥十六部集』の刊行によって、能楽においても重要な美的概念であることが知られ、まず研究面での考究がはじまった。一方、能楽界においても昭和前期には「幽玄」という語を用いる演者が現われるようになり、昭和二十一年にはその名も『幽玄』という能楽誌が関西の演者や識者によって刊行されている。しかし、それらは概してまだ用語の使用というレベルであって、片山博通氏のような例外もあるが、一般的には世阿弥の芸論をよく読みこんだものではなかったと思われる。その世阿弥を能役者の立場から研究者顔負けというレベルで読み、その美を舞台に現出させたのが寿夫だった。

ここで想起されるのが、平成十八年の観世喜正氏が主宰する第一回「喜正の会」の解説冊子に表章氏が寄せた「〈井筒〉への評価の変遷」で、そこでは『井筒』の室町時代以降の上演状況の調査から、世阿弥が「上花」と自賛している『井筒』が現在のように能を代表する曲になったのは戦後の「世阿弥回帰」と夢幻能評価の高まりの結果であり、その中心にいたのが観世寿夫だったとしていることである。もっとも、昭和十四年に没した観世左近が『井筒』を「いかにも本三番目物らしい幽玄の風情に富んだ傑作であります」（『能楽随想』）と評価しているから、『井筒』への評価は寿夫の登場以前に高くなっていたことはたしかであるが、演者として世阿弥の芸論に対峙し、そこから自身の能を創りあげた寿夫の登場にいたって、『井筒』は真に名曲として広く認知され、夢幻能の価値や幽玄についても舞台で実際に感得されることになったといえようか。

十、寿夫登場の意味

寿夫の絶筆となった「心より心に伝ふる花」はじつは未完で、あと十五回ほど連載される予定だったという。そもそも、そこにはタイトルになっているこの世阿弥の言葉がみえないのである。その「心より心に伝ふる花」は『風姿花伝』奥義にある言葉だが、言葉では伝えられないのが能の「花」だと世阿弥は言うのである。「花」は以心伝心でしか伝えられない。世阿弥は体験的にそう確信していた。にもかかわらず、世阿弥はその「花」を言葉で、あるいは論理で後継者や能の愛好者に伝えようとした。それは寿夫も同じだった。その結果、戸井田道三氏がいうようなレベルにおいて、能が「変わった」のである。

［上演］

女役者と近代——その出発点

佐藤かつら

さとう・かつら——青山学院大学文学部教授。専門は日本近世演劇・日本芸能史。主な著書・論文に『歌舞伎の幕末・明治——小芝居の時代』（ぺりかん社、二〇一〇年）、「塩原多助一代記」校注（『円朝全集』第一巻、岩波書店、二〇一二年）などがある。

江戸時代、武家屋敷で歌舞伎を上演したお狂言師が、維新後の東京で女役者になったと、従来考えられている。しかしお狂言師の特殊なあり方を考慮すると、演劇界でも社会でも地位が低い女役者になったお狂言師は、多くはなかったと考えられる。陰の存在としての女役者を考える時、市川九女八の活躍の特異性が浮かび上がる。

はじめに

演者が全員男性であることは、歌舞伎という演劇の大きな特徴である。しかし、現在一般にはほぼ忘れ去られているが、かつては歌舞伎を演じる女性もいた[1]（本稿では「女役者」と呼ぶ）。江戸時代中期から昭和の戦後まで存在していた女役者についてはいくつかの論考が備わるが、その詳細はいまだ明らかでない点も多い。神山彰氏は女役者について、「伝統的な古典演劇」化する歌舞伎の中で、特に女方との関係で不都合なものとして排除され、一方、明治末年から新しく登場した「女優」とも区別され、そのはざまで衰退の一途を辿った「中間的で複合的な存在」だったことを指摘している[2]。近年、アメリカ人の演劇研究者による、女役者や女優、市川少女歌舞伎など、女性が演じる歌舞伎についての研究も見出される[3]。特に、マキ・イサカ（Maki Isaka）氏は男性の演じる女方と女性の演じる女方を取り上げて論じ、近代に至るまでは両者は互換可能な存在であったこと、歌舞伎が古典芸能化するにあたり男性が演じる女方の存在理由を新たにもたらすために、芸術上の女性性は「自然」な女性とは異なるという定義付けを行い、女性の女方を排除したとしている。それゆえに、女役者は早くに消滅してしまったとするのである。(4)

歌舞伎の女役者に関して解明すべき問題は多い。まず、女役者がなぜ消えたのか、という点である。また芸態の上から考えるとき、女役者と男性の歌舞伎役者との共通点・相違点も問題になろう。さらに、女役者と、明治末年頃から登場した「女優」を比較し、それぞれの本質を考えることも必要だろう。これらは前述の研究においてすでに取り上げられてもいるが、より多くの考察が必要である。また、明治半ばからの演劇改良運動以来、歌舞伎において女方は女優に演じさせたいという考えのもとで努力が払われた形跡があったのに、なぜ歌舞伎には結局女優は入り込めなかったのかという問題もある。これらの問題の解明のためには、女役者および近代的女優の実態、その興行、芸態の研究など、さまざまな事柄を明らかにする必要がある。

本稿では女役者の研究の一端として、明治維新後に東京に現れた女役者をとりまく環境、社会的状況をまとめる。特に、江戸時代の「お狂言師」と明治の女役者の関係や、女役者が置かれた立場について考えてみたい。

一、女役者の出自

東京における女役者の中心となったのは、江戸時代のお狂言師であると言われている。(5)お狂言師とは、将軍家の大奥や大名屋敷の奥向きに上がり、踊りや歌舞伎狂言を演じてみせた女性たちである。(6)屋敷に仕えているお狂言師もいれば、普段は江戸市中で踊りの師匠をして、催しがあるときに専属の屋敷に出向くお狂言師もいた。女性のお狂言師の存在は安永期(一七七二〜八〇)から知られるという。(7)この催しは非公式なものであった。女役者を代表する存在である市川九女八(8)(一八四四?〜一九一三)は、若い頃に師匠の坂東三津江(初代・二代あり)に付いて大名屋敷でのお狂言の催しに参加したことを二種の回想録で触れている(「芸壇百話(其二)技芸の話」(『演芸画報』一九〇七年四月)、「名家真相録(其七)市川九女八」(同誌一九〇七年九月)、以下、「百話」「真相録」と略す)。

正確な時期は不明だが、維新を迎える前にお狂言の催しは廃止されることとなり、お狂言師は出入りの屋敷を失い、収入も失った。九女八は、「俄に弟子を集めて踊の師匠をするものもあれば女俳優《をんなやくしや》と成《な》た者も御座います」と述べている。(9)九女八自身は慶応四年(明治元、一八六八)ごろから本格的に女役者の道に進んだ。

明治初期から東京に存在した女役者のどれほどがお狂言師出身であったのか、その実態を掴むのは難しい。幕末以来、両国橋詰の広場などに、見世物の名目で興行を許可された小芝居があった。ここに出演する役者は官許の江戸三座の歌舞伎役者とは「別流」（「守貞謾稿」）であり、三座の役者からは差別される存在だった。実はそこに、女性の役者も出演していた。九女八は、両国にあった小芝居である「おでゝこ芝居」[10]が「まァまァ女役者の始まりのやうなもの」であり、「鶴吉」という女が評判だったと述べている（「真相録」）。こうした小芝居の女役者の出自は、現在のところ不明である。九女八は、自らが慶応四年に出演した薩摩座という官許の元人形浄瑠璃の劇場を「本当の芝居小屋」と言い、おでゝこ芝居とは位が違うと言う。幕末にいた女役者は、まずは小芝居の一員だったのである。倉田喜弘氏は、東京府の調査によれば広場・葦簀張・寄席へ出演する女性が明治元年に一九五人、二年に一八四人おり、この調査がその後の寄席での芝居禁令に結びついたという指摘をしている。[11]相当数の女役者がいたことがわかる。

九女八も「おでゝこ芝居」に出演していた、とする文献もあるのだが、九女八自身は、お狂言が開かれなくなったあと、五年ほど無為に過ごし、歌舞伎役者の子弟に混じって「寄席芝居」（寄席で行われる芝居）に出演したと言っている（「真相録」）。丁髷になったといい、男装したのだろう。その後慶応四年四月頃に薩摩座に岩井粂八として登場し、『伽羅先代《めいぼく》萩』の仁木弾正と、政岡（松賀雄藤《おふじ》と日替わり）を演じた。この時のものと思われる錦絵が早稲田大学演劇博物館に所蔵されており（一〇〇―七〇〇一・七〇〇二）、一座の顔ぶれは、九女八・雄藤のほか、岩井福吉・松賀亀吉・西川政吉・西川巳之吉・岩井米花・岩井増吉という女性たちであった。「役者の外に素人で踊の出来る者」を集めることになり、「いづれも御狂言が無くなつた為にぶら〱して居る女が五人許り」加わったという（「真相録」）。

お狂言師との関わりで言えば、ほかにも、九女八に刺激をうけ坂東派から出た「巴」が「女歌舞伎の一座を組織した」という。[12]巴姓の役者は確かに明治十五年（一八八二）五月に桐座に出演している。[13]また倉田喜弘氏は、明治十三年六月に、桐座に「狂言師から出た柏木衛門《えもん》」が出演したと指摘している。[14]

こうしたお狂言師出身の女役者はその後も活躍するのか。年代が飛ぶが、女役者の経歴を知ることのできる資料を見たい。明治四十四年（一九一一）三月に開場した帝国劇場に、森律子など一般家庭から養成所を経て登場した新たな「女

表　女役者の出自など（『女優鑑』『女優かゞ美』による）

名前	生年	出生地	初舞台	出自・経歴	師匠
中村千升	1851	京橋	1859?	両国のおでてこ芝居	中村仲蔵
松本錦糸	1854	麹町	1869	蕎麦屋の娘	市川団升
藤村鶴枝	1856	神田	1871	藤村派家元	
市川崎升	1857?	東京	1871?		市川権十郎
中村翠峨	1861	三河岡崎	1888		中村芝翫
市川鯉喜之助	1863	日本橋	1877?	若い時田舎廻り	市川権十郎
沢村紀久八	1864	神田	1877?	左衛門河岸の芝居あるいは寿座で初舞台	沢村源之助
岩井染八	1865?	伊豆	1870?	父は田舎廻りの座元	小佐川常世
市川若八	1866	神田	1881		市川九女八
中村仲七	1867?	三河	1879?		中村翠峨
尾上梅代	1873?	浅草	1888?	寄席芸人宝集屋金蔵の娘	尾上菊五郎・梅幸
市川寿摩次	1880?	名古屋	1890?	源氏節役者か。沢村田升妻	市川小寿
市川左喜次	1888?	三河	1899?	子供芝居の座頭	市川左団次
沢村重の井	1890	豊橋	1906	芸事を仕込まれる	沢村宗十郎

注）2冊で生年や初舞台の年齢が異なる場合、早い方の一方をとり、？をつけた。

優」が出演すると、翌年十一月に井口政治編『女優鑑』（演芸画報社刊）、杉浦善三編『女優かゞ美』（杉浦出版部刊）という二冊の名鑑がほぼ同時に刊行された。これらは頁の上段に写真や俳優の自筆署名、趣味嗜好、生年月日、身長などを記し、下段には俳優の出自や談話を記す。(15)『女優鑑』は九十名を収録し、うち、女役者に当たるのは十九名（「歌舞伎女優」八名・「元三崎座女優」十一名、三崎座は明治三十年代頃女芝居で有名）。『女優かゞ美』は八十五名を収録し、女役者に当たるのは二十名（「歌舞伎座附女優」三名・「旧派女優」十七名）である（ほかに「物故せる女優」などに十名ほど）。

『女優鑑』に見える名前を挙げる。

「歌舞伎女優」…市川九女八・市川翠扇《すいせん》・市川旭梅《きよくばい》・市川菊子・坂東のしほ・尾上梅代・沢村重《しげ》の井《い》・三保木峯子

「元三崎座女優」…松本錦糸《きんし》・沢村紀久八《きくはち》・中村千《せん(ち)》升《しょう》・市川鯉喜之助《りきのすけ》・藤村鶴枝《つるえ》・市川崎升《さきしょう》・岩井染八《そめはち》・市川左喜次《さきじ》・中村仲七《なかしち》・市川若八《わかはち》・市川寿摩次《すまじ》

『女優かゞ美』では翠扇・旭梅・三保木峯子を「歌舞伎座附女優」とし、それ以外の右に見える女役者および中村翠峨《すいが》を「旧派女優」とする。

翠扇・旭梅は九代目市川団十郎の実子、峯子は十一代目片岡仁左衛門の養女（姪）、のしほは二代目坂東秀調の実子で三代目秀調の妻。以上の歌舞伎役者の妻子および九女八とその養女菊子を除いた女役者について**表**にした。初舞台は数え年による計算である。これら十四名のうち現・愛知県出身の役者が五名、伊豆が一名、東京が八名である。名古屋周辺出身の女役者は多く、明治十年代の東京でも篠塚力枝など名古屋から来た女役者が多く出演している。**表**では、田舎廻りをしていた役者もいる。[16]

おででこ芝居や佐野松の芝居に出ていたという中村千升の経歴は興味深い。佐野松というのは京橋にあった寄席で、芝居をかけていた。慶応二年（一八六六）三月、役者がひいきの奥女中にもらった葵の御紋付の裲襠を着て舞台に上がり、狂言半ばで捕縛された。この事件の影響は猿若町の江戸三座にまで及び、歌舞伎役者は改めて猿若町以外での居住や一般観客との交際を禁止された。佐野松では少年に若い女性が混じり、浄瑠璃に合わせた身振りをする芝居をかけていたらしい。[17]また、沢村紀久八の経歴における左衛門河岸の芝居というのは、現・台東区浅草橋一丁目にあった左衛門河岸で行われたもので、年代を紀久八の年齢の記述から推測するなら明治十年のことである。紀久八と一緒に、のちに七代目市川中車となる中山鶴五郎や、七代目沢村訥子となる市川千之助らの子供芝居の役者が出たという。中車の回想によれば、絹糸渡りの見世物と共に芝居が行われたもので、中車自身は見世物芸人と一座したら将来がない、と思い夜中に逃げ出して出演はしなかったというが、真相はわからない。[18]

以上の如く、大正元年の時点で存命であった、お狂言師に関わった主な女役者は九女八一人であり、他は地方出身や寄席・見世物小屋などの小芝居から経歴を始めた役者達であった。

二、お狂言師のあり方

では、江戸時代にはどのくらいのお狂言師がいたのだろう。嘉永五（一八五二）年八月刊行の「御狂言」という番付形式の刷り物には、全部で百十二名のお狂言師の名前が見える。[19]中心に大きく書かれる主立ったお狂言師は水木歌仙・藤間満多《また》・坂東八重・坂東三津江・中村さち・藤間よし・藤間まさ・市山里・岩井佐和助・坂東三津代。東の大関に中村登茂二、西の大関に松本梅吉。以下、東には藤間大よし・坂東ゆき・藤間らく・中村虎治・藤間多可・坂東小三津。西には坂東きやう・藤間せい・水木歌春・市川梅枝・坂東兼吉・藤間兼吉といった名前が並ぶ。これらのうち、坂東三津江（初代）・坂東きやう（のち二代目三津江）は、前述のように九女八が師事したお狂言師であり、二代目の曾孫にあたる辻光子氏がまとめた『千秋万歳大々叶』（私家版、二〇〇一年）にその生涯について詳細に記されている。[20] 九女八は「真相録」で、三津江と同じ頃の有名なお狂言師は松本梅吉・水木歌仙・中村虎次などで、みな四十歳前後の婦人であったと言っている。西形節子氏は、この嘉永五年の番付について、すべてが大名お抱えのお狂言師であるという裏付けはなく、「お狂言師」は「この時代には町の女師匠と同義語に用いられていたのではなかろうか」と指摘している。[21] また同氏は、三升屋二三治著「紙屑籠」（天保十五年成立）の「踊指南」という項目の記述を指摘する（引用は国立国会図書館所蔵本〔836-42〕による）。

> 近代踊子多く、諸家様にて女踊子の狂言流行故、踊師匠は役者の門弟に成て中村誰、市川、岩井、沢村の名を附て稽古所を出す。昔は役者苗字なし。

これによれば、諸家（大名家）で女性の踊り手による狂言の上演が流行したため、踊師匠が役者の門弟となってその苗字を付けるようになったという。西形氏はまた、郡山藩主柳澤信鴻《のぶとき》（一七二四〜九二）の「宴遊日記」から、信鴻が奉公に上がった女中達に歌舞伎狂言を演じさせていること、その際、狂言番付を作り、出演者に歌舞伎役者の名を捩った男名前をつけていることを述べる。お狂言師・女師匠たちが男名前を付けることにつながりがあるのではないかという西形氏の指摘は注目される。[22] お狂言師の始まりは明らかでないが、江戸中期からすでに、大名屋敷で女性たちによる歌舞伎狂言が催され、女性たちは役者の弟子になり、役者同様の男名前を付ける習わしがあった。坂東三津江は三代目坂東三津五郎の弟子であった。先に掲げた**表**でも、女役者たちは多く歌舞伎役者の弟子となっていた。

さて、お狂言師の中でも大きな存在であった坂東三津江は、加賀藩前田家・高松藩松平家・広島藩浅野家の三家のお抱えであった（「真相録」）。お狂言師は、外出する機会のない将軍・大名の奥方や、奥女中たちのために、歌舞伎役者の演技を真似し（「うつす」[23]）、演じて見せた。江戸三座の芝居小屋における男性の歌舞伎役者の演技を真似て、大名屋敷にてそれを再現してみせていたわけである。

しかし、実際の芝居小屋と御殿でのお狂言の催しは、当然ながらその環境においてかなり異なるものであった。九女八の回想「真相録」にはその詳細が書かれている。

お狂言の催しが決まると弟子が集められ十日ほど稽古するが、催しは一日限り。一座は囃子方から床山まで総て女性。楽屋は広間になっていて一同が並ぶ。鏡台はひいきの御殿女中から贈られた豪華なものが多かった。**図1**はお狂言の

図1　一勇斎国芳画「御慰子供助六狂言之図」（架蔵）

楽屋を描いたと思われる錦絵である。極印から、天保十三年（一八四二）板行か。助六の上演を準備する様子で、書入から、助六が水木歌仙、伊久（意休）が水木歌春、揚巻が坂東幸、白玉が中村虎次、白酒売が中村登茂次、福山が一山きく、朝顔仙平が坂東ぎん、かんぺら門兵衛と思われるのが坂東ゑつがであり、水木歌仙に話しかける常磐津ひでも描かれている。表題は「子供」だが、皆お狂言師である。歌仙、歌春、虎次（治）、登茂次（二）など、前述の番付にみえる名前がある。架空の催しか、あるいは水木のお出入り屋敷であったという有馬家での出来事を描いたものか。独特の髪型（鬢下地か）に結った女性たちが支度を手伝う様子、また、椎茸髱と呼ばれる髪型に結った御殿女中たちが楽屋を覗く様子も面白い。しかし「座蒲団を敷くことは出来」ず、「畳へぢかに坐つて少しでも行儀を崩す事も出来ない」という九女八の回想とは異なり（「真相録」）、やはり絵画らしく華やかに描いたものだろう。舞台はどの屋敷でも立派な物で、花道は「能舞台の橋掛りと云つたやうに横手へ附て」いた。上手に義太夫床もあり、下座もあり、釣り枝・振り落しまで「すべて芝居の通り」であったという。「間口は久松町の明治座位」あったという。当時の明治座は明治二十六年（一八九三）に新築落成した大劇場で、収容人数は一六二八人であった。[24]

図2　揚州周延画「江戸／風俗　十二ヶ月之内　十二月／諸侯之奥／年忘之図」（架蔵）

最も変わっていたのは観客席で、舞台に対して庭があり、殿様の御見物場所はその庭の正面であり、御簾が下がって中から観るようになっていた。庭の両側が廊下のようになっていて一方は侍、一方は奥女中が、胸から上を出して見物したという。[25] 見物は芝居が面白くても、誉めたり手を叩いたりできず、ただ謹んで観ていた（「真相録」）。**図2**は、明治二十二年板行の、お狂言の催しを題材としたと思われる錦絵で、舞台では「関の扉」が上演されている。姫君らしき右側の人物が簾を巻き上げた形で観劇しているが、この簾は絵画であるがゆえに巻き上げられて表現されたのだろう。このような状態は、当然ながら、芝居小屋の喧噪の中で、役者と観客とが交歓し熱気を共有するあり方とは全く異なる。お狂言は大抵夜に行われ、なるべく上品な狂言や浄瑠璃を選んで上演していたという。衣装はその都度下賜される場合もあり、お狂言のための費用は莫大で、一回に千両もかかったという。[26]

九女八の回想記には、印象深い逸話が載っている。師匠の坂東三津江は、お狂言の催しがあると、精進潔斎をして臨んだというのである（「真相録」）。「劇場《しばゐ》と違ひ若し舞台で絶句でもした時には、忽ちお扶知を召上げられるのですから」と九女八は述べている。[27]

演じている内容は江戸三座の歌舞伎をうつしたものであっ

ても、演じる環境は全く異なっていた。屋敷という閉じられた空間の中、観客からの直接的な反応の無い舞台で、貴人を前に、張り詰めた緊張感を持って芝居を演ずる。お狂言師は、生涯夫を持たないことを一種の「見栄」とし、品位を第一に、自宅での踊りの稽古でも男の弟子を取らなかった。その姿形は、踝《くるぶし》や手首が見えるほど短い着物を着て、帯は結び目も半分に折ったやの字結び、髪型は割唐子《わりからご》（図3）で雪駄履きという、「随分不意気《ぶいき》」なものだったという。[28]

　九女八が三津江のもとでいわばお狂言師の見習いとして過ごした期間は二年半ほどといい、その間大きな役が付くことはなく、後見に出ていた。好きな道ゆえ「充分に勉強をして、やがては御出入邸《やしき》の一軒位は欲しいつもりで骨を折つて居りましたが」、その前にお狂言という催し自体が無くなってしまった（「真相録」）。前述の如く薩摩座に出演するにあたり、九女八は師匠の三津江に断りを入れた。それ以前に出た寄席芝居は官許の芝居小屋ではなく、それゆえ九女八も密かに出演したのかもしれない。しかし人形浄瑠璃の小屋とはいえ薩摩座は官許の劇場である。この時薩摩座は人形浄瑠璃だけでは観客を集められず、「子供狂言」を企画した。「子供」は名目で、実際には大人もおり、この中にお狂言師が混ざったのである。官許劇場に出ることは寄席芝居よりも目立つ、重大なことだったと考える。挨拶をうけた師匠の三津江は、「けしからん事」と言い、坂東の名前での出演は認めなかった。同じ大和屋の八代目岩井粂三郎の弟子になるよう指示したという[29]（「真相録」）。

　お狂言師たちは大名から扶持を得ていることを誇りとし、本家本元である男性の歌舞伎役者よりも芸が上であるという気持ちさえ持っていた。加えて、九女八が薩摩座に出演する際に三津江が示した拒否反応を考えると、お狂言師たちが大挙して市中の芝居小屋に出演するようになったとは思われないのである。有名な者こそ余計にそうだろう。また、お狂言と、普通の芝居小屋では、演じる環境も違いすぎた。

当時、芝居はもてはやされる娯楽であったが、一方で前述

図3　割唐子。平出鏗二郎『東京風俗志』中の巻（冨山房、1901年刊）より（ちくま学芸文庫版、2000年刊より転載）

の佐野松の一件の処罰からわかるように、役者など芝居の関係者たちは世間一般からは差別を受ける存在であった。官許の江戸三座よりもさらに下位の存在として、寺社境内や広場に見世物の名目で興行されていた小芝居が存在していたが、江戸三座であろうと小芝居であろうと、大名の前で芸を披露していたお狂言師たちにとって、芝居小屋に出演するということは自らの誇りとする格を落とす行為に均しかったであろう。(30)

九女八はお狂言師としては、まだ主要な役をもらえるほど経験を積んでおらず、つまり一人立ちしていなかった。それゆえに、市中の芝居小屋へ出ることにそれほど抵抗がなかったのではなかろうか。

三、女役者の苦難

お狂言師たちは明治の世の中をどのように過ごしていったのか。まずは、九女八も述べていたように、踊りの師匠として生計を立てていた人達が多かったのだろう。西形節子氏は、山王祭の附祭という芸能（扮装した踊り子たちが、唄・三味線・囃子を伴って歩きながら、また台の上で、狂言などを見せるもの）に出演した芸人の名前帳や前述の嘉永五年のお狂言師の番付、さらに明治八年刊行の『諸芸人名録』（徴税のために刊行された名簿）などにより、幕末から明治に至る主な流派の町師匠たちの動向を明らかにしている。(31)同氏によれば、幕末を経て明治初期には坂東流が最も勢力があった。

二代目の坂東三津江（明治六年襲名）は、維新後は踊りの師匠としての収入および貸家・貸し地代にて、充分な暮らしを立てていたという。旧大名が華族となり、踊り師匠もまた出入りするようになり、(32)三津江も前田家・細川家・鍋島家などへ伺候していたという。明治三年七月には、芝にあった延遼館という外賓接待の施設で、イギリス王子アルフレッドの来日にあわせ「寿《ことぶき》 曽我対面《そがのたいめん》」の狂言を演じたという。(33)

著名なお狂言師ならば、三津江同様に相変わらずお出入り屋敷を持ち、踊りの師匠としての収入と併せて暮らしていけたであろう。しかし九女八は前述のように幕末にはお狂言師としては見習いの身であり、安政五年（一八五八）には父が亡くなり、一時かなり苦しい生活を強いられたようである。寄席芝居や薩摩座に出たのも、芝居が好きだったこともあろうが、生活のためでもあっただろう。(34)

九女八が出ていた薩摩座は明治五年正月に類焼してしまい、その後、同座での女芝居は上演できなくなった。東京で女芝居が再開されるのは明治十年以降で、この間の事情は倉田喜弘氏が詳しく明らかにしている。同氏の研究により簡単にまとめる。[35] 当時、東京以外の各府県では多くの女芝居が興行されていたが東京では許可されなかった。倉田氏は女性は家庭を守るべきという旧道徳と、風紀上の問題と指摘する。明治六年一月以降、九女八と共に薩摩座に出ていた松賀雄藤《おふじ》が、弟子らの困窮を訴えて東京府に「今様白拍子」興行を出願するが却下される。その後、加藤清次という人物らから女芝居の役者（二五〇人ほどもいたという）や関係者の貧苦を訴え嘆願が相次ぐが、不急のこととして認められなかった。結局、民谷弥平太の嘆願ののち、芸能を統制する警視本署は、明治十年に、新規劇場建築は許可しないが既存の劇場での女芝居興行は認めるとした。

　松賀雄藤は松賀流の家元で、山王祭附祭で活躍していた。[36] 雄藤の願書によれば、当節、稽古が減ってしまい娘はじめ弟子一統が難渋しており、縁談を進めても弟子等は固辞したといい、場所を定めて興行を出願したという。[37] 九女八は、わかっているだけで三回、女芝居専用の劇場設立の出願をしている。明治九年四月、十四年二月、十六年十一月である。[38] しかし、いずれも認められることはなかった。

　雄藤は生活の困窮から「今様白拍子」（おそらく芝居）の興行を願い出、九女八は女芝居専用の劇場が欲しかった。九女八は明治十四年（一八八一）二月の出願の際、これまで女芝居を興行するときは劇場を借り受けており、借りられないときは「営業に差支へる」ため、出願したと言う（十四年二月二十三日付『読売新聞』）。九女八の出演履歴はさらに詳細に調査する必要があるが、女芝居が認められてから、桐座（四谷荒木町）や栄升座（芝新堀町）などの二流の官許劇場に出ている。[39] また、九女八がよく姿を現した座として、下谷二長町（現・台東区台東）にあった浄瑠璃座がある。浄瑠璃座は官許劇場ではなく、見世物「道化踊」を興行する場として許可された小芝居であった。わかっている限り、九女八は明治十三年十月から女役者一座で浄瑠璃座に出演しているが、これは、九女八の格を落とす行為であっただろう。九女八はどうしても、自分の劇場が欲しかったはずである。

　九女八は女役者のなかでも飛び抜けて有名であり、九代目市川団十郎の弟子にさえなったので、その経歴の初期から劇通にも評価され順風満帆であったように思ってしまう。しかし実態はそうとは言えない。九女八は、いつから東京の劇界にあまねく名を知られる存在となったのか。

　のちに九女八が新派などに出演するときに用いた芸名「守《もり》住《ずみ》月華《げつか》」の名付け親となった依田学海が九女八を初めて観たのは、明治二十年二月一日の寿座「小栗外伝」の小萩（照手姫）であった。もっともその前から、芸の巧さについては聞いていたらしい。(40) また、岡本綺堂は、明治二十三年三月二日にやはり寿座で九女八を初めて観た。(41) 演目は「廿四孝」「山姥」「お染久松」で、九女八の役は八重垣姫と山姥。学海も綺堂も、男の役者に劣らぬ九女八の技芸を称えているが、このように明治二十年代になってからようやく九女八を実際に観るのである。

ここで著名な劇評家三木竹二（一八六七〜一九〇八）の言葉を見よう。竹二は九女八に向け、「市川粂八様にまゐらす」（明治二十四年七月）(42)を書いた。

竹二は、明治十四年、浄瑠璃座で初めて九女八を観た。演目は「俠客伝」であった（九女八は長総《ながふさ》と姑摩姫）。その頃はまだ、「世間にておん芸の事、かれこれと噂することも少く」、安い観劇料を目当てとした観客ばかりと思われた。しかしその後寿座に出て『勧進帳』で評判を取り、九代目団十郎も見物して舌を巻いたという噂が立ち、忽ちに名声を得た。

寿座での九女八による『勧進帳』上演は、十七年七月十二日よりの興行にみえる。このとき、「苅萱」『於《お》玉池《たまがいけ》由来《ゆらい》夜話《のよばなし》』に加え、中幕で『勧進帳』が出され、九女八が弁慶を勤めるため「大景気」となったという（十七年七月十五日付『読売新聞』）。この後、明治二十一年六月頃、九女八は団十郎の弟子となった（二十一年六月二十一日付同紙）。また九女八は、「女団洲」の称号を得ることとなった。

ところが、三木竹二はこの「女団洲」の称号に否定的であった。そして、九女八に問うのである。そもそも、九女八が『勧進帳』の弁慶を演じて大当たりとなったのはなぜだと思うか、と。それは、芸や所作事が優れていたためではなく、「まさしくおん前様、彼芝居道にて天満の清きに譬ふる市川の流の末、九代目団十郎の身振声色使はれ候ふためと存候」、つまり、劇界に君臨する団十郎の身振りを真似、声色を遣い、それが大変巧みであったためだと指摘するのである。

三木竹二は、九女八に、団十郎の上辺だけ追いかけているのでは、声色使い、物真似師で終わると指摘する。竹二にとって、世間で賞賛される九女八は、団十郎の物真似をするだけの役者に止まっていた。しかしながら、竹二の目には、「天下の名優」とするに恥じない九女八の姿も映っていた。それは、立役、和事、濡事、武実、敵役のいずれでもなく、「唯御独特の女形の役」であった。このあと竹二は、九女八の八重垣姫（『本朝廿四孝』の登場人物）を団十郎や助高屋高助、中村福助（のち五代目歌右衛門）の誰よりも称えている。九女八の女方を褒め称えるのは一人竹二だけではなく、岡本綺堂、伊原青々園、岡鬼太郎、三島霜川といった人々も同様であった。(43) 九女八は八重垣姫や「娘道成寺」（**図4**）などの舞踊を絶賛された。

男性の演じる女方と、九女八の演じる女方との比較考察は大変重要だが、ここではこれ以上踏み込まない。問題は、九女八が、九代目団十郎の真似を売り物にしていたことである。三木竹二は、吾妻座（浅草公園）での興行の際、九女八が「荒事、市川粂八」と庵看板に掲げたと難じている（明治二十三年七月興行か）。九女八本人も、幕末は四代目市川小団次や三代目沢村田之助が「大のひゐき」で真似をしていたが、二人が亡くなった後は団十郎の舞台が「大さう結構」に思い、「真似るともなくその身振りが出ましたものと見えまして」と述べている。団十郎の弟子となってからは、「売出すうちは真似もいゝが、本当の狂言をするには自分の器量一杯にやらなければいけない」という言葉をもらったとも言う（以上、すべて「百話」より）。

図4　九女八の『京鹿子娘道成寺』白拍子花子（『演芸画報』1907年9月、国立国会図書館所蔵本より）

九女八以外の女役者も、男性の役者を「張る」、つまり真似ることを看板にしていた。例えば明治中期から活躍した女役者市川鯉昇《りしょう》（一八五三～一九〇五）は三好屋（七代目市川団蔵）を張っていたが、そうした真似ることが、「売物」になったという。[44]

女役者ならびに女性芸能者の社会的地位は大変に低いものであった。三木竹二は「あまりの侮られやう」と述べている。それには、一部の女役者の品行が悪いという考えもあったようだ（前掲「市川粂八様にまゐらす」）。「東京の風古来女俳優を尊ばず、為に此等の俳優（引用者注―女役者のこと）にして檜舞台に上る者なきは惜むべし」という意見もあった。[45]女性の舞台進出をはばむ風潮はすでに倉田喜弘氏が論じており、この状態を破ったのは明治四十四年に帝国劇場が女優を舞台に乗せたことだと指摘する。[46]倉田氏が述べるように、女芝居は好評で大入りの場合の場合もあったが、[47]それはどういう人気だったのか。九女八が劇評家たちに女方を認められたように、もの珍しさや男性の歌舞伎役者の真似ではなく、その芸が評価されたことはあったのか。女役者の歌舞伎界における立ち位置は、その初めから脆いものであった。

おわりに

江戸時代、武家屋敷という閉じた世界の中での活躍ではあったが、お狂言師は大名家から扶持を受け、誇り高い存在であった。一方で、江戸市中における女役者は蔑視される存在であり、維新後にお狂言師の見習いから女役者となった九女八は、その落差を痛感したに違いない。お狂言師を除いては、女役者を取り巻く環境は江戸時代以来厳しいものがあった。女役者は、明治末年に女優が登場してからではなく、その出発点から、這い上がるのが容易でない場所にいたのである。

明治十九年八月に演劇改良会が設立され、歌舞伎について、従来の劇場や脚本、演技演出に至るまで様々な論が現れた。その中に、女方には今後女性が扮するべきだというものがあり、高田早苗は『読売新聞』において、男女共演の舞台を望む論を展開した[48]。そのなかで高田は、団十郎は「曾て改良会の会議に於て岩井粂八といふ婦人を嫌ひたりと聞きしが」と明かしている。そして、「堂々たる市川の」団十郎と「区々たる女役者」九女八が共演することは「社会に於る従来の地位」から論ずるときは不可能であるが、演劇改良のためには、これまでの慣習を破り、躊躇せず率先して共演せよと説くのである。団十郎が本当に九女八を嫌っていたのだとしたら、その後、自分の門弟に加えて名前を与えたことは、ひとえに演劇改良のために考えを曲げた驚くべき行動であったと言えよう。

当時における女役者の社会的地位の見方について考慮するとき、大芝居に女役者が出演したり、女役者が男性の役者に混じって女方を演じたりするということは、実現はほとんど不可能であったと思われる。女役者は、女優や女方によって陰に押しやられたのではなく、そのもともとの環境が陰だった。その中で名を成し、技芸を絶賛された九女八の存在が、どれほど特異なものであったか。九女八がお狂言師のもとで芸を修行したことも踏まえ、今後も考えていく必要がある。

注

（1）ただし現代においても名古屋で「NPO法人むすめかぶき」が活動している。

（2）神山彰「女役者と女優の時代——九女八の残像」（『近代演劇の来歴——歌舞伎の「一身二生」』森話社、二〇〇六年）。近年の女役者の研究として、土田牧子「女役者という存在とその歴史的位置づけ——中村歌扇の芸歴を通して」（『東京藝術大学音楽学部紀要』三八、二〇一三年三月）、同「女役者と小芝居の行く末——神田劇場時代の中村歌扇」（『忘れられた演劇　近代日本演劇の記憶と文化1』森話社、二〇一四年）がある。

（3）*Ayako Kano, Acting Like a Woman in Modern Japan: Theatre,*

Gender, and Nationalism, New York: Palgrave, 2001. Maki Isaka [Morinaga], "Woman *Onnagata* in the Porous Labyrinth of Femininity: On Ichikawa Kumehachi I," *U.S.-Japan Women's Journal* 30-31, 2006. Loren Edelson, "The Female Danjūrō: Revisiting the Acting Career of Ichikawa Kumehachi," *Journal of Japanese Studies* 34, no.1, 2008. Loren Edelson, *DANJURO'S GIRLS : Women on the Kabuki Stage*, New York: Palgrave Macmillan, Palgrave studies in theatre and performance history, 2009.

（4）同氏は閉じた武家社会で扶持を受けるお狂言師と、劇場という市場で商業化された女役者の違いを分析する必要にも言及している。なお、筆者は本稿執筆前に女役者と女方の問題について、'Female Actors in Kabuki: Retrieving a Forgotten Tradition' と題して講演を行ったが（二〇一七年十一月二十一日、ケンブリッジ大学East Asia Seminar Series）、その後アメリカ人研究者による女方や女役者の研究を知った。講演と併せ、今後も考えていきたい。

（5）神山、前掲「女役者と女優の時代」二一七頁など。

（6）江戸時代初期からある時期まで、大名屋敷で男性の歌舞伎役者が参上し座敷芝居を上演していた。林公子「XI　大名屋敷における歌舞伎」（『岩波講座歌舞伎・文楽　第二巻　歌舞伎の歴史Ｉ』岩波書店、一九九七年）、武井協三「座敷芝居の研究」（『若衆歌舞伎・野郎歌舞伎の研究』八木書店、二〇〇〇年）、鈴木（後藤）博子「屋敷方における御出入り役者の動向――岡山藩池田家操・歌舞伎上演記事を中心に」（『歌舞伎　研究と批評』三一号、二〇〇三年八月）ほか参照。

（7）小池章太郎「第二章　大名日記が描くある江戸女優」（『江戸の残照』思索社、一九八二年）。

（8）九女八は坂東桂八、岩井粂八などいくつか名前を名乗るが、本稿では市川九女八に統一する。なお、筆者はこれまで明治十年代までの九女八について年譜稿をまとめた（「市川九女八年譜稿（一）」（『パラゴーネ』三号、二〇一六年三月）、「同（二）」（『パラゴーネ』五号、二〇一八年三月））。本稿における出典を特に示さない事柄については、年譜稿に詳しく述べている。また、本稿に述べる小芝居については、拙著『歌舞伎の幕末・明治――小芝居の時代』（ぺりかん社、二〇一〇年）の記述をご参照いただきたい。

（9）嘯月生「譚海〈大名／風俗〉お狂言師」（『文芸倶楽部』一八九九年四月）。この文献を倉田喜弘「女性の劇界進出」（『藝能史研究』一三八号、一九九七年七月）により知った。

（10）おででこ芝居については前掲「年譜稿」でも述べた。ここでは特定の小屋の名称として言われているように思われる（前掲『歌舞伎の幕末・明治』二四頁参照）。

（11）倉田喜弘「第八章　女優誕生」（『芸能の文明開化――明治国家と芸能近代化』平凡社選書、一九九九年）三一七、三一八頁。

（12）石井国之『近世日本舞踊史』（帝都演芸通信社、一九三七年）三二六頁。

（13）小宮麒一『歌舞伎・新派・新国劇　上演年表　第六版（明治元年～平成十八年）』（私家版、二〇〇七年）参照。巴小静ほかで『稚児桜振袖武蔵』ほかを上演。

（14）倉田、前掲「女優誕生」三二九頁。

（15）こうした形式の出版物は、明治四十二年（一九〇九）六月刊行の杉浦善三編『俳優明鑑』（演芸倶楽部刊）などがある。

（16）女役者を連れて田舎廻りをする興行師（芸者堀の小万の弟）もいた。倉田、前掲「女優誕生」三二六頁。

（17）前掲『歌舞伎の幕末・明治』五五頁。

(18)『中車芸話』(築地書店、一九四三年)一一五、一一六頁。なお江戸初期以来認められなかった男女共演が、東京で警視庁が不問に付すという形で実現したのはようやく明治二十三年(一八九〇)八月である。小芝居では、早くから密かに男女共演が行われていたことになる。

(19) 石井、前掲『近世日本舞踊史』二九八頁。

(20) 三津江の初代と二代目について、また辻氏の著書について、児玉竜一「坂東三津江関係資料をめぐって」(金子健編『図録 三代目坂東三津五郎展——その足跡と衣裳』早稲田大学演劇博物館、二〇〇八年)参照。

(21)「幕末期の町師匠と踊り子たち——山王祭附祭を中心に」(『演劇学』第二五号、一九八四年三月、のち同氏『日本舞踊とともに』南窓社、二〇〇七年所収)二一〇頁。

(22) 前掲「幕末期の町師匠と踊り子たち」二一〇—二一三頁。なお、武家奉公のための踊りの稽古が歌舞伎の模倣と捉えられていたことについて、岡田万里子「XV 稽古事と歌舞伎」(『岩波講座歌舞伎・文楽 第四巻 歌舞伎文化の諸相』岩波書店、一九九八年)がある。

(23) 三田村鳶魚「御殿女中の八朔」(『三田村鳶魚全集』第九巻、中央公論社、一九七六年)一三八頁。マキ・イサカ前掲論文参照。

(24)『東洋大都会』(前田曙山編・石橋忍月補、石橋友吉発行、一八九八年五月)一七七頁。

(25) 注(9)に同じ。

(26) 三田村鳶魚「御殿女中の研究」(『三田村鳶魚全集』第三巻、中央公論社、一九七六年)一一〇頁。

(27) 注(9)に同じ。

(28) 注(9)に同じ。

(29) 前掲「年譜稿」に述べたが、柳原の踊りの師匠岩井粂治がこの経緯に何らか関係があると思われるが未だ明確ではない。

(30) 実際、西川流の名取原簿では、お狂言師と女役者を区別して記し、格の違いを窺わせるという。丸茂祐佳氏執筆「御狂言師」(『最新歌舞伎大事典』柏書房、二〇一二年)。名取名とお狂言師としての名前が別である形跡もあるという。

(31) 注(21)に同じ。

(32) 石井、前掲『近世日本舞踊史』三二六頁。

(33) 以上の二代目三津江の動向について、本文前掲『千秋万歳大々叶』二五~三〇頁。

(34) 後には、三津江と共にある宮家へ上がることもあったという(注(9)前掲「譚海〈大名/風俗〉お狂言師」)。

(35) 倉田、前掲「女優誕生」三二〇~三二五頁。

(36) 注(21)に同じ。

(37) 東京都公文書館所蔵「諸願〈(常務掛)〉」明治六年(606.D5.02)。

(38) 明治九年の出願は、前掲「市川九女八年譜稿(二)」参照。他は倉田喜弘・林淑姫『近代日本芸能年表 上』(ゆまに書房、二〇一三年)参照。

(39) 注(13)前掲『歌舞伎・新派・新国劇 上演年表 第六版(明治元年~平成十八年)』参照。

(40)『学海日録』第七巻(岩波書店、一九九〇年)三七、三八頁。

(41) 岡本綺堂『〈明治/劇壇〉ランプの下にて』(岩波文庫版、一九九三年)一五八頁。

(42) 森鷗外『月草』(春陽堂、一八九六年十二月)所収。

(43)「逝ける女優九女八」(『歌舞伎』第一五九号、一九一三年九月)および「市川九女八追憶録」(『演芸画報』一九一三年九月）。

(44)「〈故老／聞書〉女役者のはなし――藤浦富太郎氏に訊く」（『演劇界』昭和三十五年九月）。鯉昇については『文芸倶楽部』明治三十八年七月。

(45) 前掲『東洋大都会』一八九頁。

(46) 倉田、前掲「女優誕生」三四二頁。

(47) 倉田、前掲「女優誕生」三三九頁。

(48)「敢て団十郎の為めに媒妁せん」（明治二十年九月九日・十日付『読売新聞』）。記事に署名はないが、高田早苗と考えられる（竹の屋主人「久米八」（『演芸画報』一九一三年九月））。

附記 引用資料は漢字を通行字体に改め、句読点を私に付した。ふりがなは適宜省略した。図版の掲載をご許可くださいました国立国会図書館に深謝申し上げます。

［上演］

舞踊、パンソリとタルチュムの近代

野村伸一

一九〇二年以前、朝鮮に劇場はなく、主として野外や仮設舞台で諸芸能から成るノリ《あそび》が演じられた。担い手は社堂《サダン》・男寺党《ナムサダン》、広大《グァンデ》、妓生《キーセン》などであった。これが近代に入って分化した。その様相を舞踊、パンソリ、仮面舞踊《タルチュム》の順に考察した。キーワードは芸能者、近代意識、観衆・観客である。結論では東アジアの平和のためにも基層文化を知る観衆・観客の掘り起こしと真の調停者《コーディネーター》による大同的連帯が必要だということを述べた。

のむら・しんいち――慶應義塾大学名誉教授。専門は東アジア地域文化研究。主な編著書に『東アジア海域文化の生成と展開〈東方地中海〉としての理解』（風響社、二〇一五年）、『東シナ海文化圏――東の〈地中海〉の民俗世界』（講談社、二〇一二年）、「久保覚の死後一八年――借りを返すべきとき」（『水曜日　東アジア　日本』一号、風響社、二〇一七年）などがある。

一、伝承芸能から伝統芸能へ
――芸能者たちの近代、朝鮮舞踊の近代

1　伝承芸能の場の近代

一九〇二年に到るまで朝鮮には常設の劇場がなかった。これは儒教を国是とする朝鮮王朝が新羅から高麗朝までの長い仏教文化を破棄したこととかかわるだろう。李氏朝鮮の開始早々、寺院は都邑から山間に追いやられ、祭祀芸能的な行為は禁じられた。結果的に中国、日本とは異なり芸能空間が育まれなかった。年末の宮中の儺儀（歌舞百戯の儺戯）も朝鮮後期には廃止された（ただし地方官衙の儺儀は存続）。こうした主要な場を失った芸能者は市場や村祭、また貴顕の慶

事などの場で演戯をするほかはなかった。その様相の一端は後述の韓成俊《ハンソンジュン》の「鼓手五十年」で明らかである。朝鮮朝末期、漢陽《ハニャン》の大市場の傍では仮設舞台が作られ、舞童《ムドン》（童子舞、とくに肩車の上での舞踊）をはじめとした芸能が公演されたが、それは雨漏りのする粗末な舞台であった［史真実　二〇〇〇：二七］。本格的な舞台は一九〇二年、西洋の劇場を模して漢陽に開設された戯台《フィデ》（運営機関は協律社《ヒョムニュルサ》）にはじまる［강인숙／오정임　二〇一〇：四］。戯台は円覚社に引き継がれ、さらに光武台、団成社、演興社などの民間の劇場が設けられ劇場文化が普及した。そこでの演目はパンソリ、唱劇《チャングゥク》、妓生《キーセン》舞などが中心であった。朝鮮朝末期、芸能者としては広大《グァンデ》（才人《ジェイン》。俳優の意）、社堂《サダン》（念仏集団の末裔か。男の集団は男寺党《ナムサダン》）、巫覡《ムーダン》、俗僧、妓生などがいた。このうち劇場に進出した広大（パンソリ芸人）や妓生は巫覡の家系から多く出た。広大らはパンソリに加えて唱劇（当初はパンソリの分唱）をも演じた。また妓生は宮中舞踊だけでなく欧米のダンスを習得する一方、パンソリを歌い唱劇にも進出した。妓生の活動の背景には一九一八年以降、漢陽ほか各地に作られた券番（妓生組合の後身）があった。なかでも平壌妓生学校（券番の後身）は一九三〇年代には注目を浴びた。ただし卒業に必要なのはレビューと社交ダンスであり、伝承芸能の習得は学習の中心ではなかった。卒業生らは平壌、京城、大邱、義州などの都市の観客に西洋の近代舞踊、都市文化を伝えた［김지연　二〇二二：一八以下］。

2　伝承舞踊と近代

（1）韓成俊と伝承芸能

韓成俊（一八七四～一九四二）は朝鮮伝承芸能の根柢を成す巫俗、舞踊、音楽（パンソリ、太鼓《ブク》ほか）、曲芸に通じた芸能者であった。一般にはパンソリの名鼓手、朝鮮伝統舞踊の大家として知られる。その軌跡は「朝鮮伝承芸能の近代」を考える好個の例でもある。以下は韓成俊が『朝光』の記者に語った来歴「鼓手五十年」による［韓成俊　一九三七］。韓成俊は一八七四年、忠清南道洪城郡高道面《ホンソングンゴドミョン》（現、葛山面《カルサンミョン》）カルミ洞《ドン》の「貧寒の農家」で生まれた。その足跡は「いうにいわれぬ恥辱の道」だが、赤裸々に語ることにしたという。確かに芸道に関しては存分に語った。だが、出生と家庭内のことについてはためらいもあったのか、多くは語らない。韓成俊はタンゴル（巫覡）家系の出身であった［김연정　二〇一七：一六三］。その遍歴は朝鮮朝の巫系芸能者の典型である。幼少時からクッ場《パン》（巫祭の場）に通い、六、七歳からは祖父に舞踊《チュム》と太鼓を習う。少年は両班《ヤンバン》の金氏に寵愛され金氏宅に出入りする。近隣での堂祭《タンクッ》（村祭）の場でも踊る。また八、十

歳のころには両班宅の科挙合格の宴（三日遊街《サミルユガ》）でも踊った。十四歳からは綱渡りや曲芸も三年間習い、さらに二十歳まで修徳寺で舞踊と長短《ジャンダン》（一定のリズム型）の勉強をし、ここで歌と長短の密接な関係を知る。また「舞踊はあらゆる長短のはじまり」ということをも悟った［韓成俊　一九三七：一三二］。一八九五年には折からの東学党に参加し、集団の暴力を目の当たりにする。その年、結婚してからは旅芸人として各地を流浪した。甲午改革（一八九四）で科挙が廃止された。このため、やむなく乞僧輩《クッチュンペ》、男寺党《ナムサダン》の一員となり、野外の戯場《クッパン》に加わった。また正月の村の堂祭や有力者の誕生日の宴席にでかけて芸能を披露することもあった。それはまさに浮き草の日々であった。しかし、二十世紀初に運が開けた。ソウルの私設劇場演興社《ヨヌンサ》に雇われ月給生活をはじめたのである［韓成俊　一九三七：一三二］。

「鼓手五十年」の「六、数限りない長短律動《ジャンダンカラック》、舞踊《チュム》もとりどり」では長短、舞踊を詳説した。朝鮮の長短はむずかしい。ゆったりとしたジニャン調、やや速いが安定したジュンモリなども実際は変化が多い。長短は「西洋の拍子に較べて変化が本当に無双」である。長短は「もとは舞踊律動《チュムカラック》から出てくるもの」であり、あらゆるものの始祖は舞踊だという。そして古代からの朝鮮舞踊の事例をあげる。なかでも僧舞《スンム》の説明は詳しい。それは韓成俊が整えた伝承舞踊中の代表でもあった（ほかに「太平舞《テピョンム》」「煞祓い舞《サルプリチュム》」が名高く、これらは今日の韓国舞踊の中心に位置する）。ところで、この章の末尾に、当時、日本、朝鮮で大衆的なスターとなっていた崔承喜《チェスンヒ》（一九一一～一九六九）への言及があり、注目される。韓成俊は日本のレコード会社の吹込のために何度も日本に往来していたが、そのさなか（一九三三か）東京で「崔承喜がやってきて舞踊を教えて欲しいというので、十四日間、…四十余りの舞踊《チュム》を教えた。」崔承喜はのみ込みが早かった。そして一九三七年の朝鮮公演でも上手に舞ったという。とはいえ、崔承喜の朝鮮舞踊を評して「西洋式に翻訳しているようだが、もう少し専門的に研究してくれたら、なおよい」とおもったと述べた。当時の韓成俊は「どうしたら死んでいく朝鮮舞踊を生き返らせられるか胸が塞がるばかり」だと語っていた。また一九四一年、李東伯《イドンベク》（パンソリの名唱）と対談したときには、崔承喜、趙沢元《ジョテグオン》の朝鮮舞踊は「全部私から学び取ったものなのに、つとめてそれを口外しないようにしているようだ」ともいった［김연정　二〇一七：一六五］。韓成俊は朝鮮伝承舞踊の生き証人であった。そしてその「伝統舞踊」化を目指しつつ一生を終えた。当然、崔承喜への言及には植民地下の「朝鮮舞踊」のあり方、また朝鮮舞踊の特徴とは何なのかといった問題意

識が潜んでいたとみてよい。この問題を解明するためには崔承喜舞踊を改めて考える必要がある。

（2）崔承喜舞踊の変容

韓成俊によると朝鮮舞踊は舞台上の芸術だけではない。「我々の一挙手一投足がすべて舞踊」だという［김연정　二〇一七：一六六］。これは民衆的、先駆的な舞踊観である。一方、崔承喜は近代舞踊《モダンバレー》、朝鮮舞踊、東洋舞踊まで探究したが、それは舞台芸術としての舞踊であった。ところで崔承喜にとって「朝鮮舞踊」とは何か。これは崔承喜理解の核心なのだが、存外、明確でない。以下はその解明の試みである。崔承喜の軌跡は次のとおりである。[1] 一九二六年、十五歳の崔承喜は兄と共に京城で石井漠舞踊団の公演をみる。直後に石井門下の研究生となり渡日。一九二九年、帰郷し「崔承喜創作舞踊研究所」開設。以後、三年半、朝鮮での創作舞踊研究と公演。作品は夫安漠の影響であろう、「故郷《ふるさと》を恋しがる群」「苦難の道」など民衆の苦悩に寄り添うものであったが、行き詰まり研究所は閉鎖される。やむなく一九三三年三月、再度、渡日。そのころ石井の勧めで韓成俊の朝鮮伝統舞踊を習い、作品化する（「エヘヤ　ノアラ」以下「エヘヤ」と略記）。これが村山知義らの文人に共感される。一九三四年、日本青年会館での「崔承喜作品第一回舞踊発表会」。ここで朝鮮の伝統舞踊として「剣舞」「僧舞」「エヘヤ」などを披露し称賛される。川端康成「舞姫崔承喜」（『文芸』一九三四）では崔承喜舞踊に「民族の伝統に根ざす強さ」があること、それは「古きもの」そのままではなく自身の「創作としたところに生命がある」という［高嶋　一九八一：二二六］（**図1**）。この成功により崔承喜は人気舞踊家となる。一九三七年一二月、満三年間の米欧、南米公演の旅。これを成功裏に終えて日本に戻った当時、日本は日中戦争のさなかにあった。崔承喜も帝国日本に協力する。一九四一年からは中国への慰問公演に出る。ここで東洋舞踊を強く志向する。それは大東亜共栄圏（日本式の東洋主義）のなかで取り得る唯一の道でもあっただろう。終戦後、

図1　「東洋の舞姫」崔承喜を象徴する菩薩舞の姿態。『崔承喜（増補版）』（むくげ舎）の表紙写真。

一九四六年夏、安漠の勧誘で越北。平壌に崔承喜舞踊研究所を設け、社会主義写実主義《リアリズム》のもとに独舞作品、また集団の舞踊劇を創る。しかし、安漠の粛清（一九五八）に伴い、崔承喜も批判、粛清されたとみられる。北朝鮮の発表によると一九六九年平安南道の収容所で死亡、享年五八。なお没年は一九六七年ほか異説もある［한경자 二〇一七：九四］。現在は人民俳優として名誉回復されているが、死の経緯は不明。

崔承喜の朝鮮舞踊は韓成俊の教えに発する。だが、崔承喜はこのことを明言しなかった。それは巫系の韓成俊の舞にこそ朝鮮的なるものがあったからであろう。韓成俊は朝鮮朝の伝承芸能を身を以て生き、そこから「近代」に向けて朝鮮伝統舞踊を提示した。それは奥深い。容易に会得できるものではない。鋭敏な崔承喜はこれを直観した。そして、それは崔承喜には最後までつきまとった。崔承喜は三年間の海外公演を経て欧米の批評家、メディアからは「東洋の舞姫」と謳われた。称賛は数え切れない。しかし自身の東洋舞踊は未熟だ。その完成のためには何よりも足元の朝鮮舞踊を深く究明する必要がある。崔承喜はそうおもっていた。一九四一年、崔承喜は京城で宋錫夏《ソンソッカ》、咸和鎮《ハムファジン》と座談会をし、今後は「東洋舞踊に全力を尽くす」といった。一方、朝鮮舞踊についても語る。それは「はじめもなく終わりもない」ものが多い。「まとまらない」もの、一個の舞踊として完成しないものもある。しかし、朝鮮舞踊は自分には「新たに創作をして舞台化させるのに随分助け」となった。これまでの経験から「どんなテーマを選べば民衆を惹きつけることができるか」ということもわかった。さらにこうもいう。アルヘンティーナの舞踊は邪道、純粋なスペイン舞踊ではないと非難されもする。自分にもその憧れがなくはない。研究歴が短い上に朝鮮には材料も少ない。想像力だけでする純粋なものなので、「これは朝鮮舞踊ではない」といわれるかも知れない。けれども国内外の誰が観てもいいというようになるのが「私の願い」である。朝鮮舞踊を土台にして力の限り全東洋的なものも踊ってみたい、「朝鮮舞踊だけではスケールが小さい」からといった［崔承喜 一九四一：九七一以下］。

以後一九四五年までの崔承喜舞踊の軌跡は中国北部や上海での公演（一九四二、一九四三）など、この発言に沿っていた。上海では梅蘭芳《メイランファン》とも会い、中国舞踊への関心を深めた。一九四四年一二月、帝劇での記録的な長期公演（日本最後の公演）では中国に素材を得た舞踊を披露した。しかし、江口博は一九四三年の舞踊評で崔承喜舞踊は「いま重大転機」にある、その東洋舞踊の多くは未完成だと述べた［高嶋 一九八一：一二四以下］。問題は越北以後にある。崔承喜は歓迎された。しかし、その独舞を東洋舞踊にまで進展させる自由は与えられなかった。とはいえ、「荒波を越えて」（一九四九）は注目される。白髪長髯《ちょうぜん》の仮面の老船頭が現れ船を漕いで荒海を渡る（**図2**）。崔承喜はいう。それは「人生の海で高尚な目的に向かって万難を克服して進む人間の形象でもある」。「私は長いこと、こうした人の姿を舞踊形式を通して創造してみようとおもっていた。」この作品は南朝鮮のある老人が済州島人民抗争［一九四八、四・三事件］を助けるため小舟に乗って済州島に向かったという新聞記事を読んで創ったのだともいう［崔承喜　一九六五：一五九］。新聞記事による考案の件は後日の付加かも知れない［鄭昞浩　一九九五：二七九］。だが、いずれにしても得心のいく作品だったとみられる。一九五一年、その北京公演（中国名『老沙工』）をみて周恩来が愛着を寄せた［高嶋・鄭　一九九四：一三四］。一九五五年には北朝鮮訪問団の一員火野葦平が平壌でみて「昔の西洋式バレーとはちがい、純粋に民族的なのがよかった」。その姿は「全身で平和を叫んでいるように」感じられたと記した［火野　一九五五：九二］。そこには崔承喜舞踊の変容した姿があった。「五分四〇秒」の舞踊で描く船頭の人生。舞台には海も船もない。だが、それを如実にするために「多くの芸術的考慮を巡らせた」［崔承喜　一九六五：一六八］。同時にいう、民族的特性とは固定したものではなく更新すべきものだ。だから、時代の生活のなかに一層深く入りこみ、新しい舞踊動作と技法を探究する必要があると［崔承喜　一九六六：六五］。ここにあるのは韓成俊の世界である。その舞踊観はまた一九八〇年代に韓国のマダン劇で追究されたものと似ている。この探究の暁には正真の朝鮮舞踊、東洋舞踊が成立したに違いない。だが、

図2　1949年初演の『荒波を越えて』の老船頭（『世紀の美人舞踊家崔承喜』エムティ出版）

崔承喜は一九五八年以降、舞台には立てなかった。

二、パンソリの近代

1　王朝末の名唱たちと唱劇の創成

パンソリの起源、淵源は未詳だが、広大の伝承では粛宗時代（一六七四〜一七二〇）に湖南地方の民間ではじまったとされる。現今の『春香歌《チュニャンガ》』は粛宗時代の南原《ナモン》の物語として歌われる。初期のパンソリは俗語に満ちた物語歌だったとみられる。太鼓の伴奏だけで歌い語る芸能は市井の好みに合致し、次第に人気を博した。十九世紀には中人《ジュンイン》、両班《ヤンバン》、さらに国王ら貴顕に愛好された。そして、その嗜好に合わせて広大らは独特の唱法《ドヌム》を磨いた。そこからは東便制《ドンピョンジェ》、西便制《ソッピョンジェ》などの流派も生じた。全羅北道高敞《ゴチャン》の中人申在孝《シンジェヒョ》（一八一二〜一八八四）は自宅を開放して広大らを支援した。また歌詞《サソル》を漢詩文混じりのものに改変し、士族らの読み物に耐えるものとした［申在孝　一九八二］。だが、広大らはそれを実際には歌わなかった。彼らは近代に到るまで伝来の俗語、諧謔、くり返しなどを駆使して歌いつづけた。これに対して金演洙《キムヨンス》などの名唱が歌詞の整備をはじめたのは一九三〇年代のことである。

朝鮮王朝は日本により開国（一八七五）、改革（甲午更張、一八九四）を余儀なくされた。これにより科挙が廃止され、両班文化が維持されなくなった。支援者を失った広大らは協律社《ヒョムニュルサ》（私的な団体）を作り、地方を回った。一方、清により壬午軍乱（旧軍人の反乱）が平定された後、朝清商民水陸貿易章程（一八八二）が締結され、清商や軍人が漢陽に住みはじめる。唱戯中心の専用劇場「清国館」では京劇の公演もあった。李東伯は「姜龍煥《カンヨンファン》名唱は暇さえあると、清国人の『唱劇館』に入り浸っていたが、彼は清国の『唱戯』を真似てパンソリ『春香歌』を『唱劇』に発展させた」と述べた［柳敏栄　一九八七：三七以下］。実際、姜龍煥は一九〇三年、協律社（国立の劇場）で『春香歌』を対話唱で演じた。唱劇はここにはじまる。一九〇八年には円覚社において李人稙《イインジク》の新演劇『銀世界《ウンセゲ》』が『崔丙斗打令《チェビョンドゥタリョン》』として唱劇形式で公演され人気を博した。しかし、唱劇はその後順調に発展したとはいえない。台本も音楽も不十分であった。音楽学の金恵貞《キムヘジョン》は「（唱劇は）音楽的に完成しないうちに萎れてしまったジャンル」、「その音楽的特徴は極めて制限的で、初期の水準を超えられないでいる」と述べた［金恵貞　二〇〇九：一七二］。

2　植民地下のパンソリの変容

近代パンソリは一九二〇〜一九三〇年代に最盛期を迎えた。男女の名唱らの歌が劇場、レコード、ラジオ放送などを通して盛んに享受された。金昌煥《キムチャンファン》、宋萬甲《ソンマンガプ》、李東伯《イドンベク》、

丁貞烈《ジョンジョンニョル》、金昌龍《キムチャンニョン》、鄭応珉《ジョンウンミン》は「近代の六名唱」といわれる〔徐淵昊　二〇〇九：一二九以下〕。女性唱者の活躍もめざましかった。鄭魯湜《ジョンノシク》『朝鮮唱劇史』（一九四〇）は一九世紀後半の陳彩仙《ジンチェソン》をはじめ、計八人の「女流名唱」をあげたが、女性唱者の数はそれ以上に多数いた。李花中仙《イファジュンソン》（一八九八～一九四四）、金楚香《キムチョヒャン》（一九〇〇～?）、朴緑珠《パンノクジュ》（一九〇五～一九七九）、金如蘭《キムヨラン》（一九〇七～一九八三）、金素姫《キムソフィ》（一九一七～一九九五）などは音盤でも知られ、パンソリの存続に大きな貢献をした。崔ヘジンによると一九三〇年代以前、妓生《キーセン》らが未熟なパンソリを歌って人気を博したが、そのために女性唱者はよくおもわれず、多数が舞台から去っていった。しかし朴初月《バクチョウォル》、朴緑珠、金如蘭、金素姫などはパンソリの継承に人生をかけた。「彼女たちがいたからこそ、二十世紀後半にパンソリは自生の道を歩むことができた」。さらに崔ヘジンは金素姫についていう。植民地期の金素姫の音盤を聞くと、その声は今と変わらずしなやかで澄んでいる。正確にして自然な声だ。その歌《ソリ》は現代の唱者たちのものとたいへんよく似ている。それは「一歩先んじた現代のパンソリ」であった〔최혜진 二〇〇三：五四四〕。金素姫のソリの現代性については異論はない。ただ、濁声の世界にもやはり妙味はある。貧富の格差や際限なき競争原理の浸透により社会全体に閉塞感の漂う今の時代には、朴緑珠の『興甫歌』や、宋順燮《ソンスンソプ》の『赤壁歌』のような、伸びやかとは到底いえない歌唱を見直す必要もある。こうしたものを含めてパンソリの変容史を振り返る必要がある。

十九世紀、パンソリは両班・中人という聴衆に応じて変容した。ところが二十世紀には市民が聴衆となり、彼らに合わせて界面調《ゲミョンジョ》（悲しい哀怨な調格）が強調された。パンソリの大衆化に伴い女性唱者が輩出し、西便制（技巧と修飾、柔軟、哀切な歌いぶり）が活性化した。その結果、十九世紀の多様な楽調が色褪せ、「力強く節制されていた歌《ソリ》は女性唱者と社会的な要求により世俗化」した〔金恵貞　二〇〇九：一七三〕。成者蓮《ソンギリョン》は植民地期の音盤を基に聴衆の嗜好を追究し、パンソリの変容を明らかにした。『春香歌』中の離別歌や十杖歌、『沈清歌』中の船人に付いていく場面、『興甫歌《フンボガ》』中の興甫追却の場面、『赤壁歌』中の高堂上《ゴダンサン》（父母）の場面などが好まれた。それらは界面調からなる題目が大部分である。また『赤壁歌』は従来、羽調《ウジョ》（雄々しく荘厳・厳格）が多くて歌唱が容易でないとされるが、音盤では大部分が界面調である〔成者蓮　二〇一〇：一八七〕。これは日本の音盤会社の商業主義と当時の大衆の嗜好とが相俟ってのことであろう。いずれにしても、これを通してパンソリとは「悲しい哀怨」なもの、恨《ハン》（挫折、不条理によるこころの澱《おり》）を歌ったものという心象《イメージ》が定着していく。それは明らかに植民地期の変容であった。

3 生きているパンソリ文化

植民地下、パンソリは大衆化したが、一方で名唱らは伝統意識に目覚めた。一九三〇年、彼らは伝統音楽継承のために朝鮮音律協会（会長金昌煥《キムチャンファン》）を結成し、伝承歌曲の「衰退」「湮滅」への危機感を訴えた。一九三四年には朝鮮声楽研究会（発起人李東伯）が発足する。同会は一九三九年、会員数が二三〇名となり、全国の名唱をほぼ網羅した。彼らは「伝統性の回復、自尊、自矜心の回復」を唱え名唱大会や唱劇を公演した。ただし、この研究会は一九四一年、戦時体制の強化と共に解散した［최혜진 二〇〇三：一七二］。こうした状況下でも、生きているパンソリ文化を実感させる事例がある。ふたつ取り上げる。第一は『春香伝《チュニャンジョン》』の空前の広がり、第二は京城での「全朝鮮郷土演芸大会」（一九三八）と市民の大反響である。両者はいずれも植民地近代がもたらした民族意識の産物といえる。『春香伝』は一九二六〜一九三八年の間に音盤が相次いで出た。日本蓄音器商会（日蓄）、シエロンレコード、コロンビア、ビクター、オーケーといった音盤会社から相応の工夫を凝らした音盤が出ている。それだけでなく『春香伝』は映画、演劇などでも度々表現された。一九三六年には『春香伝』に基づく大衆劇『愛にだまされ金に泣き』（林仙圭《イムソンギュ》作、東洋劇場、青春座）が好評を得た［양근애 二〇〇八：一四六］。また同年、劇芸術研究会の柳致真《ユチジン》が『春香伝』を『朝鮮日報』に連載し、さらに、これを演出して人気を博した。一九三七年には東京の築地小劇場で東京学生芸術座（朝鮮人留学生の劇団）の『春香伝』（柳致真脚色、朱永渉演出）公演があった。一九三八年には日本の劇団新協が東京、京城ほかで『春香伝』を公演した（張赫宙《ジャンヒョクチュ》脚本、村山知義演出）（**図3**）。

村山知義は崔承喜の朝鮮舞踊には日本的なものの「母」としての共感を覚えた［高嶋　一九八一：五一］。だが、朝鮮の民俗、習慣は実際には知らなかった。村山は『春香伝』の公演直前に京城にいきパンソリを聴いて感嘆した（『朝鮮日報』一九三八年二月二十四日）。当然、その演出は物語の紹介程度のものであった。だが興行は成功し、村山本人も京城での座談会で「『春香伝』のエスプリは伝へ得たと思ひます」と述べた。しかし、朝鮮の知識人たちは厳しく批判した。その批判には、一九三八年、韓雪野《ハンソルヤ》が崔承喜の朝鮮舞踊に対して、むかしの朝鮮人の戯画化に過ぎず、そこには「朝鮮人の特性」も「血もみいだせない」と批判した［鄭昞浩　一九九五：一二〇］ものと同様のものがある。村山は『春香伝』を歌舞伎風の所作で演出した。それは朝鮮民衆の感情に即したものではない。春香の身の上に対する母親の祈りや占いなどの朝鮮的生活の場面、朝鮮の村外れの風景の欠如（鄭寅燮）、朝鮮人の生活感情、風俗、習慣が表現されていない（宋錫夏）等々。脚本では母が描けていないことも問題とされた［秋田雨雀ほか　一九三八：七二以下］。村山や日本の知識人は朝鮮古典を東洋、世界に知らしめればよいのではないかという。これに対して朝鮮の知識人は『春香伝』は翻訳ではだめなのだという［秋田雨雀ほか　一九三九：二七四以下］。その是非はともかく、『春香伝』を巡る一件はパンソリが朝鮮民衆の間で生きていたことを物語る。

パンソリの生命力は朝鮮日報社主催「全朝鮮郷土演芸大会」（一九三八）でもみられた。ここでは『鳳山《ボンサン》タルチュム』の屋外公演（後述）、府民館のパンソリ（唱劇）公演が大盛況をなした。『朝鮮日報』（四月二十八日）の記事「春香伝の全唱は古楽史上初有事　パンソリ大会初日最高潮」によると、李東伯、宋萬甲などの元老ほか、斯界の中進たちが出演し「人気は最高潮に達した」。また二日目には『沈清伝《シムチョンジョン》』の全唱があり、「数千観衆無我境！　沈清が売られていくときの可憐な場面に　婦人席では涕泣声」と報じられた（『朝鮮日報』四月二十九日）（**図4**）。『春香伝』『沈清伝』が京城をあげて話題となり、驚くほど多数の聴衆が駆けつけた。パンソリ、唱劇の近代において、これは最後の盛況だったといえる。二日間、毎晩「数千」の聴衆が集まり感動する。このようなことは空前絶後であった。「郷土芸能」がこれだけの共感を喚起し得た。それは植民地近代を生きる人びとが郷土芸能を通してみずからの霊魂のふるさとに行き着いたということであろう。伝承芸能の根源的な力がここにはある。ただし、それらは舞台での唱劇であり、また短く構成された『鳳山タルチュム』を通してのことである。それはあるがままの伝承芸能ではない。朝鮮民俗学の開拓者宋錫夏はこうしたものを郷土芸術さらには民族芸術とよんだ。

図3　1938年『新潮』三月号に発表された張赫宙の戯曲「春香伝」。当時、朝鮮では『春香伝』が盛んに歌われ演じられていた。

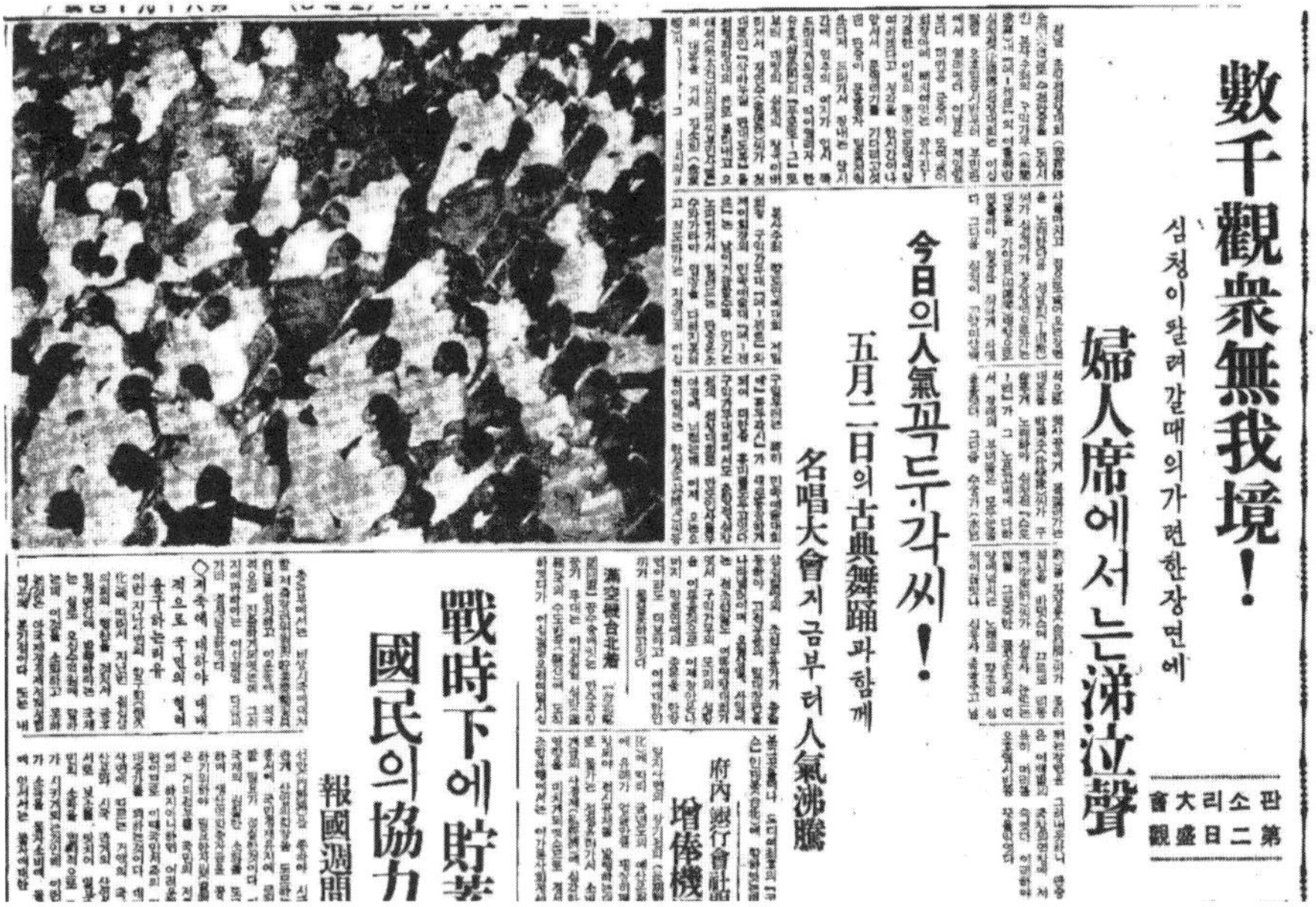
數千觀衆無我境!
심청이 팔려 갈때의 가련한 장면에
婦人席에서는涕泣聲
판소리大會 第二日盛觀
今日의人氣꼭두각씨!
五月二日의古典舞踊과함께
名唱大會지금부터人氣沸騰
戰時下에貯蓄
國民의協力
報國週間
府內銀行會社
增俸機

図4　府民館での『沈清伝』の唱劇公演に数千の観衆が感動した。『朝鮮日報』(1938年4月29日)

三、タルチュムの近代

1 タルチュムの近代——概観

韓国では朝鮮半島の仮面芸能を語る際、仮面舞踊《タルチュム》、仮面《タル》戯《ノリ》、仮面劇などの語をよく用いる。本稿ではこのうちタルチュムを用いる。一九三〇年代に「鳳山タールチュム」(宋錫夏)、「鳳山タール脚本」(呉晴)とされたこと、一九八〇年代に韓国仮面劇が日本に紹介される際、「仮面劇(タルチュム)」とされたこと〔梁民基 一九八一:二七六〕、仮面舞踊《タルチュム》や仮面戯は日本の仮面芸能の世界にも通じることなどが理由である。ただし仮面芸能の呼称は地域により異なる。鳳山、康翎《ガンニョン》、殷栗《バムニュル》を含む海西《ヘソ》地方(黄海道一帯)ではタルチュム、楊州《ヤンジュ》、松坡《ソンパ》など京畿地方では山台戯《サンデノリ》とよぶ。山台戯は宮廷の儺礼の際の山台戯(臨時架構の山台上での歌舞百戯)に由来する。慶尚南道の海岸部と洛東江流域では五広大《オーグアンデ》(現存、統営《トンヨン》、駕山《ガサン》、固城《ゴソン》、晋州《ジンジュ》、金海《キムヘ》)、野遊《ヤリュ》(東萊《ドンネ》、水営《スヨン》)という。このほかに北青獅子あそび《プクチョンサジャノルム》がある。これは元来、咸鏡南道 北青《プクチョン》郡一帯で催された正月の獅子舞だが、今日では黄海道のタルチュム同様、ソウル所在の保存会により伝承されている。

朝鮮朝後期の仮面芸能は漢陽では専門的な芸人(泮人《バニン》)により興行もされたが、主として地方官衙の年末の儺儀および正月、端午など名節（節日《せちにち》）の祭祀芸能であり、また漢江沿いの大きな市場（松坡など）での見世物であった。村落民や市井の有閑者には度々はない楽しみでもあった。それは近代初においても同様で、開催が許されれば、人は多く集まった。たとえば一九一七年、『晋州五広大《ジンジュオーグアンデ》』では数千名の観衆が現地に集まった（『慶南日報』二月十一日）。とはいえ、近代初期のタルチュムは在地の知識人からみれば旧時代のものであった。一九二八年に『東莱野遊《ドンネヤリュ》』を上演するとき、東莱の青年知識人ら（吏胥や武人の末裔）は登場人物の台詞、振りの卑俗さを批判し、強く反対した。同様の批判は他地域でもみられた。ところが、一九三〇年代には様相が一変する。『東莱野遊』は総督府の指示で一九三一年以来、一時中断していたが、一九三五年に復活した。このとき青年知識人らはむしろ積極的に参与した。彼らの伝統文化への取組は当時、朝鮮民俗の復興に努めていた宋錫夏を鼓舞した［李勛相　二〇一二：三九七］。宋錫夏は小寺融吉と親交があり、日本の民俗芸術の動向に通じていた。日本青年館での「郷土舞踊と民謡の会」（一九二五年の開催後、恒例化）には関心もあり、『民俗芸術』にも寄稿した［宋錫夏　一九二九］。一九三二年には日本の『民俗学』に「朝鮮の民俗劇」を書き人形劇、仮面劇（タル・ノルム）を紹介した。そこでは京城を中心とした仮面劇（山台劇）と慶尚道の仮面劇を比較的詳しく述べた。ただし、仮面劇の伝承の存続については悲観的であった。京城府外の山台劇の一座阿峴山台《エオゲサンデ》は「数十年前」［十九世紀後半］に解散した。また楊州の別山台戯《ビョルサンデノリ》も「時代の流れ」には逆らえず、一九二九年の博覧会で「興行したのを最後として」解散したと述べた［宋錫夏　一九三二：八〇以下］。

2　『鳳山タルチュム』の発見と変容

『鳳山タルチュム』（以下『鳳山』と略記）はタルチュムの近代を理解する上で好個の事例といえる。『鳳山』の発見では宋錫夏の貢献が大きいが、宋錫夏による叙述だけで『鳳山』の近代を語ることはできない。宋錫夏は近代知識人として『鳳山』に近づき、その価値をみいだした。だが、伝承者側、すなわち当事者らの近代への試みに関しては余り語らなかった。そのゆえか、宋錫夏以後も、この方向からの研究は手薄である。そこで次のように区分して『鳳山』の近代を考えた。第一期、李東碧《イドンベク》による整理、近代化。第二期、宋錫夏による発見、紹介、考察（一九三三、一九三四）。第三期、『鳳山』を内外に知らせる現地（沙里院《サリウォン》）公演（一九三六）および京城での招請公演（一九三七、一九三八）。第四期、総督府推奨の健全娯楽としての巡回公演（一九四〇〜一九四五）。第五期、光復後の整備、重要無形文化財としての認定。とくに七〇年代の『鳳山』は海外公演と国内の民衆文化運動のなかでの上演が特徴的である。以下は各時期についての若干の補足である。第一期の李東碧は『鳳山』の実演者であり、今日の公演様式の形成に貢献した。かつて呉晴は「(『鳳山』は)鳳山郡の吏属によつ《ママ》て子々孫々世襲的に演じられ来つた」とし、「主宰している李東碧氏の如きは、二十代の祖先以来殆

図5　1936年の『鳳山タルチュム』八墨僧(パルモクチュン)。

ど世襲的に初目の役割を担当し来つたと云ふ」と記した〔呉晴　一九三七:三五以下〕(図5)。吏属や郷吏がタルチュムを担ったという記述は重要だが、実は李東碧の役割はほかにもあった。『毎日申報』(一九三七年六月十五日)によると、李東碧は日韓併合直後、二十一歳で憲兵隊に入り、八年間の勤務後、大志を抱いて東京や上海に漫遊し京城で事業も起こし、一九二六年からは故郷沙里院で芸妓組合を興し現在は組合長である。多角的な手腕家で、「頽廃していく郷土芸術のひとつ、鳳山タルチュムのために十年余り資財を投げ打ち、あらゆる労力と精誠《まごころ》を注いだ」。李東碧こそは『鳳山』の功労者だという。さらに注目すべきは一九三六年七月十五日の同紙の記事「復活する伝統　鳳山タルチュム　沙里院李東碧氏脚本製作　発声映画撮影と放送」である。李東碧は総督府の依頼を受け『鳳山』の脚本制作に「全責任」を負い、完成させた。それにより現地公演、映画撮影も可能になったという。

李東碧は近代志向の実演者であった。『鳳山』の育成には近代的な整備が必要だということを知っていた。宋錫夏はこうした奇特な人物と出会った。そして内外にその価値を訴えていく。「鳳山の舞踊仮面」(『東亜日報』一九三三)、「沙里院民俗舞踊に就て」(『ドルメン』一九三四)。また沙里院での現地公演(一九三六)と二度の京城招請公演(一九三七、一九三

八）等々。宋錫夏はそれらにおいて中心的な役割をはたした。一九三七年の京城府民館公演の直前には「鳳山民俗舞踊考」を発表した（『朝鮮日報』五月十七日）。これによればタルチュムは「リズムだけで観衆の心理を把握する」。それは「普遍的」つまり西欧近代舞踊の立場であれ、「朝鮮ないし東洋という特殊の立場からであれ、深く再び顧みる必要がある」という。宋錫夏は朝鮮民族の「心琴に触れる真の舞踊と演劇の樹立」を考え、その好例を崔承喜《チェスンヒ》の朝鮮舞踊にみていた。宋錫夏は前述（一〇六頁）の座談会の席上、崔承喜の舞踊では朝鮮的なリズムが観衆のこころをとらえたと指摘している。ところが一九四〇年、『鳳山』は総督府のいう「健全な郷土芸術」に選ばれ、「南総督臨席下に試演」をした（『毎日申報』九月二十八日）。以降、戦時体制のもと、各地を慰問して回る。これは今ひとつの変容であった。以上は第二期から第四期までの『鳳山』の状況である。第五期については次節で取り上げる。

3　一九七〇～八〇年代、民衆文化運動と観衆の再発見
――タルチュム、パンソリ、農楽など

一九四五年の光復後、朝鮮半島南部はアメリカ軍政庁の統治下に置かれ、三年後、大韓民国が成立する（一九四八）。当初、韓国ではアメリカ文化が氾濫したが、韓国的なるものへの探究も当然起こった。一九五〇年代から六〇年代にかけてはタルチュム研究が盛んで、崔常壽《チェサンス》（一九一八～一九九五）、李杜鉉《イドゥヒョン》（一九二四～二〇一三）らが現地調査をし、研究書を刊行した。なかでも李杜鉉『韓国仮面劇』は大きな成果であった〔李杜鉉　一九六九〕。この間、タルチュムは近代化に向けて整備された。それは宋錫夏が『東亜日報』紙上で提示した台詞、脚本、公演時期、担い手の四点にわたる改変の指針に沿う方向でなされた〔宋錫夏　一九三四〕。当然、変容も起こる。『鳳山』は第二回全国民俗芸術競演大会で大統領賞受賞（一九六一）、重要無形文化財指定（一九六七）、そして米国、日本公演などを経験する（一九七七）。これに伴う変容は次のとおりである。第一、時間と場所に制約されない公演、第二、一九三〇年代との比較で台詞、歌の追加、第三、一九七〇年代以降、公演活動用に全体を約二時間に整えたこと、第四、一九七〇～八〇年代、民衆文化運動として大学生などにより『鳳山』の上演が活発になされたこと〔임세경 二〇〇六：二〇〇以下〕。要するにタルチュムはふたつの方向のなかにあった。ひとつは国民国家の文化財化あるいは「伝統文化」化、他方は伝承地域あるいは民衆を主体とする下からの再創造化である。

韓国の民衆文化運動ではタルチュム、パンソリ、民謡、農

楽などが果敢に用いられた。それは国家管理される芸能への意義申し立てであり、マダン劇（庭《マダン》あそび《ノリ》、マダン祭儀《クッ》）、大同《デドン》ノリなどの名で展開された。ソウルの大学路《デハンノ》や鍾路《ジョンノ》の小劇場では抵抗、諷刺、哄笑が飛び交った。林賑澤《イムジンテク》「新しい演劇のために」（一九八〇年、邦訳「マダン劇のために」）は七〇年代を振り返りつつ次のようにいう。演劇の主人は観衆だ。観衆とは「現実の中で暮し生きていく生活人」であり、彼らの集う場所での演劇がマダン劇だ。その原理は「伝統民俗劇の独自な構造と形式」から抽出したものだが、実践的な公演を通して再創造していく必要がある。マダン劇は一九六〇年代の「韓日国交正常化」問題のなかでソウル大の学生らが『郷土意識招魂のクッ』を演じたことに発する。のち『鳳山』の公演（一九七二）を経て本格的に展開した［梁民基　一九八一：七五以下］。マダン劇ではパンソリの再創造も試みられた。鄭權鎮《ジョングォンジン》名唱に師事した林賑澤は「パンソリを通した社会批判と諷刺」を主張し、『歌の来歴《ソリネリョク》』、『糞の海《トンバダ》』、『五賊《オジョク》』を発表した（以上、金芝河の詩文に基づく作品）。また『五月光州』（一九九〇）では自身が作詞し歌った。一方、金明坤《キムミョンゴン》は『今《クム》水宮歌《スグンガ》』（一九八八）で時の執権者を痛烈に諷刺した。マダン劇団体はさらに「民族劇ひとつの場《ハンマダン》」（一九八八）を開催して朝鮮半島分断の現状、その克服、民族の統一を志向した。ただし、観劇後の印象だが、理念が先行し、個々の作品は未成熟の感を否めなかった。

この当時、日本でもマダン劇がなされた。俳優座劇場の「韓国民衆演劇の実験」ではマダン劇『アリラン峠』が上演された（一九八二）。また韓国だけでなく、アジア、第三世界の民衆演劇との連携も模索、実践された。この文化運動の中心には久保覚《くぼさとる》がいた［野村伸一　二〇一七］。しかし、一九九〇年代以降、韓国は一定の民主化を達成し世界化を志向するとともにマダン劇運動は勢いを失った。日本でもアジア民衆演劇との連携は下火になった。東アジアの演劇・芸能は分断されて久しい。しかも東北アジア諸国家間には新冷戦の兆しが漂い、東アジア市民社会には連携を模索する文化運動がみられない。とはいえ、手がかりはある。韓国ではマダン劇運動を担った農楽団体の活動が依然として活発である。全羅北道の筆峰農楽《ピルボンノンアク》は「任実筆峰農楽風物村《イムシルピルボンノンアクプンムルマウル》」（二〇〇九）を開設して地域文化を育みつつ他地域との連携をはかっている（**図6**）。全羅北道の「全州大私習あそび《ジョンジュデサスプノリ》」では保存会や地域のメディア、行政（全州市）が連携してパンソリを中核とした地域祝祭化を模索している（**図7**）。これらはいずれも地域が主体となって実践し、行政が支援している。一方、日本でも地域文化としての民俗芸能の復興が震災後の東北地方の各地でみられる。問題は韓国、日本、さらに台湾、中国、東南アジアなどの地域単位の民俗芸能また民衆演劇を広く連携させる文化運動がないという点にある。だが、これは東アジア市民社会を志向する視点の培養によって克服できるだろう。とくに一九八〇年代の韓国で起こり実践されもした観衆論は学ぶに値する。観衆への眼差し（観衆論）は「伝承芸能の近代」において最も重要な視点のひとつだが、看過されてきた。たとえば崔承喜の日本最後の公演では植民地朝鮮からきた「後方観客席」にいた「朝鮮服で正装をこらした人びと」が「朝鮮語で口ぐちに声援」し、場内は一時圧倒された［高嶋　一九八一：四］。新協の『春香伝』東京公演では「移住民観衆達」（在日朝鮮人）が始終「笑ひとさざめき」をもって観ていた。そこには日本語の台詞もわからない人、「演劇の観客」らしからぬ人もいた。そして彼らはざわめきながらも、実は「春香の不幸のためには魂の慟哭」をしていた［金スチヤン　一九三八：三〇以下］。一九三七、一九三八年の京城における唱劇やタルチュムの観衆も同様だっただろう。こうした観衆を八〇年代の民衆文化運動は再発見した。この文化運動は近代朝鮮文化史

図6　『踊るサンセ　筆峰宴歌』終幕の場。2017年。全羅北道筆峰農楽保存会は筆峰現地での農楽伝授教育に努め、かたわら毎年マダン劇風のものを公演している。

図7　前日の予選を経て本選で『赤壁歌』中の「趙子龍、弓射る場」を歌って壮元となった金氏。2016年、全州大私習ノリ

上の成果であり、東アジア市民文化運動の道標ともなるだろう。

おわりに

伝統芸能の近代における変容は三方向からみていく必要がある。一、伝統芸能の継承者側が近代の到来に接してどう対応したのか。二、近代文化に拠って立つ側（市民、知識人）からの伝統芸能への接近。三、観衆・観客への眼差し（観客論）である。この三点は中国、日本の場合にも必要だが、朝鮮半島の近代は日本の植民地支配をも意味していて一層、複雑になる。そこでは朝鮮朝由来の伝承芸能はおろか、民族文化の存続自体が危機に瀕した。そのため朝鮮半島で伝統芸能を語ることになると、芸能の当事者、知識層、いずれの側においても文化民族主義が内に含まれる。とはいえ、広場や庭《マダン》の観衆、また劇場の観客においては必ずしもそれが顕れない。新協の『春香伝』公演時の観客にみられるように、民族主義以前ともいうべきものが含まれていた。それは伝統芸能のあり方、変容においても大きな意味があったはずである。こうした視点で考察した結果をまとめると、次のようになる。

第一、前近代の朝鮮ではノリ文化《あそび》が維持されていて、広大のパンソリ、タルチュム、社堂や妓生の歌舞、舞童などは一体として演じられた。ところが近代にそれらが分化していく。社堂の歌舞は廃れた。しかし、広大と妓生は劇場に進出した。

第二、朝鮮舞踊は韓成俊と崔承喜により再創造された。韓成俊は巫系出自で幼少のころから祭場《クッパン》にいき、その舞踊で寵愛された。王朝末期には流浪芸人の暮らしもした。またパンソリの鼓手としても名をなし、一九三〇年代には朝鮮舞踊の近代化（伝統舞踊化）に献身した。崔承喜はそれとは反対に近代舞踊に基づきつつ朝鮮伝統舞踊を志向した。

第三、崔承喜については次の点を指摘しておく。①韓成俊を訪ね短期間、朝鮮舞踊を学んだ。直観力に優れた崔承喜は早速、朝鮮舞踊風の創作舞「エヘヤ」を踊り、日本人の観客を魅了した（一九三三）。②崔承喜の朝鮮舞踊は民族的なものとして日本、朝鮮の観客にも広く受容された。在日朝鮮人にとって、それは魂の慟哭を伴うものでもあった。崔承喜舞踊は欧米公演を経て東洋舞踊とも評された。しかし本人には東洋舞踊は大きな課題であった。③一九四六年、崔承喜は越北した。朝鮮戦争時には北京で中国の伝統舞踊の近代化に尽力しもしたが、基本的には民族的な創作舞踊に専念する。『荒波を越えて』（一九四九）は得心の作品である。④崔承喜は没年（一九六九）の直前、朝鮮舞踊の動作を分析し、その特性をまとめた。「民族舞踊遺産と伝統的な舞踊技法を研究する事業」の推進という主張［崔承喜 一九六六：六五］はかつての韓成俊の試みと重なる。崔承喜のその論考（一九六六）では近代舞踊と朝鮮舞踊との統合の深化がみられた。だが、程なく没した。無念の死であったとおもわれる。以後、北朝鮮では群舞形式の歌舞劇が推進され、崔承喜式の伝統舞踊への探究は見失われた。

第四、パンソリは唱劇を生み、舞台化された。同時に植民地下の情調に合わせる変容が生じた。女性唱者の輩出、界面調の流行はそののちのパンソリのイメージにも影響した。第五、タルチュムは植民地下、民俗芸術として再発見され整備されていく。また、光復後の韓国ではタルチュム、パンソリは原形保存を本旨とし、重要無形文化財として整備された。これらは国家、行政側からの伝統芸能への接近、取り込みといえる。第六、一九八〇年代の民衆文化運動ではタルチュムやパンソリ、農楽がマダン劇として再創造された。これは「近代」の観衆・観客側からの伝統芸能への接近である。マダン劇の担い手らは伝統芸能の形式の墨守は退ける。むしろ、今日の観衆として伝統芸能を受容しつつ、日々の生活感情、同時代の問題を取り込み活性化させることが目指された。それは「民族劇」にいきついたが、一九九〇年代以降の大衆消費社会の状況下、力を失った。第七、東アジアでは市民社会の連携が遅々として進まない。一方で新冷戦状況に起因する民族主義の台頭などにより閉塞状況が生じている。今、必要なのは真に民衆的なものの連携である。伝統芸能も一役を担えるはずである。この意味で、震災後の東日本における民俗芸能の復興気運、韓国の筆峰農楽保存会の実践、地域を主体とした「全州大私習ノリ」などは注目に値する。第八、保存会などの伝統芸能の側と近代（市民文化）の側、いずれの側からの接近であれ、両者の統合を志向する必要がある。そのためには東アジアに共通する基層文化を（意識すると否とにかかわらず）身につけた観衆・観客の存在が重要である。彼らの核心には女性たちがいる［野村 二〇一五：七九以下］。その掘り起こしは現代の巫覡ともいうべき存在、すなわち文化・社会の真の調停者《コーディネーター》にかかっている。かつて久保覚が試みたように、基層文化に踏みこんで組織していけば、演じ手や作者、批評家、観客を動かすことができる。そこでの観衆・観客は地に足の着いた真の民衆であり、東アジア次元で大同的連帯を担うことができる。彼らの連帯は一九八〇年代に一度、試行されて中断した。しかし、これは東アジア全般に平和と安定をもたらす着実な道なのであり、見直すに値する。

注

（1）崔承喜の評伝は、高嶋雄三郎、むくげ舎編著『崔承喜（増補版）』一九八一年（旧版は学風書院、一九五九年）および鄭昞浩（一九九五）が部分的な事実誤認もありはするが、最も詳しい。本稿でもこれを基本資料とした。

参考文献

秋田雨雀ほか「朝鮮古譚　春香伝批判座談会」（『テアトロ』一九三八年一二月号、テアトロ社）

秋田雨雀ほか「朝鮮文化の将来（座談会）」（『文学界』一九三九年一月号、文化公論社）

韓成俊　一九三七「고수 오십년」『조광』제18호4월호、통권 3권4호. 경성：조광사

金恵貞『판소리음악론』（民俗苑、二〇〇九年）

金スチャン「春香伝――移住民観衆の中で」（『テアトロ』一九三八年五月号、テアトロ社）

呉晴「仮面舞踊劇鳳山タール脚本」（『朝鮮』一九三七年二月号、朝鮮総督府）

崔承喜　一九四一「崔承喜의 舞踊과 抱負를 듯는 崔承喜、咸和鎮、宋錫夏　鼎談会」（『朝光』七―五）金宗大総括『石南 宋錫夏――한국 민속의 재음미』（下）、国立民俗博物館、二〇〇四所収

崔承喜　一九六五「독무《풍랑을 뚫고》에 대하여」、李愛順（편・해제.）『崔承喜 舞踊藝術文集』、国楽資料院

崔承喜　一九六六「조선무용동작과 그 기법의 우수성 및 민족적 특성」、李愛順（편・해제.）『崔承喜 舞踊藝術文集』、国楽資料院

史真実　二〇〇〇「개화기 한국연극의 근대적 발전 양상 연구」『한국연극연구』3권、한국연극사학회

徐淵昊著、伊藤好英、村上祥子共訳『韓国演劇史――伝統と現代』（朝日出版社、二〇〇九年）

申在孝著、姜漢永、田中明訳注『パンソリ――春香歌・沈睛歌他』（東洋文庫、平凡社、一九八二年）

成耆蓮　二〇一〇「유성기 음반을 통해서 본 당대 판소리 향유층의 미의식」『판소리연구』제30집、판소리학회

宋錫夏「朝鮮の人形芝居」（『民俗藝術』、民族芸術の会、一九二九年）

宋錫夏「朝鮮の民俗劇」（『民俗学』第四巻第八号、民俗学会、一九三二年）

宋錫夏　一九三四「南朝鮮仮面劇의 復興気運――晋州人士의 誠意的企図」（一九三四・四・三〇）金宗大総括『石南 宋錫夏――한국 민속의 재음미』（下）（国立民俗博物館、二〇〇四年）

高嶋雄三郎＋むくげ舎編著『崔承喜（増補版）』（むくげ舎、一九八一年）

高嶋雄三郎・鄭昞浩編著『世紀の美人舞踊家崔承喜』（エムティ出版、一九九四年）

鄭昞浩　一九九五『춤추는 최승희 세계를 휘어잡은 조선여자』、서울：뿌리깊은나무

野村伸一「久保覚の死後一八年――借りを返すべきとき」（『水曜日　東アジア　日本』一号、風響社、二〇一七年）

野村伸一編著『東シナ海文化圏の生成と展開――〈東方地中海〉としての理解』（風響社、二〇一五年）

火野葦平『赤い国の旅人』（朝日新聞社、一九五五年）

李杜鉉『韓国仮面劇』（非売品一〇〇〇部限定版、文化公報部文化財管理局、一九六九年）

柳敏栄　一九八七『開化期演劇社会史』

李勛相　二〇一二「식민지기 경남 지역사회의 탈춤 〝부흥〟운동과 주도자들 - 동래 야류 연행의 문화정치학」『大東文化研究』제79집、成均館大学大東文化研究院
梁民基、久保覚編訳『仮面劇とマダン劇――韓国の民衆演劇』（晶文社、一九八一年）
강인숙／오정임「근대 서구식 극장 설립에 따른 기생공연의 변모 양상」『한국무용기록학회지』제19권、한국무용기록학회、二〇一〇
김연정「한성준춤 다시보기：시대인식과 춤인식을 바탕으로」『무용역사기록학』四四권、무용역사기록학회、二〇一七
김지연「일제강점기 기생춤을 통해 본 근대무용의 전개과정」『체육사학회지』、한국체육사학회、二〇一二
양근애「1930년대 전통의 재발견과 연극〈춘향전〉」『공연문화연구』一六권、한국공연문화학회、二〇〇八
임세경「봉산탈춤의 전승 양상」『남도민속연구』一二권、남도민속학회、二〇〇六
최혜진「이화중선（李花中仙）의 생애와 예술성」『판소리연구』제一五집、판소리학회、二〇〇三
한경자「최승희 예술무용곡목（一九三四～一九四四）을 통해 본 작품 및 오류 분석」、한국체육사학회、체육사학회지 二二권 一호、二〇一七

［上演］

人形浄瑠璃文楽の戯曲上演
——一九六六年以後半世紀を軸に

内山美樹子

人形浄瑠璃文楽の上演について、「国性爺合戦」、「菅原伝授手習鑑」を例に、初演時、近世、近代、現代のあり方を、上演時間等、なるべく具体的に把握した上で、人形浄瑠璃文楽の戯曲重視の伝統、一九六六年開場の国立劇場が果してきた役割と二十一世紀の諸問題、叙事詩のスケールと劇の密度を観客が実感する通し上映の意義を再確認する。

一、近・現代文楽と通し上演

人形浄瑠璃文楽の上演方式の基本は通し上演にある。近世から近代の明治・大正まで人形浄瑠璃文楽では時代物の建《たて》（通し）狂言に、必要に応じて世話物などの付け物が付く上演形態が保たれていた。昭和五年（一九三〇）四ツ橋文楽座開場時から、松竹が通し狂言制を廃したこと、戦中戦後の混乱、因会《ちなみ》・三和会《みつわ》二派対立等により、通し上演は極度に少なくなり、人形浄瑠璃の中核となる太夫の養成にも支障が生じた。

人形浄瑠璃の通し上演とは、基本的に五段組織の時代物を初段から四段目まで続けて上演することを指す（全通し）[1]。五段組織以外の多段物や三巻物もこれに準ずる。なお建《たて》（通し）狂言は三段目までで打切り、付け物を二本以上上演することも近世以来しばしば行なわれた。ともかく通し（建）狂言の本体は時代物で[2]、若干の多段世話物（初演時から一本立ての「双蝶蝶曲輪日記」など）もあるが、三巻の世話物「心中天の網島」などを上中下と演じても、通し狂言とは呼ばない。

うちやま・みきこ——早稲田大学名誉教授。専門は日本演劇（近世・浄瑠璃）。主な著書に『竹田出雲・並木宗輔浄瑠璃集』（共著、岩波書店、一九九一年）、『近松半二江戸作者浄瑠璃集』（共著、岩波書店、一九九六年）、『浄瑠璃史の十八世紀』（勉誠社、一九八九年）、『文楽　二十世紀後期の輝き——劇評と文楽考』（早稲田大学出版部、二〇一〇年）などがある。

昭和四十一年（一九六六）国立劇場開場以後、文楽東京公演では、明治大正期御霊《ごりょう》文楽座以来の通し狂言が次々と復活され、大阪（朝日座、文楽協会(3)）公演でもある程度それを受入れ、昭和五十九年（一九八四）には大阪に国立文楽劇場(4)が開場し、二十一世紀初頭までは東京、大阪各一年に一回程度、昼夜全通しを行うことは定着していた。が二〇〇六・七・八年と大阪で昼夜全通し上演がなく（二〇〇九年以後は大阪では毎年またはほぼ隔年に全通し）、東京は二〇〇八・九・一〇・一一・一二年と五年間、および二〇一四・一五年、一七・一八年と昼夜通しが行われていない。

二〇一六年度は国立劇場開場五十周年記念として、東京で「一谷嫩軍記」「仮名手本忠臣蔵」の全通しが上演されている（大阪では「妹背山婦女庭訓」全通し）。

東京では昼夜全通し上演は基本的に好まれ、歓迎されてきた。二〇一六年も十二月の「仮名手本忠臣蔵」は満席、九月「一谷嫩軍記」も満席に近かった。大阪の観客にも近年は、全通しを敬遠する雰囲気はない。集客の点で昼夜全通しを毎年一回演ずることに問題はない。それでも東京国立劇場は、昼夜全通しに消極的になっている。全通し上演が二年以上間があくと、全通しに対する体の馴れ（もちろん昼夜別の日の観劇は自由）が失われ、漠然と全通しと縁遠くなることを懸念する。文楽の通し上演の問題は、近・現代文楽の時間との闘いの問題であるともいえる。

二、現行文楽の全通し演目と準通し演目

一九六六年十一月以後、東京国立劇場、大阪朝日座・国立文楽劇場で取り上げた昼夜全通し演目を、全通しで演じられた順に挙げる。

伊賀越道中双六・仮名手本忠臣蔵・妹背山婦女庭訓・本朝廿四孝・ひらかな盛衰記・義経千本桜・源平布引滝・菅原伝授手習鑑・奥州安達原・絵本太功記・一谷嫩軍記・彦山権現誓助剣・生写朝顔話・玉藻前曦袂

十四作中「玉藻前」「朝顔話」を除く十二作は、人形浄瑠璃が現代劇として生きた十八世紀の作で、近松没後の浄瑠璃の代表的名作である。但し「布引滝」「彦山」および十九世紀作「玉藻前」「朝顔話」は、東京で復活上演後、全通しとしての再演はなく、従来からの見取りまたは部分通しの形で演じ続けられている。

他方、昼の部または夜の部のみで、現在上演可能な段を、なるべく大序（初段第一場）を含め、ほぼ全部演じている場合は、準通しと認める。国立劇場は準通しという呼称を用いていない。古典曲の全通し演目以外で、まとまった段数が伝

存する曲を、どこまで準通し演目とすべきか、これから復活が見込まれる作もあり、確定し難いが、とりあえず十五～二十作程度とみて、代表的なものを挙げる。

国性爺合戦・鬼一法眼三略巻・芦屋道満大内鑑・敵討襤褸《つづれの》錦・新うすゆき物語・双蝶蝶曲輪日記・恋女房染分手綱（以上一七一五～五一年初演）・加賀見山旧錦絵《こきょうのにしきえ》

国立劇場は、三十作前後の大物の浄瑠璃現行曲が、伝承と朱（三味線譜）の現存状態に基づき、昼夜二部制の九時間前後、または四・五時間前後の枠内で、一個の叙事詩劇としての全体像、ないしそれに準ずる形で、観客に受容されることを目指した、と一応言えよう。

全通し、準通しを合わせ、三十作前後という作品数が、文楽現行古典曲全体の中で、どの程度の割合を占めるか。

義太夫節浄瑠璃の作品数は、神津武男氏の調査によれば、丸本（初演時ないし初演後に刊行される戯曲を丸ごと収めた節付け入りの本）の残るものが「およそ六百三十ほど」(5)である。その四分の一に近い一四〇作ほどが、素浄瑠璃も含めごく一部分にもせよ、現行曲ないしその周辺曲であると、素人の筆者が把握している。このほか丸本のない近世初演の現行曲、明治初演の現行曲（明治以後の景事《けいごと》は省く）が合せて二十作程度ある。国立劇場（大阪・東京）文楽鑑賞教室の解説で、近年は、文楽の現行曲一五〇と言っている（以前は二〇〇曲）。

但しこの五十年間に人形浄瑠璃文楽として本公演（東京十二月夜の公演を含む）で演じられた古典曲は一一〇作前後であ(6)り、そのうち丸本のある時代物が六十二作ほど、同じく世話物が二十九作であるが、建狂言（準通し演目）である「双蝶蝶曲曲輪日記」「夏祭浪花鑑」を仮に時代物に含めると、時代物六十四作、世話物二十七作となる。時代物の半数近い三十作前後が、全通し・準通し演目である。ただそれらは一九八四年までに通しとして国立劇場で演じられたもので、以後新たな演目の復活通しはない。しかも再演に関しても、昼夜全通しのみならず、準通し上演も減少傾向にあり、準通し台本の質の低下（後退）に気付かされることもある。その顕著な例として、準通し「国性爺合戦」をとり上げたい。

「国性爺合戦」は近松門左衛門作の現行曲中、唯一、大序から三段目までの準通しが可能な時代物である。まず、この作品の近世から近・現代の上演実態を明らかにしつつ、近世、近・現代の人形浄瑠璃文楽の上演時間と戯曲との関係自体を併せて考えてみたい。

三、「国性爺合戦」上演史――十八世紀前半

正徳五年（一七一五）十一月、大阪竹本座初演、近松門左

衛門作「国性爺合戦」は、三年越し十七ヶ月続演の大当りで、以後戯曲史的には三十六年間、興行史的には四十数年に及ぶ人形浄瑠璃隆盛期、全盛期を導き出した。歌舞伎諸座が競って「国性爺合戦」を演じ、上方劇界の戯曲面における人形浄瑠璃の優位も定着していく。

大序から三段目切までの確かな伝承に基づく上演が可能であり、三ノ切「甘輝館」には初演者初代竹本政太夫（二代目義太夫、播磨少掾）の曲風の伝存も相当程度認められる「国性爺合戦」は、現行人形浄瑠璃文楽の一つの原点といってよい。

竹本座は「国性爺合戦」を享保五年（一七二〇）に再演、享保十六年に三演、人形はもちろん、いずれも一人遣いであった。

寛延三年（一七五〇）七月竹本座四度目の上演で、三ノ切は初代から二代目政太夫に代替りし、人形は三人遣いとなり、和藤内を吉田文三郎が遣った。人形浄瑠璃黄金時代であり、三人遣いの人形によって舞台は正徳享保期とは格段に、華麗かつ写実的に、太夫の語り口も技巧的になって、興行時間も当然、長くなっていたはずである。

1　日記類にみる人形浄瑠璃の興行時間

その七年後の宝暦七年（一七五七）、数年前に始まった京都竹本座の正月興行で、中堅どころによる「国性爺合戦」が上演され、本居宣長が一月二十五日に見物している。『義太夫年表　近世篇』[7]にも引く本居宣長「在京日記」に「いとはやくはしまりて、八ツ半比にはてぬ、かくはやくし侍るは、大坂の風とかや」[8]とある。宝暦七年の一月二十五日は釣洋一『和洋暦換算事典』[9]によれば西暦一七五七年三月十四日に当り、橋本万平『日本の時刻制度――増補版』[10]「時刻対照表」で西暦三月六日（啓蟄二月節）の京都の八ツ半は午後三時二十分となる。宣長がこの時「あまりはやくはてぬれは」と、感じた終演に関しては、『外題年鑑』明和版で宝暦十三年一月十八日竹本座（大坂）の「仮名手本忠臣蔵」興行の終演時刻を「七」とする。宝暦十三年一月十八日は一七六三年三月二日、啓蟄二月節（三月六日）、大坂の七つは四時二十九分である。なお開演に関しこの「忠臣蔵」の一枚刷には「早朝」と見える。

秋本鈴史「劇場と興行」[11]では近松が竹本座のために執筆した時期（一六八五年～一七二四年）の人形浄瑠璃興行時間について、とくに元禄・宝永（一六八八～一七一〇）期の『鸚鵡籠中記』を多く引きつつ「午前八時頃から午後二時頃まで……中入りをはさんでも総計六時間程度」とする。具体例を挙げれば、宝永三年（一七〇六）大坂竹本座、近松作「本領曽我」四月一日についての『鸚鵡籠中記』[12]に「辰半過」「未過帰る」、

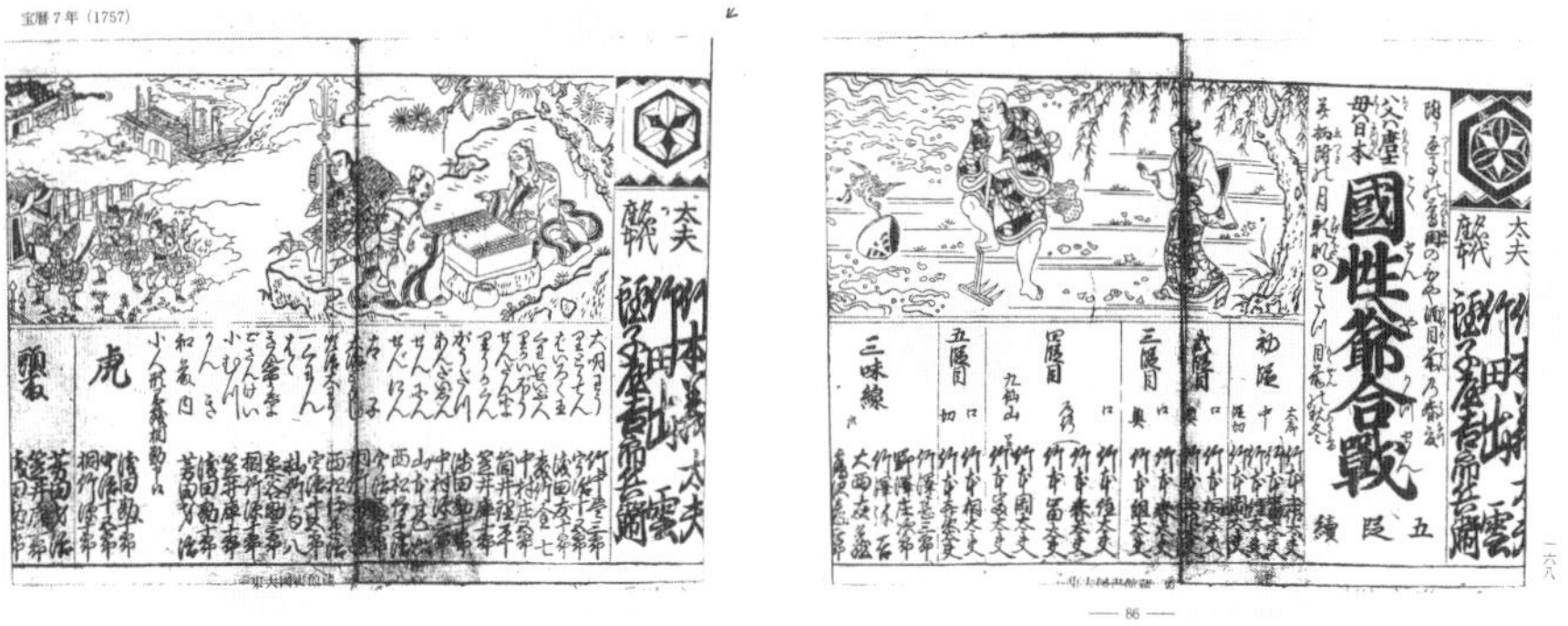

図1　「国性爺合戦」宝暦7年（1757）1月。京都竹本座番付『義太夫年表　近世篇』第4巻（八木書店、1980年）

四月十九日「辰過より」「未比皈る」。続編「加増曽我」（二日替り上演）、四月十日「辰より」。辰は午前七時から九時で辰半が八時、未は午後一時から三時。なお定時法の辰や未の時刻表現を、近世一般に通行する不定時法の八ツ半などと両用するとわかりにくくなるので、本稿は以後、不定時法で通すことにする。

秋本氏はまた「享保六年閏七月十日の豊竹座」(13)で、「国性爺合戦」初・再演に近い時期の、大坂豊竹座の人形浄瑠璃『呉越軍談』の詳しい観劇メモを紹介している。越中の内山逸峰が伊勢上方への旅を記録した『伊勢参宮道紀』には享保六年（一七二一）閏七月十日、豊竹座、紀海音作『呉越軍談』初段第三場（序切）以後の観劇メモが残されている。三段目、四段目、五段目の前、および場面が大きく転換するところで「マク張」「マク引」の記述が計六回あるが、中入り〈休憩〉との関係はわからない。開演時刻の記述はないが、終演は「芝居八ツに済」とある。享保六年閏七月十日は西暦一七二一年九月一日。九月八日（白露八月節）の大坂の八つは午後二時十八分である。秋本氏は前掲「劇場と興行」論文の「総計六時間程度」の具体例にこの「呉越軍談」「八ツに済」を含めている。二時十八分から逆算すると、開演は五つ半（午前八時三十分）頃、となるか。

なお本居宣長は同じ宝暦七年の十月一日（一七五七年十一月十三日）に、再び京都竹本座を観劇、演目はやはり近松作「津国女夫池」の外題替え「室町千畳敷」であるが、「くれまへにはてぬれは」とあり、終演は暮六つより前、一七五七年十一月七日（立冬）の京都暮六つは午後五時三十二分、五時頃の終演と思われる。開演時刻の記載はないが、七行丸本の丁数が「国性爺合戦」九十丁、「室町千畳敷」九十一丁とほぼ同じ長さにもかかわらず、終演が二時間近く違うのは、開演が「国性爺合戦」の時より遅かったものと思われる。

2　番付にみる開演時刻――十八世紀

『義太夫年表　近世篇』所収番付で、開演や終演の時刻の明記があるのは、ごく少数であるが、その早い例が安永四年（一七七五）江戸結城座「花襷会稽褐布染《はなたすきかいけいのかちんぞめ》」の「正月二日より初日仕朝五つ時より相始」とあるものであろう。この浄瑠璃の初演は安永三年八月大坂豊竹此吉座で、同番付には「早朝より仕候……未明より御見物御出之程」と記す。この安永期以後、番付に時刻は記さなくとも「早朝より」とする記述を折々見受けるようになる。また寛政十一年（一七九九）七月、大坂旧豊竹座、「絵本太功記」初演時の刷り物に、初代豊竹若太夫追善のため「毎朝五つ時迄ニ百人様宛ほうらく（注・無料）ニ」とある。

十九世紀に入るが天保元年（一八三〇）二月江戸麹町平河天神境内「妹背山婦女庭訓」番付には「正五ツ時より七ツ時迄」とある。この五つから七つという時間枠は、おそらく十八世紀中期ないし前期の終り頃まで遡り、十八世紀後期以後はこれを超過することもあったであろう。

大坂風に「いとはやくはしま」った宝暦七年京都竹本座「国性爺合戦」の開演を、仮に五つとすると、朝七時五十三分頃開演、午後三時二十分頃の終演で、七時間半くらいの興行時間となる。一七一五年初演時が「六時間程度」、六時間半としても、詳細は未詳ながら、一時間近く長くなっていたようである。

四、「国性爺合戦」上演史
――十八世紀後期～二十世紀中期

「国性爺合戦」五段全通し上演は、宝暦七年京都竹本座以後、記録が残っていない。

原因は四ノ切「九仙山の段」が演じられなくなったことにある。「九仙山」は大明の太子を山中で密かに守護する忠臣呉三桂が、二人の仙人から、大明国再興をめざす国性爺の各地における勝ち戦の有様を、瞬時の中《うち》に見せられる景事風の一幕（**図1**左の絵）で、寛延三年竹本座の上演では、トップの太夫、美声家の大隅掾（大和掾）が語る。目前に四年の月日が流れ、雲のかけ橋を渡って討手から逃れる場など、初演から人気があったはずだが、具体的写実性の濃い三人遣いの人形では、リアリティを感じにくい面があるのであろう。このあと文化三年（一八〇六）に、例外的に三・四段目のみを演じたのを最後に、「九仙山」の上演は絶え、「国性爺合戦」の通しは初段から三段目まで、という形が十八世紀後期から一般化、十九世紀前・中期にはこの形で建狂言としてさかんに演じられていた。が近代（明治）に入ると、三段目「楼門」「獅子ヶ城（「甘煇館」を含む）」のみの見取り上演が多く、大序から三段目までの通し上演は、明治二十年（一八八七）御霊文楽座で一度行われたのみである。「虎狩り」（二段目最後の場）などが付くことはあっても、「国性爺合戦」は「楼門」「獅子ヶ城」のみ、の時代が長く続いた。(14)

　昭和三十六年（一九六一）、芸術祭・文楽両派合同公演で、近松作品復活上演が行われ、「国性爺合戦」でも三段目の前に二段目が付いたが、野澤松之輔が原作の文章に改竄を加えて短縮した台本で新たに作曲したものだった。

五、国立劇場の「国性爺合戦」準通し上演

　一九六六年開場以来、文楽の復活通し上演で優れた成果を上げてきた国立劇場は、一九八〇年二月に、明治二十年から九十三年ぶりの「国性爺合戦」初段、二段目、三段目の復活準通し上演を行なった。初段も二段目も明治の朱（三味線譜）入り本が現存する。二段目については、松之輔補綴作曲版が行われていたが、それにはよらず、東京の三味線で稀曲をよく知る豊澤和孝が曲を憶えていたものを参考に「原作による古い曲を採用した」（公演プログラム）。二段目前半、鴫蛤《しぎはまぐり》の争いに、和藤内が軍法の奥義を悟る件り（**図1**右の絵）を、父八代目竹本綱大夫以来、近松物への取り組み方を知る豊竹咲大夫が、鮮やかに語った。

　初段はもちろん大序から始まるが、後半が時間的制約から大幅カットで、帝が殺され大明国が滅びる場も、呉三桂が殺された后の胎内から太子を誕生させ、我子を身替りにする件りも省かれた（カットのみで文章変更はなし）。制作担当で台本作成に関わった山田庄一氏によれば、初段はまともに演じると一時間半位かかるが、五十分以内に収めねばならない。昼夜二部制の一部の時間枠で「国性爺」を原作通り三段目まで演じることは不可能、もし三部制ならば、初・二段目を第一部、三段目を第二部で演じることになる、という。東京国立劇場では、この一九八〇年以後、初段を含む「国性爺合戦」は上演されていない。

　一九八〇年二月文楽公演昼の部「国性爺合戦」の上演所要時間は、初段五一分、二段目八一分、三段目一一九分、計二五一分、四時間一一分である。この頃は昼が正午、夜が五時開演で、中ばから昼夜入れ替えをしていた。ぎりぎり四時半終演としても、昼の部の休憩時間は約二十分。文楽公演はタイトな時間割で知られていた。

六、国立文楽劇場「国性爺合戦」一九八四年と二〇一六年

近松の五段組織時代物では、原則として劇的な大きなヤマ場は三ノ切一つで、二段目は難題に立ち向う主人公らをきびきびと描き、四段目では難題は未解決でも、観客は三段目までの緊張感から解放されて、景事などを含む視覚的、聴覚的見せ場、聴かせ場を楽しむ。二段目は三段目に向う途上であり、「国性爺合戦」の場合も三部制の第一部の観客を、「平戸の浜」「虎狩り」で帰らせることはあり得ない。初段から三段目を二部制一部の時間枠に収めるために、初段の甚だしいカットはやむをえない、ということになる。

「国性爺合戦」大序から三ノ切までが東京で復活上演された四年後、昭和五十九年（一九八四）国立文楽劇場が大阪に開場し、その年の七月大阪公演で、東京と同じ形の「国性爺合戦」準通し上演が行われた。所要時間は整備されて四時間三分ほど。この公演は昼十二時半、夜六時開演で、入れ替えなし。昼の「国性爺合戦」は公演時間を、一九八〇年東京公演より約三十分多くとることができた。

その後、東京、大阪で「国性爺合戦」二・三段目はしばしば上演されているが、二段目はいずれも原作通りではなく、松之輔補綴・作曲版に戻ってしまった。

一九八四年から三十二年後、国立文楽劇場は二〇一六年一月公演夜の部で「国性爺合戦」初段・二段目・三段目を上演したが、所要時間は三時間四十二分。開演四時、終演八時三十分、一九八四年の時より上演所要時間が二十一分短いのは、二段目が松之輔版によるためである。一九八四年上演時の解説（署名はG、第一部制作担当、後藤静夫）では、二段目は「平戸浜伝いより唐土船の段」も「千里が竹虎狩り」も「原作による古い曲」と明記していた。三段目「楼門」「獅子ヶ城」は初演以来連綿と伝承されてきた古典曲、二段目も「原作による古い曲」であるならば、時間的制約から初段に大幅カットがあっても、一九八〇年東京、八四年大阪の「国性爺合戦」は、初段大序から三段目までの準通し、と認め得るが、二段目が安易な省略や文章改変を含む新しい作曲となると、これを準通し上演と呼ぶことを躊躇せざるを得ない。近松作品の生命線は、その名文にあるといっても過言ではない。そこが傷ついたままの台本での上演が、今後に受け継がれることは憂慮すべきである。

七、完全通し上演
――『菅原伝授手習鑑』一九七二年

『国性爺合戦』（九十丁）、『津国女夫池』（九十一丁）は、近松の時代物の中で比較的長い作品であった。ところが近松没後（一七二五年以後）、浄瑠璃はさらに長くなり、九十丁後半から百丁を超えることすら特例ではなくなる。いわゆる黄金時代の三名作、『菅原伝授手習鑑』（一七四六年）九十八丁、『義経千本桜』（一七四七年）百丁、『仮名手本忠臣蔵』（一七四八年）九十九丁。百丁以内に収めてはいるものの七行各行の字数が多く、近松物に比べて窮屈な版面である。

内容面でいえば、『国性爺合戦』でも『津国女夫池』でも、劇的なヤマ場は三ノ切だけであったが、右の三作には劇的なヤマ場が三つあり、近松物より構成が複雑である。加えて三人遣いの人形演技も太夫の語り口も、写実的で変化に富み、興行時間も『国性爺合戦』初演時（一七一五年）の推定六時間台などでは収まらなくなっていた。

『国性爺合戦』初演時から並木宗補（千柳）が没する一七五一年まで三十六年間、人形浄瑠璃の隆盛、全盛の強い牽引力となったのは、魅力ある戯曲作品が次々と初演されたことである。作品の三ノ切のほか、大序も、基本的にトップの太夫が語る。江戸歌舞伎が明け方に開演して、一般観客が集まるのは何時間か後の三建目《みたてめ》後半からといわれる状況とは異なる。一七五一年までの浄瑠璃では、トップの太夫が語り始める新作の物語を聞くために、かなりの観客が大序から入場したと思われる。

さきに日記類と番付の記録に基づき、十八世紀から十九世紀前期の人形浄瑠璃興行は、基本的に朝五つから夕七つ頃、と把握してきた。『菅原伝授手習鑑』についていえば、初演初日延享三年八月二十一日は西暦一七四六年十月五日。十月八日（寒露九月節）大坂の五つは七時三十三分、七つは四時四分で約八時間半となる。

国立劇場文楽公演で『菅原伝授手習鑑』完全通し上演（わずかの省略はある）が行われたのは昭和四十七年（一九七二）五月、この上演録画（モノクロ）を基調としつつその後の公演のカラー映像なども含めて四枚に編集したNHK（国立劇場）DVDが市販されている。大序から五段目まで十八段中、朱が見つからず新たに作曲したのは、四段目端場「北嵯峨の段」（一五分）のみという、確かな伝承曲である。編集されたDVD映像四枚全体で五六六分、一九七二年の舞台と多少の違いはあるとしても、上演所要時間が九時間二十分前後。実際の舞台は、昼が十一時、夜が四時半開演であるが、昼も夜

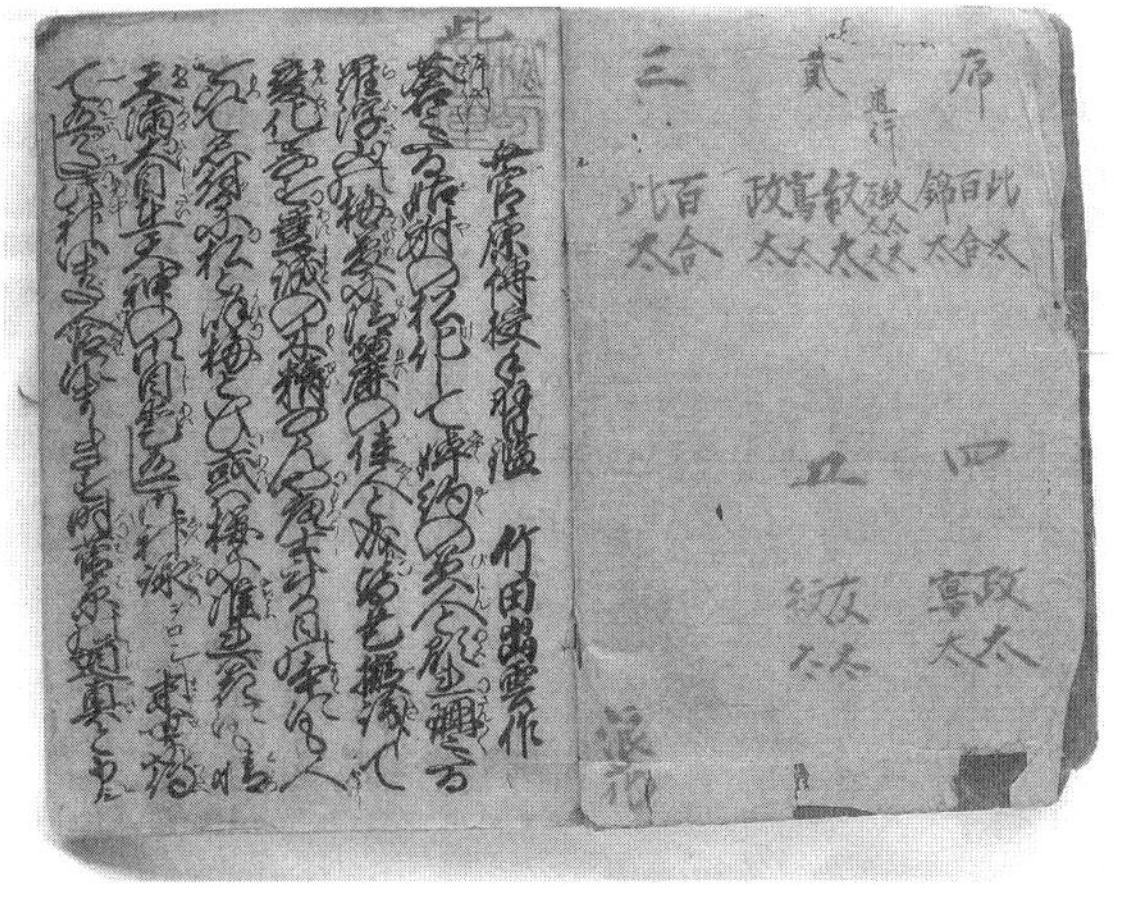

図3　「菅原伝授手習鑑」浄瑠璃丸本初丁。内題下の作者、元祖竹田出雲は監修者か

図2　「菅原伝授手習鑑」（1746年）浄瑠璃丸本表紙、初版初刷

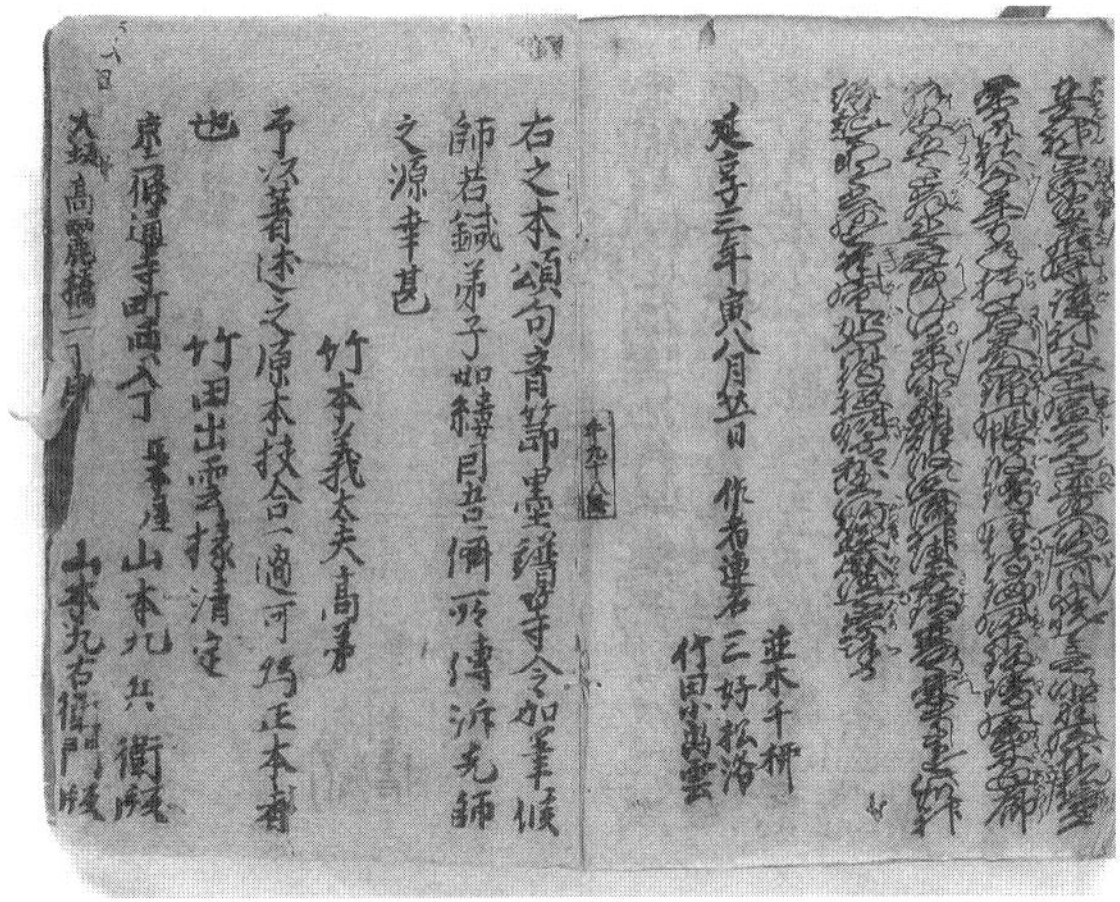

図4　「菅原伝授手習鑑」浄瑠璃丸本終丁と奥書。終丁の作者連名の三人が執筆者

も押して、所見日の初日は終演が十時台、昼の開演から夜の終演まで十一時間を超えていた。

「菅原伝授手習鑑」初演時の舞台は今よりテンポが早かったとはいえ、幕間、中入りも含め八時間半とすれば、かなり忙しい。他の作も含め、十八世紀後半以後、再演を重ね磨かれていく中で、芝居の内容や季節により、半時から一時（一、二時間）延びることがあっても、取り締りの厳重な時以外は、さして問題にならなかったであろう。

人形浄瑠璃を取り巻く環境が激変する近代の明治中・後期、非文楽座系の彦六座とその後継の座で、早い段階から開演や終演の時刻が番付に明記されている。明治十八年（一八八五）九月彦六座で「午前六時より相始め午後七時迄一日通して奉御覧に入候」[15]。あるいは明治三十九年九月堀江座「午前九時より午後九時まで」、四十年三月同座は「午前十時より午後十時まで」、その他開演時間はさまざまだが、明治四十年代文楽座は「午前七時より」が多い。照明法や劇団事情の変化などで付け物が増え、長くなりすぎる傾向もみられるが、古典化した人形浄瑠璃の興行に十時間前後の時間枠は必要で、明治大正期の人形浄瑠璃文楽は、それは当然確保していた。

八、二十一世紀の国立劇場文楽と通し上演

大正十五年（一九二六）御霊文楽座焼失から四十年後、昭和四十一年（一九六六）東京に開場した国立劇場は、歌舞伎（大劇場）も文楽（小劇場）も、なるべく通し上演、を建前としているが、(16)文楽は当然二部制であるのに対し、歌舞伎は一部制であり、四、五時間の公演時間枠で、近世歌舞伎台帳の広義の時代物を全通し上演することは不可能に近い。義太夫狂言でいえば「仮名手本忠臣蔵」を国立劇場の歌舞伎では、三ヶ月に分けて演じるなど、苦肉の策が講じられるが、これを「通し狂言」と呼び得るか、疑問が残る。

歌舞伎座など松竹系の歌舞伎公演は昼夜二部制で、「仮名手本忠臣蔵」「菅原伝授手習鑑」「義経千本桜」の三作は、昼夜通しで演じられている。ただ歌舞伎と文楽は別箇の演劇であり、歌舞伎は浄瑠璃作品を歌舞伎風、ないし商業演劇としての現代歌舞伎風につくりかえて演じるので、原作とは当然距離がある。「仮名手本忠臣蔵」最大のヤマ場九段目が、歌舞伎の東京系演出の通し上演では省かれることも常態化している。

だが人形浄瑠璃文楽ならば、各作品各段は基本的に原作通りに語られ、演じられる、一段一段にとどまらず、十八世紀の作品の全体像を、現代に再現することもできる。御霊文楽座時代の記憶、またはそれに近い記憶を有する演者たちが、現役で生きている今ならば——。国立劇場初期の制作関連の人たちに、十八世紀という発想があったかはともかく、昭和四十年代文楽の復活上演、通し上演、準通し上演で、「今ならできる」という意気込みが、観客に伝わったことは事実である。この段階で土台が固められた結果、国立劇場文楽の復活、通し上演は、歌舞伎のそれとは比較にならぬほど、まともに原作が生かされ、かつ伝承に基づくものとなり得た。復活された全通し上演の方式には実は問題もあったが、二十世紀末頃までは、再演を重ねる中で改善もみられた。

ところが二十一世紀に入って、東京国立劇場が、文楽の昼夜全通し上演を、五年間（二〇〇八〜二〇一二）放棄する事態が生じた。二〇〇六年の「仮名手本忠臣蔵」では、客数の多

い三部制で、二回入れ替え時間をとるために、劇の重要なモチーフを含む「おかる文使いの段」がカットされた。

国立劇場が文楽全通しにも準通しにも、消極的になったことには、いろいろな要因があろう。がやはり小泉改革による国立劇場の（特殊法人から）独立行政法人への移行、採算性重視の影響が大きい。文楽東京公演は満席でも赤字と言われている。それだけに常に入りのよさを示し続けねばならない。二〇〇三年、文楽がユネスコによる「無形遺産の傑作」宣言を受け、はじめて文楽を訪れる観客も増えた。ゆとりを好む現代の観客に、文楽は体感的にきついと敬遠されぬよう、見

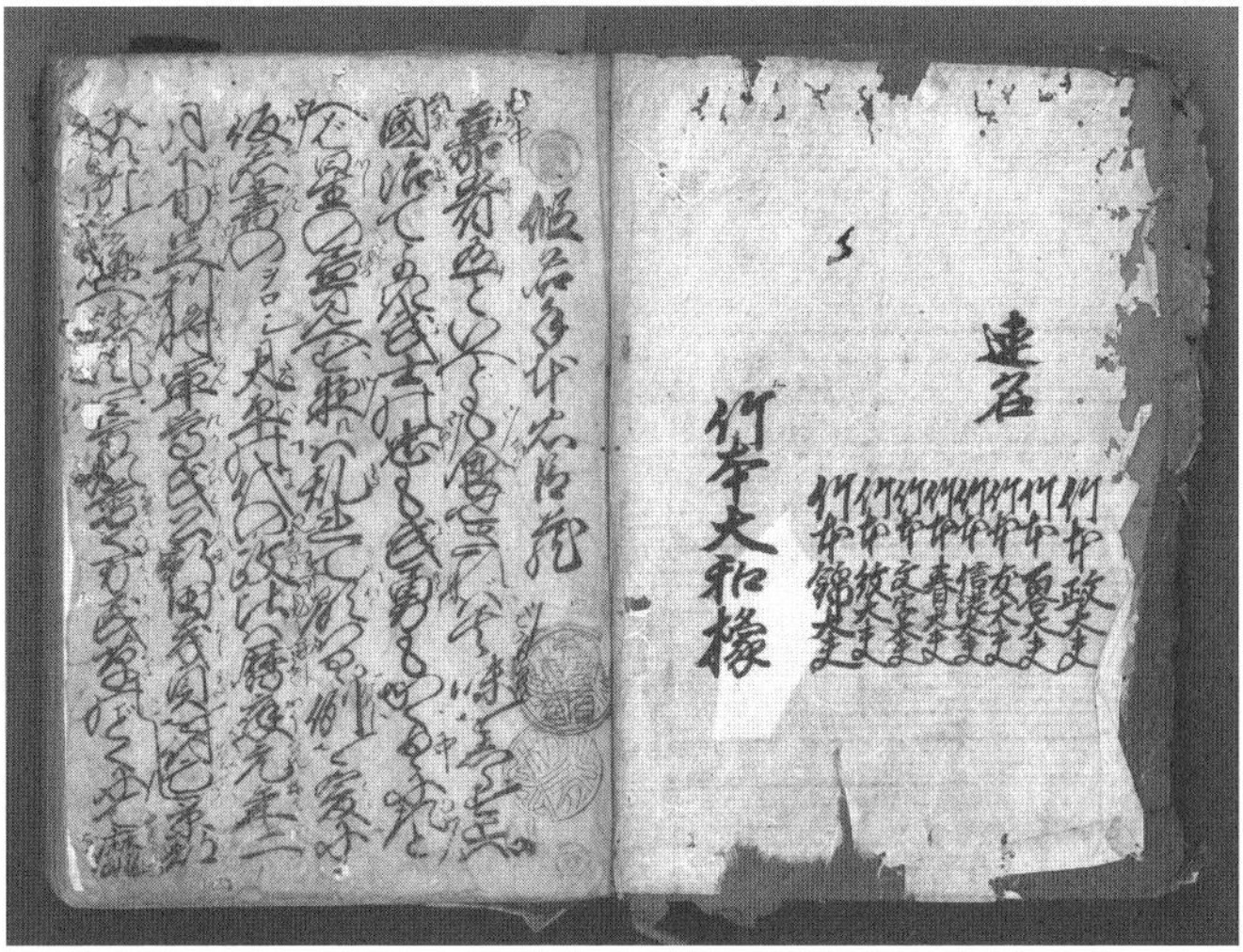

図5　「仮名手本忠臣蔵」（1748年）浄瑠璃丸本初丁、初版初刷

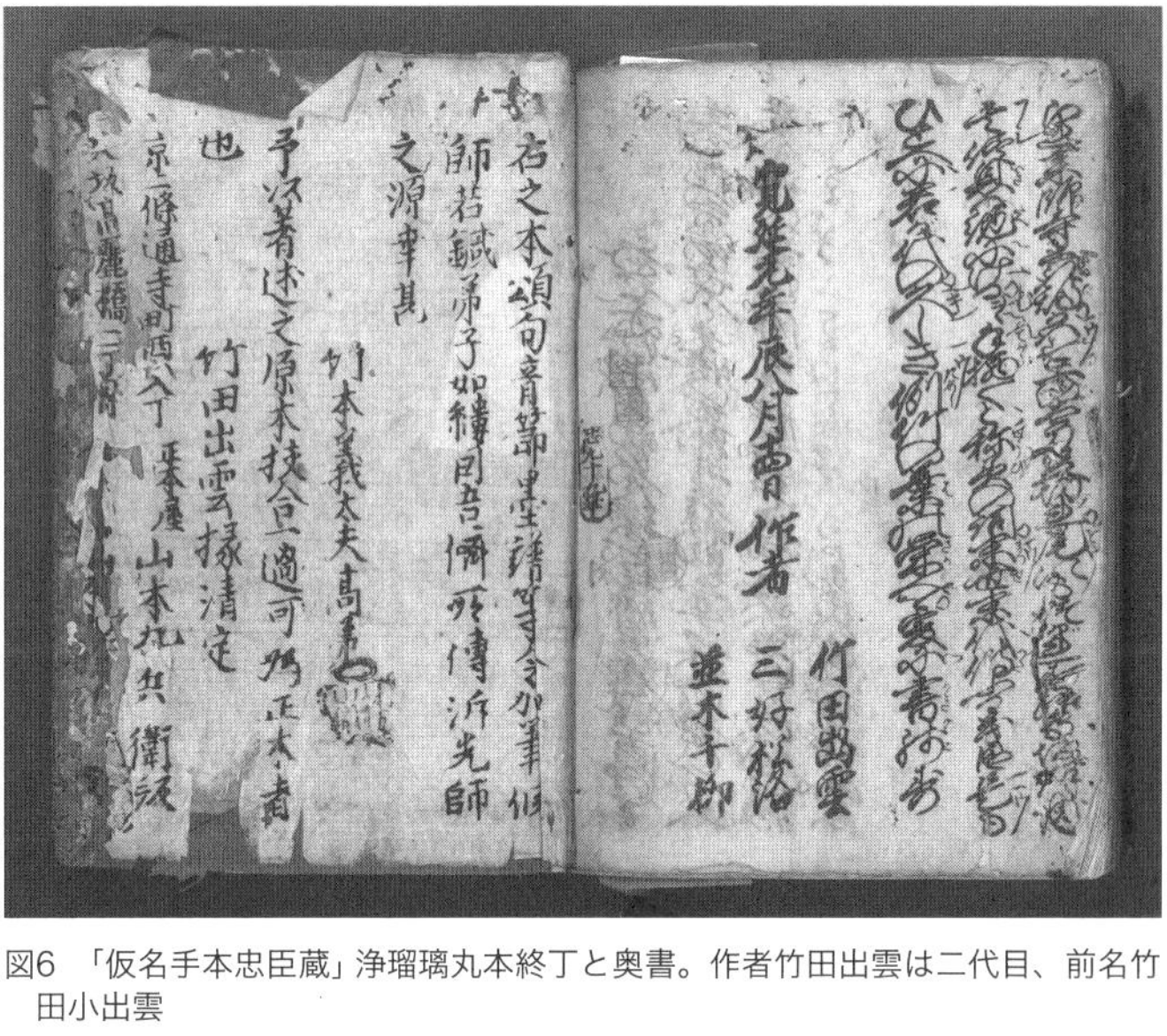

図6　「仮名手本忠臣蔵」浄瑠璃丸本終丁と奥書。作者竹田出雲は二代目、前名竹田小出雲

取りで有名狂言の時代物と世話物と景事を一本ずつ並べ、休憩時間を十分にとる、無理をして通し上演を行うことはない、と劇場は考えたのであろう。

九、国立劇場開場五十周年以後

二〇一六年十二月「仮名手本忠臣蔵」全通しは、開場記念公演であるから、さすがに二〇〇六年のようなことはなく、通常の二部制で「おかる文使いの段」も上演された。

準通し演目の「国性爺合戦」については、見取り上演はともかく、準通し上演では、初段後半の大幅カットはやむをえぬが、二段目は原文通りに演じた東京一九八〇年、大阪一九八四年の台本に戻すべきである。八四年大阪の上演所要時間四時間三分、休憩を計四十分とると公演時間四時間四三分。昼の部で十一時開演、三時四十三分終演、夜で四時開演、八時四十三分終演。これは通常公演としてやや長め、という程度で、現に二〇一七年九月東京夜「玉藻前《たまものまえ》曦袂《あさひのたもと》」変則半通しは、公演時間四時間四七分である。休憩も含めこの四時間四十数分を充てることで、人形浄瑠璃文楽の原点たる「国性爺合戦」を、まともな準通し演目として成り立たせ得るのである。

全通し上演に関しては、たとえば「菅原伝授手習鑑」で、一九七二年のような完全通し上演は、現在の公演時間枠から不可能で、五段目や道行、復活された端場などのカットは認められるが、大序（菅丞相と時平が顔を合わせる唯一の場）と、菅丞相が雷神となる「天拝山」は、文楽の「菅原」通しであるからには、ぜひとも上演されるべきである。東京では一九七二年以外の通し上演では、大序は演じられていない。

二〇一四年四月の大阪の「菅原」昼夜全通しは、大序と「天拝山」をそなえた、穏当な形の上演で、昼十時半開演、初段・二段目、夜四時開演、三・四段目、八時五十八分終演。昼に三〇分、夜に二五分の食事休憩、ほかに昼に一回、夜に二回の五分休憩。大阪はこれで済んだが、東京でこの時間割を、上層部が容認するか。もちろん三回の五分休憩を十分ずつにして九時十何分かの終演にしてもよいのだが、八時台に終らせ、休み時間を大阪より多くとるために、またも大序はカットということにならないか。次の東京国立劇場「菅原伝授手習鑑」全通し上演を注意して見守りたい。

十、人形浄瑠璃文楽、戯曲重視の伝統

なぜそこまで通し上演にこだわるのか。まず通しでも見取りでも、昼夜合せて一〇時間前後の公演時間は現代人には長すぎる、という一般論は、観客が、文楽でも多くの歌舞伎公

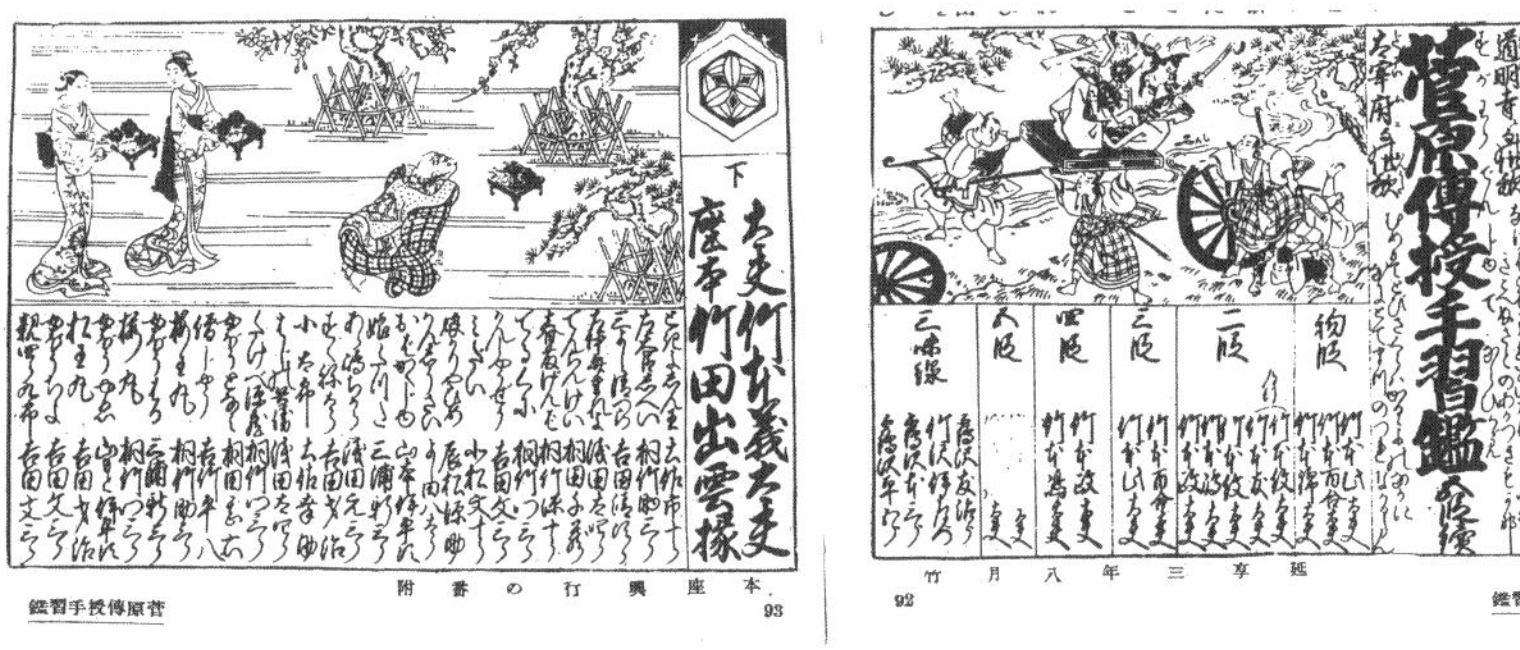

図7　「菅原伝授手習鑑」延享3年（1746）8月。竹本座初演番付『浄瑠璃名作集』下（日本名著全集）日本名著全集刊行会、1929年。左側の絵は「佐太村」の舞台

演でも近世以来の演劇文化としての長時間興行を受け入れている現実の前に、説得力が乏しい。ただ、見取りはともかく文楽の通し狂言で、一つの長編戯曲と約十時間ないし四、五時間向き合える観客は、字幕の助けを借りるにせよ、基本的に日本語を解する観客、日本近世語を拒絶しない観客、日本語を解しない外国人ならば、本文の英語訳か、せめて詳しい筋書き、解説を読んでいる観客であるだろう。日本の古典芸能の中でも、商業演劇として成り立たない能楽と文楽は、原作の本文（能楽は複数）も伝承された演技演出も変えることなく、演ずるのであるから、観客も古典として受容することが前提となる。

文楽は戯曲作品の本文を重視する。浄瑠璃作品は出版され、全国的に享受され、再演されることを念頭に書かれる。出版されない歌舞伎の台本は「恥《はぢ》はかき捨《すて》」でも済むが、いい加減な「浄るり作《さく》は本《ほん》に残《のこ》り万人《まんにん》の眼《め》にかゝり恥《はぢ》のかき飽《あき》」（『穴意探《あなさぐり》』東鱗、明和七年一七七〇刊）となるとの緊張感が作者にあり、語る太夫も「本」と「作者」に敬意を払った。「菅原伝授手習鑑」初演続演中の一七四七年春に刊行された浄瑠璃評判記『操曲浪花芦』で、竹本座贔屓が竹本此太夫（「鮓屋」「九段目」「熊谷陣屋」の初演者、後に筑前少掾）の三ノ切「佐太村」を称賛すると、豊竹座贔屓は此太夫は白太夫の詞《ことば》に入れ事をする、「正本にもない事まで．口から．出るまゝの．うそ語り．何のあれが名人」と非難し「正本を鑑として．すなをに．語りたまふ．上野との（豊竹座の紋下二世豊竹上野少掾《こうづけのしょうじょう》、後に竹本大和掾）こそ．名人なり．」[17]という。

現行の「佐太村」は正本（丸本）通りで白太夫の詞に入れ事はない。但しその白太夫の世話詞の件りは、現行では「茶《ちゃ》筅酒《せんざけ》の段」として切場《きりば》「桜丸切腹の段」とは別の太夫が語り、「茶筅酒」には、太夫は無言で人形と三味線だけの見せ場が

設けられている。評判記の定石である贔屓同士の争いに対し、第三者の「老人」は、此太夫の入れ事は、この段で観客が「めいり」「気のつき」るのを防ぐ工夫と認めている。現行では三人（時に四人）に分けて語る動きの少ない長丁場を、初演時に丸一段一人で語った此太夫の、観客をだれさせないための入れ事は、必ずしも本文軽視の例には当らない。しかも再演を重ねる中で、本文は動かさず、太夫は三人とし、人形・三味線のみの見せ場を設けるなど、演出上の工夫での対応がなされていくことが重要である。

浄瑠璃本文をとくに重んじる姿勢は『浄瑠璃素人講釈』の「五三　妹背山婦女庭訓四段目切　御殿の段」で、明治期文楽を代表する太夫竹本摂津大掾が、著者杉山其日庵の稽古の心構えを難詰した言葉「作者がお三輪のの心持で文章を書いていやはりますから、アンタもその文章を読んで、お三輪の心持になって、習うた節《ふし》と詞《ことば》を稽古しなはるのでござります。それが出来ねば人ではござりません」(18)や、摂津大掾晩年の相三味線六代目豊澤広助（名庭絃阿弥）が、大正期の若手太夫に、我流の工夫や深読みを「作者がおったら横面《つら》張られるぞ、」お前たちは「語れんでも、文章がちゃんと語ってくれる。抜けんように読めっ」と戒めたという話(19)からも窺われる。

十一、近代の浄瑠璃観

十八世紀から二十世紀までの太夫の多くは、通し狂言体制の下《もと》で育ち、今、自分が語る一段、一場は長い浄瑠璃の一部であることを熟知し、おそらく他の複数の段も語ってきているであろう。太夫は浄瑠璃の文章を作者を重んじ、浄瑠璃本は一般に読み物としても広く享受されてきた。

にもかかわらず、浄瑠璃作品が明治以降、西洋の古典演劇（非古典主義作品を含む）同様に、文芸作品、戯曲として認識されてきたとは言い難い。浄瑠璃が劇の台本としての「戯曲」であるか否か、という形態論以前に、人形浄瑠璃文楽の現行曲の台本は、西洋古典演劇や近代劇の戯曲と同列に扱われるほどの文学的、芸術的価値を有しない、所謂荒唐無稽なものだとの先入観が、研究者、評論家、知識階層に浸み込んでいた。さらにその種の発言をする人の多くは東京（首都圏）在住で、活字本で浄瑠璃作品を読み、その外題の歌舞伎を見ることはあっても、本格の文楽を見ることはほとんどない。たまたま見ても、見取り上演で、作品内容については断片的印象しか残らない。もちろん浄瑠璃研究者、文楽研究者、文楽を愛好する観客は存在するが、昭和期、四十年（一九六五）頃までの文楽は、一場一場の芸を鑑賞するもので、時代物作品の全体像に東京の観客が接する機会は、「仮名手本忠臣蔵」以外にはまず考えられなかった。

国立劇場が当初から、この種の無理解を一新すべく、文楽の文芸作品としての全体像を復活させることを目指したか、は疑問である。国立劇場の主たる関心は通し狂言復活という形で、できる限り伝承をつなぎとめることにあったであろう。しかし現在全通し演目として定着した約十作品、たとえば「菅原伝授手習鑑」や「義経千本桜」が、御霊文楽座時代の上演方式でそのまま復活された訳ではない。この二作は明治期ないし幕末に、前半に複数の増補段が加わり、明治期の「義経千本桜」ではそのために、四段目「河連法眼館《かわつらほうげんやかた》」がカットされることが多くなっていた。この著名な二作については、国立劇場開場以前に増補段は舞台から消えているが、増補段の曲を憶えている三味線弾きはいたであろう。

その種の夾雑物を取り除き、原作に基づく通し上演を復活する——近代主義、教養主義と揶揄されたとしても、国立劇場は必然的に浄瑠璃作品の全体像を生かす途を選んでいたのであり、それだけ原作の戯曲の存在は重かったのである。

十二、劇の定義と人形浄瑠璃文楽

浄瑠璃作品を、戯曲と呼ぶことが形態上ふさわしいか。戯曲は辞書で、演劇の脚本、ドラマ、劇作品などと言い換えられるが、劇、とくに悲劇に関しアリストテレスは「一定の大きさをもって完結している厳粛な行為の再現」「この再現は、叙述によるのではなく、行為する人物たちによってなされる」(20)と定義する。「厳粛な行為の再現」が「叙述に」よってなされるのが叙事詩であり、叙事詩を基盤に生まれた悲劇の形式は、叙事詩という「古い形式よりも偉大」であるという。

叙事詩と劇の文体上の違いは地の文の有無にあり、地の文を有する浄瑠璃は視覚面で人形劇であっても、文芸形式としては叙事詩であり、俳優がそれぞれの人物を演じても地の文が残る能とともに、劇というより「語りものの舞台化」(21)と称すべきである、ともいわれた。実際人形浄瑠璃では語り手の太夫のトップが一座を代表するのが一般的であった。浄瑠璃を歌舞伎化した義太夫狂言にも、地の文と語り手は伴奏の役割で生き続けた。狂言以外の日本の古典演劇に地の文が残ることは、日本演劇の後進性と、かつてはみなされた。

しかし二十世紀以降の劇映画、映像文化の隆盛、現代劇分野での演劇観の変化などにより、現代劇でも時おりナレーションや字幕が活用されるようになると、地の文の存在即日本古典演劇の劇としての未熟さ、という割り切り方は現実的でなくなる。ギリシア劇が地の文を切り捨て「行為する人物たち」による再現、叙事詩からの完全脱皮を果たしたのに対し、日本の古典演劇は叙事詩性を残しつつ劇化した事実をそのまま認めれば、能本（謡曲）、浄瑠璃正本（丸本）、歌舞伎台帳に戯曲という一般名詞をあてることが不適切とは思われない。

　地の文が残る日本古典演劇に、ヨーロッパ演劇の、人物のせりふのみによる対立葛藤の激しさ、自己主張の強い表現は求め得ないが、叙事詩の過去形が舞台上で有効に機能することも事実である。叙事詩の過去形と劇の現在進行形が交錯[22]する劇作法には、それを支える独自の人間観があり、時を超えて共感を呼びおこすものがある。

　日本古典演劇の中でも、能は筋に重点を置かない詩劇、歌舞劇であり、西洋演劇と距離を置きつつ、短篇戯曲としての完結性を保つ[23]。が近松以後の人形浄瑠璃は、劇と語り物、ドラマと叙事詩のぎりぎりの接点で成り立つ故に、形態的にアリストテレスの劇の定義にあてはまらないにもかかわらず、アリストテレス的劇の手法と、深く関わらざるを得ないところがある。アリストテレスは「行為の再現とは、まさに筋のことなのである」といい[24]「筋が悲劇の根本で、いわば魂」とまで言い切る。その「筋」を、重んじるのが人形浄瑠璃文楽である。筋の進行に、地の文による直接的説明を避け、人物同士の緊迫したやりとりにより「出来事の組み立て」即ち構成と不可分な筋としての行為を展開する。

　アリストテレスは悲劇の重要な要素として「筋の部分としての逆転と認知」を挙げ、この二つが同時におこるのがすぐれた悲劇であるというが、「菅原伝授手習鑑」四ノ切「寺子屋」は「認知」と「逆転」が同時におこる典型例であろう。

十三、悲劇の「一定の大きさ」と文楽通し上演

問題はアリストテレスの悲劇の「一定の大きさ」である。ギリシア悲劇一作の上演所要時間は、二時間前後とみなされている。「オレスティア」のような三部作も、それぞれ独立した三作品として扱われ、一つの悲劇作品は、筋の統一、いいかえれば単一プロットが保たれ、劇中時間は「できるだけ太陽がひとまわりする時間内に」収まることが求められる。すなわち「叙事詩的な構成体を悲劇につくり上げるようなことをしてはならない。わたしのいう「叙事詩的」とは「多くの物語を含む」ということである」。悲劇という、より偉大な形式が確立された以上、叙事詩への逆戻りは避けねばならぬ、ということであろう。

　浄瑠璃の時代物には叙事詩を典拠としない作品もあり、

「義経千本桜」や「菅原伝授手習鑑」のような叙事詩系の作でも、叙事詩への依拠の度合いは、ギリシア悲劇の場合より低いが、いずれも「叙事詩的な構成体を悲劇につくり上げる」方向性を有するには相違ない。

人形浄瑠璃文楽は文体上は叙事詩で、人形によって視覚化され、三つ程度の複雑な物語を抱えつつ、それぞれが絡みあい、凝縮された劇的構成をもって三つのヤマ場を作り、全体で一貫した劇の筋展開となる。上演所要時間は七～九時間、休憩を含め十時間前後。こういう叙事詩劇のあり方は、古代ギリシア人にも十六世紀以後のヨーロッパ人にも違和感があるであろうが、これなりに「一定の大きさ」を持ち、主要な行為は四段目切までではぼ完結する（五段目は再演以後省かれることが多い）。各ヤマ場に向けて畳みこまれた構成を持ち、決して冗長ではない。

文楽を観る機会が限られていた東京に、一九六六年、国立劇場が開場し、本格的な東京からの文楽発信が、通し狂言復活という形で始まった。浄瑠璃作品の全体像に接し、叙事詩のスケールと劇の密度を実感した観客に、時代物の浄瑠璃は荒唐無稽、といった正反対の評価は通用しなくなった。浄瑠璃の三つくらいのヤマ場を切り離し、一幕物として演ずることは可能であり、文楽でも歌舞伎でもさかんに行われているが、たとえば「寺子屋」で、認知と逆転が同時におこる優れた効果は、一幕物としての上演では十分に発揮されず、歌舞伎でいうモドリの芝居に収まってしまう。

劇と語り物の接点に立つ人形浄瑠璃文楽の、本来の上演形態である全通しが現実的に可能な約十作、これに準ずる準通し演目約二十作の存在は、それ以外の部分通し、見取り、約三十二作の時代物現行曲も含め、人形浄瑠璃文楽そのものの、背後に広がる物語世界の豊かさを担保するものであるといえる。

注

（1）但し各段の切場以外の端場や五段目にカットがあることは容認する。なお「一谷嫩軍記」は二〇〇〇年大阪、二〇一六年東京の如く、初段、二段目を昼の部で、夜は三段目のみ上演の場合も、全通しと認める。作者並木宗輔が三段目までを絶筆として没し、内容的にほぼ完結しており、他の作者によって付け足された四・五段目及びその改作増補は、作品の価値が低く、江戸時代から三段目までの曲として定着していた。初段、二段目の伝承状態もよく、十一時開演で三時三十五分終演、夜四時開演。他方「源平布引滝」一九七〇年復活通しでは、初段は大序、序中のみ、二段目は切場のみの上演で、三段目切までを昼の部で演じた。四段目「松波琵琶」は改作増補物で見取り演目であるから切り離し、将来、大序から三ノ切までを昼の部などで演じた場合は、当然準通し扱いとなる。

（2）文楽の通し上演に関するおもな論考を挙げる。内山美樹子

『浄瑠璃史の十八世紀』（初版平成元年、勉誠社、再版、十一年、勉誠社出版）、後藤静夫「文楽の太夫、三味線に聞く――稽古・伝承の視点から」（『藝能史研究』第二〇八号、二〇一五年）、神津武男『『ひらかな盛衰記』序切「巴粟津合戦」復曲の意義――「人形浄瑠璃文楽」「国立劇場」「通し・立て・建て」――・「付表文楽本公演の「通し狂言」一覧」「『ひらかな盛衰記』序切「巴粟津合戦」上演本文」・「表『ひらかな盛衰記』通し・立ての上演年表」・「表　文楽本公演一覧」・「「文楽本公演一覧」凡例」（「義太夫節　通し狂言の復曲」京都市立芸術大学日本伝統音楽研究センター第四四回公開講座（平成二十七年度第四回）プログラム　二〇一六年三月二日、京都芸術センター講堂）

（3）国立劇場開場以前、昭和四十一年五・六・七月に文楽協会大阪東京公演で「絵本太功記」昼夜全通しが上演されている。

（4）組織としては国立劇場の国立文楽劇場部。

（5）神津武男「近松没後義太夫節初演作品一覧（下）［未定稿］」〈演劇研究センター紀要Ⅴ〉二〇〇五年一月）四八頁。なお神津武男『浄瑠璃本史研究』（八木書店、二〇〇九年）参照。

（6）「現行曲一五〇」には新作が含まれるであろう。なお『日本芸術文化振興会（国立劇場）五〇年の歩み』二〇一六年九月刊（DVD資料篇付）』に「公演年表」を収める。また『国立劇場三〇年の公演記録　文楽篇』（一九九七年三月刊）には、配役、各段の上演時間など、一九九七年三月までのより詳しい情報があり役に立つ。国立劇場ホームページの文化デジタルライブラリーでは、公演の都度、情報を掲出。本稿の上演時間関係記述はこれら及び公演時の劇場貼出しに拠っている。

（7）『義太夫年表　近世篇』第一巻〈延宝～天明〉（義太夫年表近世篇刊行会　八木書店　昭和五十四年十一月）、第三巻下〈嘉永～慶応〉は昭和五十七年六月刊。影印篇二巻を含め計六冊。別巻二冊「補訂篇・索引篇」は平成二年十一月刊。

（8）『本居宣長全集』第十六巻（筑摩書房、昭和四十九年）。

（9）初版は一九九二年、新人物往来社、二〇一三年、有限会社食の王国社発行・丸善印刷株式会社発売。

（10）昭和五十六年二版、初版は塙書房、昭和四十一年。

（11）『近松の時代』岩波講座　歌舞伎・文楽第八巻（岩波書店、一九九八年）。

（12）『名古屋叢書続編　第十一巻　鸚鵡籠中記（三）』（名古屋市教育委員会、昭和四十三年）。

（13）『人形浄瑠璃舞台史』（人形舞台史研究会、代表信多純一、八木書店、平成三年）。

（14）『義太夫年表』の明治篇、大正篇、昭和篇（続刊中）参照。なお国立劇場が公演の都度刊行する国立劇場上演資料集は、上演年表その他、役に立つ。文楽「国性爺合戦」については二〇一五年二月刊〈五九一〉に上演年表を掲載。

（15）『義太夫年表（明治篇）』（義太夫年表編纂会、昭和三十一年、義太夫年表刊行会）。

（16）『日本芸術文化振興会（国立劇場）五〇年の歩み』第二章の歌舞伎の項に「公演制作において最も重視してきた方針は「通し狂言」の上演である」文楽の項に「文楽の制作方針は「通し狂言」を基準とし」。

（17）『日本庶民文化史料集成　第七巻　人形浄瑠璃』（藝能史研究会編、三一書房、一九七五年）。

（18）『浄瑠璃素人講釈』下（杉山其日庵著、内山美樹子・桜井弘編、岩波文庫、二〇〇四年）。

（19）「十世豊竹若大夫床年譜」（内山美樹子『近松論集』第五集、近松の会、一九六九年）。

(20) アリストテレース『詩学』（松本仁助・岡道男訳、世界思想社、一九八五年）。

(21) 本田安次『能及狂言考』（初版、丸岡出版社、昭和十八年、新修再版、能楽書林、昭和五十五年）。

(22) 廣末保「近世悲劇への道」（『近松序説――近世悲劇の研究』未来社、一九五七年）に「現在進行形という劇の時間」「過去を語る叙事詩の時間」。

(23) 羽田昶「「能は演劇である」ことの再確認」（『武蔵野大学能楽研究センター紀要』二一、二〇一〇年）。

(24) 「〔徹底討論〕能・浄瑠璃・歌舞伎のドラマ」（二〇〇三年十二月、日本演劇学会秋の研究集会『演劇学論叢』第八号、二〇〇六年、大阪大学大学院文学研究科、演劇学研究室発行）の冒頭に、司会の毛利三彌氏から『詩学』の筋に関する具体的説明がある。討論出席者は天野文雄・内山美樹子・近藤瑞男。

［受容］

演劇の「古典」意識と近代化——古典とクラシック

神山　彰

かみやま・あきら——明治大学文学部教授。専門は近代日本演劇。主な編著書に、『近代演劇の来歴』（森話社、二〇〇六年）、『近代演劇の水脈』（森話社、二〇〇九年）、『商業演劇の光芒』（森話社、二〇一五年）などがある。

自明の通念のように用いられる、日本の「古典演劇」というイメージや概念は、近代演劇の中で、どのようにして、成立し、制度化されたのか、その「起源」を探る。「古典演劇」を疑うことは、「近代」「日本」「演劇」の来歴を問うことにもつながる。その一端を提示し、演劇以外のジャンルにも通底し、関心を持てる課題を扱いたい。

一、「古典」と「クラシック」

本書のもととなった高等研究所で行われた研究会のテーマは「東アジア古典演劇の「伝統」と「近代」」だった。「伝統」と「近代」は意味の留保付きのカッコつきであるが、古典演劇は一般名詞のように、カッコつきでなく用いられていた。だが、自明のように用いられている古典演劇とは、何を指し、いつ頃から用いられた言葉なのだろうか。ここでいう「古典演劇」とは「古典主義演劇」ではない事だけは確かである。その場ではそれを問うこともなく、私も含めて、発表や議論が進められたと思う。

しかし、研究の一つの意味は、前提とされる自明性を問うことにあるだろう。

それでは逆に「近代演劇」という呼称は、何を意味するだろうか。イプセン以降とか市民劇以降という以前に、「古典演劇」ではないという規定がまず前提されている。

勿論、用語の起源や訳語の同定は慎重でなければならず、私は到底その任に堪えないので、「近代日本演劇」に即して考えてみたい。そうしてみると、「近代」「日本」「演劇」それぞれに規定が必要となる。時代区分、地域空間、用例——これもまた、大きすぎる話題で、ここでは扱いきれない。従って、ここでは、日本語で現在では通例化している、日本の「古典演劇」という用語の「起源」と定着について考えてみたい。

明治期から昭和戦前期まで、「近代演劇」「新劇」の対語としては、「歌舞伎」か「旧劇」が使われていた。肝腎なのは、あくまで歌舞伎や旧劇であり、「古典演劇」ではなかったということだ。

現代では、歌舞伎や文楽に対して「古典演劇」「伝統演劇」という用語は自明のように使われるが、もちろん、これは近代以降の用語である。しかも、一般的な用例としては、昭和十年代以降に使用されている。まず、その「古典」という用例について、文字通りの管見なのが遺憾であるが、見てみたい。

復刻されている『明治期国語辞書大系』[1]所収の「国語辞書」から「古典」の語義を見てみよう。

「古書に同じ」(「古書」古キ書物、昔シ作リタル書物。)(『言海』明治二十二年(一八八九))。

「昔の儀式。古書。」(『日本新辞林』明治三十年(一八九七))

「古の事を書きたる書物」(『ことばの泉』明治三十一年(一八九八))

「ムカシノギシキ、カタ」(『新編漢語辞林』明治三十七年(一九〇四))

関連語では、「伝統」に「スジミチヲツタヘル」(『新編漢語辞林』明治三十七年(一九〇四))というのがある。

大正・昭和初期からも、一つずつ引くと、以下のような規定である。

「ふるき典籍。古への経典。古への典型。古への法式」(『大日本国語辞典』大正五年(一九一六))

「(一)古代の典型、法則(二)古代の典籍、経典」(『大言海』昭和八年(一九三三))。

戦中・戦後の変遷を辿るのはここでの目的ではないので、現行の『日本国語大辞典』(小学館)を見ておくと、「①古くからの儀式。いにしえの典礼。②古い典籍。昔の経典。③すぐれた表現。規範」となっている。

なお、同辞典には、以下の項目も立項されている。

古典劇「一般にイプセンの近代劇以前のヨーロッパ演劇の呼称」

古典芸能「江戸時代以前に創始され現在も伝承されている演劇、音楽、文楽、能狂言、各地の民俗芸能、落語…」

ここでは、「演劇」が題材なのだから、それが派生して熟語として使われる過程に話題を転じてみたい。日本文学者のハルオ・シラネはこう書いている。

「「古典」という語は、西洋語のclassicの翻訳として用いられたものだが、「古典文学」を意味するようになった。この場合の「文学」は、主に内的自己を表現する手段としての、想像力による文学という、近代のきわめて西洋的な（十九世紀ヨーロッパのロマン主義的な）文学概念におおむね拠ったものである」[2]。

してみると、「文学」という語の成立にまで話が及んでしまい、いよいよここでの収拾がつかなくなってしまう。しかし、クラシックという言葉は日常語では「古典」よりも普通に使われる。それは、一般には音楽に関してである。

二、日常用語としてのクラシック

西洋語のclassic、日本語の「クラシック」は本来は多様な分野に使われる訳だが、日本語の日常用語では、もっぱら音楽用語である。「クラシックバレエ」、競馬の「クラシックレース」や「クラシックカー」という表現があるが、競馬ファンもカーマニアも、略称として「クラシック」という言い方はしないだろう。

「趣味はクラシック」「やっぱりクラシックがいいなあ」という際に、文脈を無視すれば、まず建築、美術、演劇、文学どころか「クラシックバレエ」も念頭に浮かばず、「クラシック音楽」を連想するだろう。それでは、我々にとって馴染みの「クラシック音楽」はいつから用いられるようになったのか。この用例も遺憾ながら、詳細に探ることはできない。伊沢修二『洋楽事始――音楽取調成績申報書』に「高等音楽の事」という章はあり、「凡そ音楽の高等なるは、管弦楽に如くものなし」とあるが、「古典」に類する用語表記は見当たらない。また、『哲学字彙』（明治十四年・一八八一）にも該当項目はない。

『明治文学全集』別巻の「索引」を見ても、「クラシック」の用例は、六例だけである。当時の文学者で音楽に最も精通したと思える上田敏が、「典雅沈静の美術」（明治二十八年・一八九五）で「典雅は「クラシカル」の訳語にして」としている。森鷗外も「エミル・ゾラが没理想」（明治二十七年・一八九四）で「クラツシツク」という表記でロマン主義との対立を説明するのに用いている一例だけである。

明治四十三年（一九一〇）に三例あり、姉崎嘲風「予言の意味」に「クラシクの趣味はおちつきにある」「クラシクの趣味は過去に対する信念の芸術」としてロマン主義との対比で使われる。有島生馬「ポオル・セザンヌ」も「クラシツクやルネサンス芸術の束縛」という用例であり、近松秋江「文壇無駄話」では「デカダン式」を「クラシツク式に関聯して与へたる名称」としている。その前年の永井荷風も「我が思想の変遷」で「古典《クラシツク》」とルビを入れ「ゲーテ若しくはシエークスピヤー」とする。

　多くの作品、日記で音楽会や帝劇でのバレエ、オペラに触れる永井荷風も「クラシツク」という表記は管見では見当たらず、「音楽会」「コンサート」である。

　ここでも『日本国語大辞典』を見ると、第三義として「西洋の伝統的な作曲技法や演奏法による音楽。一般にジャズやポピュラー音楽に対して、古典派から近代、現代にいたる芸術音楽の総称として用いる。クラシック音楽。純音楽」とある。用例が、やはり新しく、高見順『この神のへど』（一九五八）や柴田翔『されどわれらが日々』（一九六三）と戦後なのに驚く。

　「純音楽」という語用はあまり聞かないが、「クラシック音楽」の項の説明の実に短い『音楽事典』（平凡社・一九五五）にも「日本では往々軽音楽に対して、純音楽の分野に属する音楽を」呼び「芸術的であれば現代音楽でもこの名の下に便宜上一括されて呼ばれる」とある。『新訂標準音楽辞典』（新訂第二版・音楽之友社・二〇〇八年）では「クラシック音楽」の第一義に「一般的には〈ポピュラー音楽〉に対して、芸術的な、あるいは〈まじめな〉音楽の名称」とされる。ただし、念の為、‘*The New Oxford Companion to Music*’にあたると、‘classic’は立項なく‘classical’を見ると、「カジュアルな会話ではポピュラー音楽の反対語である」が「クラシカル音楽は必ずしもシリアスではなく、英国ではアーサー・サリヴァンやエリック・コーツのような‘light classical music’がある」とし、「しかし、単に‘felt’というより‘understood’されねばならない音楽である」(3)としているのが興味深い。

　音楽社会史を専門とする吉成順は、「音楽における「古典」の成立」について、こう述べている。

> 「ほんらい賞味期限とともに消えるはずの多くの交響曲の中からモーツァルトとハイドンの作品のみを特別なものとして区別し、「古くても価値あるもの」として持続的なレパートリーの中に位置付けようとする「力」。それはすなわち、「古典化する力」ということになるだろう。モーツァルトとハイドンは「古典」として選び取られ、それ以外の一八世紀音楽は忘れ去られていく」
> 「（一八一〇年頃―引用者）あちこちで「古典の成立」が

起きる」「ここでの「古典」は多くの作曲家たちの中から選び取られた特定少数の作曲家たちのことであって（略）不特定多数の作曲家たちを含む、現代の「クラシック音楽（classical music）」の概念とは異なっている」「一八一〇年頃に起こったのはあくまで「古典」の成立であって（略）「クラシック音楽」というカテゴリーがその時点で成立したわけではない」(4)

また、岡田暁生も『西洋音楽史――「クラシックの黄昏」』で、「俗にいう「クラシック音楽」は、この本で扱う「西洋芸術音楽」と、必ずしも同じものではない。西洋芸術音楽は一〇〇〇年以上の歴史をもつが、私たちが普段慣れ親しんでいるクラシックは、十八世紀（バロック後期）から二十世紀初頭までのたかだか二〇〇年間の音楽に過ぎない」(5)と書いている。

渡辺裕の多くの書にも、日本で日常語として「クラシック」が一般化した時期は、管見では見出せなかった。

なかなか演劇に辿りつかないが、もう少し回り道を許されたい。

吉成の指摘を読むと、classicとclassicalの区別が気になってくる。『ランダムハウス英和辞典』にあたって要約すると、次の通りである。

Classic 形容詞①一級、最高水準②規範となる標準的③古代ギリシアローマの古典風④（略）⑤既成の手法に従った慣行的な⑥基本的な⑦不朽の価値を持つ、飽きの来ない⑧由緒深い名高い⑨伝統的典型的　名詞①第一級の作家、古典作家の名作②古代ギリシアローマ③標準的作品④決定版権威作⑤模範⑥流行に左右されないもの時流を超越したもの

Classical ①古代ギリシアローマの②美術、特に絵画彫刻でクラシック様式の③建築④文学芸術で古典風、擬古的⑤古典文学に関する⑥古典主義の特徴ある⑦文学芸術で形式尊重、秩序、簡潔、均整、感情を抑制した⑧音楽─(1)ジャズ、ポピュラー民謡などに対して、クラシックの(2)─18世紀末から─19世紀後半の形式美を重視した⑨一般教養の⑩正統的な

それぞれの専門領域に即して、考えはあるだろう。今度は、近世の音曲から離脱する「音楽」という近代用語の成立も考えるべきだろう。だが、ここでは、演劇の視点から一つだけ明らかなのは、日本語の訳語としての「古典」には、英語での第一義での「一級、最高水準」という意味が殆ど欠落していることである。

とりわけ、歌舞伎においてはその意味は忘却され、無視さ

れている。厳密には「古典歌舞伎の駄作」は形容矛盾であるが、平然と無意識に使われるのである。そうでなくては、「伝統演劇」としての歌舞伎の位置は保てない。しかし、考えてみれば、歌舞伎などよりずっと立派な正統性を誇っているような「伝統」領域でも、「第一級の傑作」は一割、「駄作」が九割という――根拠ない比率だが、比喩と思っていただきたい――のが現実であろうから、歌舞伎だけを責めるのは酷ということになるだろう。

そこで、ようやく、演劇に話題を戻していきたい。

三、「改良」「保存」との関連――明治前期

現在、日本の「古典演劇」というと、能・文楽・歌舞伎の三点セットが挙げられるが、これはもちろん、戦後のある時期からの前提である。

能については、管見では、田村景子「近代における能楽表象――国民国家〝大東亜〟文化国家日本における「古典（カノン）」として」[6]が、「古典」として認知されるプロセスを解り易く、批判的な眼も含めて、よく描いていると思える。

だが、歌舞伎についていえば、事情はさらに複合的である。「古典」として認知されるには、何らかの「正統性」が必要である。だが、歌舞伎は、その「正統性」を求めて遡行すればするほど、いかにもいかがわしく、アヤシゲな存在であり、「女かぶき」の発生にさかのぼれば、「女方」という「伝統」さえも損なわれてしまう。

倉田喜弘が何度も引くように、明治政府の「公式見解」である「国家に益なき遊芸」[7]という認識からの脱却こそが、歌舞伎の「近代化」に課せられた使命だった。しかし、近代化すればするほど、逆に「古典」として認定されるべき価値観からは遠ざかる背理が、そこにはある。明治二十年ころまでの演劇改良運動は、その道のりの径庭を示していて、従来の演劇史のように、簡単に批判して済ませられるような問題ではない。

それは改良運動の実行を担った九代目団十郎（以下、九代目）の動向に現れている。彼は、従来の芝居を否定し、改良を肯定する一方で、「能とりもの」とも呼ばれる能の演目を題材にした出し物を好んで上演した。その「高尚趣味」は、天保年間に『勧進帳』を初演した父の七代目団十郎譲りのものだったが、ここには一歩でも「本行」に近づきたいという、「河原者」と呼ばれた歌舞伎役者の切実な上昇志向が実感されて、私など胸に迫るものを感じる。「本行」という言葉を権威として屈する歌舞伎俳優はじめ関係者は今でも少なくない。

「正統」願望や上昇志向は、九代目の行動を促進する。そこで、九代目が選んだのは「古典化」や「伝統化」でなく、それを改変し、彼なりに考える「近代化」することだった。それが所謂「活歴」と呼ばれる劇作群であるが、これについては、私は何度も言及しているので、ここでは触れない。

ただ、後年からみると、ほとんど区別のつかない「演劇改良運動」に係る諸団体の中で、明治二十二年（一八八九）設立の「日本演芸協会」だけは、以前にその意味を論じてはいるが、ここで扱う論旨に関係するので、簡単に触れておきたい。

つまり、これ以前の「演劇改良会」「日本演芸矯風会」までは「改良」が主眼だったのが、この「日本演芸協会」からは「保存」を唱えるようになるのである。

「第一条　本会の目的は日本固有の演芸を保存し従来の弊風を矯正し其特質に由て発達せしむるにあり（略）第三条（略）新作を求め若くは旧来のものを修正すること」（「日本演芸協会規約」明治二十二年・一八八九）

「日本固有の演芸」の範囲は判然としない。勿論、『演芸画報』『新演芸』『演芸倶楽部』などの雑誌名でも明らかなように、「演芸」は、「演劇」という用語が確立する以前の演劇を意味する。ただ、人形浄瑠璃（文楽）は含んでも、能楽を「演芸」として含んではいない。

改良運動最盛期の、明治十九年に設立された「申《しん》楽倶楽部」は、天野文雄の引くところによると、その規約に「第一条　当倶楽部ハ往古ノ申楽ヲ再興シ純正ノ能楽ヲ維持スルヲ以テ目的トス」[8]とされている。能楽でも「往古の申楽」を「純正ノ能楽」として正統化して「維持スル」は、明文化すべき課題だったのだろう。

それ以前、明治十四年設立の「能楽社」では、「能楽社設立ノ主意ハ能楽ノ芸道ヲ維持シ永ク公衆ノ歓娯ニ供スル為メ其演技場ヲ設ケ益（ますます）其技ニ爛熟セシムルニ在リ。」（能楽社規則第一条・明治十四年・一八八一）とある。「公衆ノ歓娯」がどこまでの受容層を想定しているかは、私には解らないが、能楽の消長があの転換期には、喫緊の課題だったことが窺われる。

吉田東伍の「世阿弥発見」（明治四十一年・一九〇八）以前と以後の、能楽の「正統」「伝統」「古典」意識がいかに変質したかも、私の知見の及ぶ範囲を超えており扱うことはできない。

以下は、歌舞伎を中心に論を進めたい。

四、隠蔽あるいは上昇装置としての「古典歌舞伎」

1 「古典歌舞伎」という用語

現在一般に使われている「古典歌舞伎」は当然ながら、現代語である。第一、その定義や規定自体が判然としない。所謂「新歌舞伎」は定義が曖昧であるとされるが、それでも、『演劇百科大事典』(平凡社、一九六〇年)『歌舞伎事典』(同・一九七九年)に立項はされている。しかし、それでは「古典歌舞伎」はというと、それらの事典類に立項すらされておらず、一般の歌舞伎関連書にもその定義はみない。しかし、「新作能」「新作文楽」とは言うが、「古典能」「古典文楽」とは言わないのだから、歌舞伎だけが特殊な存在なのである。「古典歌舞伎」の範囲の上限すら明確でなく、初期歌舞伎を「古典歌舞伎」とは言わない。

私が編集に係った『歌舞伎大事典』(柏書房、二〇一四年)では、「古典歌舞伎」を立項し、解説したので、関心ある方は参照していただきたい。

要約すれば、「古典歌舞伎」は「新歌舞伎」よりも新しい概念であることだ。二十世紀も日露戦争後どころか、大正二年(一九一三)初演の『安政奇聞《あんせいきぶん》佃《つくだの》夜嵐《よあらし》』も、「古典歌舞伎」に分類されようが、それ以前の松居松葉(松翁)、坪内逍遙、岡本綺堂らの作品は勿論「新歌舞伎」である。これは別に珍しいことでなく、「和風」「和服」「日本画」等々、外国との関係性のなかで成立する用語は日常でも数多い。「古典落語」は「新作落語」が出来てから、それと区別するための意味合いが強く作られた用語なのと、関係性で言えばパラレルといえよう。しかし、「古典歌舞伎」の場合は、既に述べたように、単に区別だけでなく、「古典」という用語に絡む「正統性」への志向や上昇志向が強かったことは間違いない。

2 「古典歌舞伎」への推移

それでは、「古典歌舞伎」の用語は、いつ頃、「成立」したのだろうか。

それもまた、しかとした時期が確定できるわけではない。『日本演劇史』の成立[9]という拙論で、それに関連する「日本演劇」については触れた事がある。しかし、「古典歌舞伎」の成立事情は、更に複雑である。それは、歌舞伎の歴史のある隠微な部分の隠蔽や、演者の身分や栄誉獲得、興行上の問題、入場税の問題とも関わるからである。

まず、明治前期には、日常語では歌舞伎は「芝居」というのが普通だった。「芝居に行く」が日常語であり、「歌舞伎を見に行く」は現代語である。

「歌舞伎座」という大正期には普通の語感となる劇場名も、明治二十二年（一八八九）の開場時には、いわば「芝居劇場」という形容重複的なヘンな語感であったという。

歌舞伎は、明治期にはあるいは「旧劇」という訳だが、これは「新演劇」「新派」と区別するための総称であり、「古典」や「古劇」を意味しない。当時の現代劇である「散切物」も旧劇である。

その後、途絶えていた演目を復活する際に「古劇」と称するのは、明治末期からの慣例である。二代目左団次や岡鬼太郎の『鳴神』『毛抜』は古劇の復活であるし、その後、大正四年（一九一五）には三田文学の人々を中心に「古劇研究会」が結成されている。日露戦争後、関東大震災までの大正期は、徳川幕府崩落から半世紀以上経過し、安定した時期でもあり、モダニズムの隆盛と並行して、江戸への回顧が盛んな時期でもあった。現在から数字的に換算すれば、昭和四十年代・一九六〇年代の脚本が「古劇」として研究されたことになる。

次に、「日本演劇」の関連語である「国劇」という表現を考えてみたい。これは、もちろん、「国文学」「国語」「国史」という言葉が先行する。右記「『日本演劇史』の成立」では、「国文学史」や「日本美術史」について簡単に触れた際に言及したが、伊原敏郎（青々園）の『日本演劇史』（明治三十七年・一九〇四年刊）に対して、「国劇史」という用語に拘ったのは、坪内逍遙である。結局「演劇史」を著さなかった逍遙が「演劇史」的構想に触れた最初は、「国劇小史」（『開国五十年史』明治四十年・一九〇七所収）であり、その後、横井春野『能楽全史』も出版されたのを受け、逍遙は「歌舞伎劇の徹底的研究」（大正七年・一九一八）で、「国劇」の歴史記述への希望と問題点を詳述している。

3　昭和初期の用語

その後、昭和六年（一九三一）「演劇学会」が設立され、翌年には、「東京帝国大学演劇史研究会」が、日本、東洋、西洋の美学・国文・国史等の研究者により発会し、論文集である、『演劇史研究』（I―III）が、昭和七年～八年（一九三二―三）に刊行された時期に、早稲田でも坪内博士記念演劇博物館編『国劇要覧』を昭和七年（一九三二）に刊行する。これは、飯塚友一郎が委員長であり、浜村米蔵、永田衡吉、河竹繁俊が執筆で、逍遙の前著の構想を反影して、網羅主義である一方、実用性も含んでいる。

この時期、「演劇史」が続々と出版された、灰野庄平『大日本演劇史』（昭和七年・一九三二）は、美学、心理学、民俗学の影響強く、前史が非常に長い。アイヌの演劇と「舞踏」

重視が特徴だが、元禄までの記述で、著者急逝のため、中絶した。

昭和八年（一九三三）には伊原敏郎『明治演劇史』が刊行され、三部作が完成。昭和九年（一九三四）には、国文学の立場から高野辰之『国劇史概説』が出ている。史料主義で、絵画資料はなく、「国劇揺籃期」（伎楽・舞楽・猿楽）「国劇形成期」（延年・田楽・能楽・狂言）「歌舞伎の発生」「国劇煥発期」（近松まで）という構成で終わる。

逍遙の「国劇」という用語は、「比較文学」（当時の用語では「比照文学」）にも言及した逍遙らしく、外国との比較が必要という認識を反影したものである。

ところで、昭和期の時代から、国家や政治的な文脈を別にしても、「新劇」に比べて歌舞伎や文楽の価値観を軽んじる「時代の要請」により、興行上の正統性を保持し、強調しなければならない必要性もあり、徐々に「古典演劇」という用例は増加していく。

「文楽を古典芸術の殿堂として特殊階級の人のみに独占さすことは面白くないと思ふ」という表現で「古典」を用いたのは、興行側の松竹常務・福井福三郎だった（昭和七年（一九三二）四月十四日『大阪朝日新聞』）。

「道頓堀行進曲」が町中に流れ、「ダンスホール」が流行する大阪の町で、当時、減少していたとはいえ文楽愛好家が「古典芸術」と認識していたとは思えない。関東大震災を期に関西に移住した谷崎潤一郎の文楽、義太夫についての小説・随筆でも「古典」という語は用いていない。それどころか、昭和五年（一九三〇）刊行の三宅周太郎『文楽之研究』（春陽堂）にも「古典」の語は見いだせない。

管見では、雑誌『演劇クォータリー』第一冊（昭和八年・一九三三・二月）所載の、近藤春雄（同名の中国文学者とは別人）「演劇運動の諸階層」に、何の前提もなく「古典歌舞伎、新歌舞伎、創作劇に属するものは、所謂、松竹トラストの、資本主義的企業形態の下に統一せられ得てゐ」て、それが「芸術運動としての、新鮮味を失ひ、隋性的に、沈滞的に状勢を固持してゐる」という文脈で、「資本主義批判」の視点から「古典歌舞伎」と使われているのは珍しい例である。

ただ、大正から昭和戦前期までの動きを見る時、忘れてならないのは、歌舞伎興行での実際の演目やレパートリーにおける、新歌舞伎や新作の多さである。数値的な割合は出せないが、現在、漠然とイメージされる様な「古典歌舞伎」中心の狂言立ては非常に少ない。既に昭和十年（一九三五）に伊原青々園が歌舞伎といっても「古典劇」が全くない公演が増えてきたのを嘆いているのである。(10)

この年、東宝の小林一三が花柳界非難と誤解されたことへの弁明で、大山功の文を引き「歌舞伎劇の如き伝統的古典演劇」への理解力、鑑賞力は、インテリなどより花柳界の方が遥かに優れるという言い方をしているから、[11] この頃には違和感少なく用いられるようになったのだろう。

4　戦時中の「古典」

だが、三宅周太郎も昭和十五年（一九四〇年）『改造』連載の「続「文楽物語」」では「義太夫芸術」「古典研究」「義太夫の本当の伝統」「正しい古典」「よき古典」「古典の正しい継承者」「正しい限りない伝統」という紋切型を連発するようになる。

紀元二六〇〇年のこの年には、「国家情勢が急迫してゐる時とて、所謂日本精神再認識を唱へられ出した現在、人形浄瑠璃はまさに好適の芸術である」[12] という文脈で三宅は語る。

その翌年、『演芸画報』（昭和十六（一九四一）年三月号）で「古典劇について」というタイトルの座談会が掲載されるが、ここでいう「古典劇」は、能でも、文楽でもない歌舞伎であり、出席は二代目市川猿之助（初代猿翁）、渥美清太郎、木村錦花の三人である。

この頃から、連綿たる継続性を持った「古典」としての「演劇」が、必要となる。「古典」とおよそ関わりない、雑誌『東宝』にまで、「日本最高の古典芸術家団体」「日本古典舞台芸術の為に力を尽くさなければ」[13] という文言が見られるようになる。

しかし、管見で、この時期の出版物で「古典演劇」の最も穏当、常識的な発言と思えるのは、太宰施門である。当時著名な仏文学者であり、三島由紀夫も愛読したような歌舞伎に独自の美意識を持った太宰は「歌舞伎の古典、クラシック物をだから出来るだけ速く正確に設定して、その知識を広く普及さす事が今日の第一の急務である」[14] と書き、一方で、その「古典」「クラシック」の意味の誤用を戒めている。

太宰は「歌舞伎や文楽は古典芸術だから滅びるのが当然の運命だ」という雑誌掲載の一文を批判してこう書く。

「古典」とはクラシツクの訳語として採用されたもので、クラシツクとは典型の、模範のもの（略）何千年にも通じて滅びない、不朽の作の上に冠せられる形容詞である。だから、歌舞伎や文楽が古典芸術なら、「滅びるのが運命」ではなくて、反対に「滅びないのが運命だ」と続けなくては意味を為さない。これが一つの誤まり。

第二に「歌舞伎や文楽は古典芸術」だらうか。あるひはもつと精密に、それぞれの様式に属する作品の全部がクラシツクであらうか。何うもさうではないらしい。殊に二つとも、——能楽をも加え入れて三つになるがそれはここでは略くことにする——何も固定した芸術や作品がある訳はなく、その時々の舞台、演出がすなはち作品となる「上演芸術」の二つの部門である。だから厳密には歌舞伎や文楽は古典芸術ではない」(15)

太宰は「「昔から伝はつてゐる秀れたもの」位の積り」で「古典」を使うのも認めてはいるが、その場合は、そう断るべきだと続けている。

更に戦況が逼迫した昭和十九年（一九四四）、飯塚友一郎はこう書いている。

「決戦下の劇壇に、一つの新しい課題として歌舞伎保存の道を講ずべし、といふ声が起つてきた。しかしながら、これにはその理由が十分に説明されなければ（略）貴重なる国民文化財を亡ぼすのは惜しいものだといふだけでは、国民はなっとくしないであらう。（略）歌舞伎については、これを現在の形態において、はたして古典芸能として国家の保護に値するかどうか、随分と申し分のあるところであらう。

少なくとも古典芸能として様式の整つた舞楽や能楽やとくらべて、いや随分とまだ純化されてゐない文楽の人形浄瑠璃とくらべて見てさえも、今日の歌舞伎は、このままで直ちに古典芸能としての資格は許せないであらう。」(16)

このあと飯塚は、古くからある芸能文化無用論から、「国民文化の推進力」としての使命を帯びた芸能活動という説に及び、懸命に「新しい国民演劇の創造のためにも、歌舞伎の純正な台本と模範的な演出の整備保存は必要なのである」と話を進める。最後に「今日では文化のあらゆる面が多かれ少なかれ国家の統制管理下にあるのであるからもし当局さへその熱意があるならば、あへて演劇法などの発布を待たなくとも、歌舞伎の整備は可能なのである」として、六項目の「保存」への条件を挙げて文を閉じる。興味深いのは、この六項目が、戦後の歌舞伎観や、「伝統歌舞伎保存会」から昭和四十一年（一九六六）に開場した国立劇場が掲げた理想や法文に反映して、踏襲される結果になったことである。

5　戦後の「古典」意識

戦中と戦後では、価値観が一変したという言説が一般的である。

しかし、管見では歌舞伎に関して、「古典」という用法に戦中から継続して戦後も慎重だったのは、太宰施門である。太宰はフランス古典演劇の研究者だったから、「古典演劇」という用法に拘ったのは当然だった。

太宰は、正に『古典演劇』という著書で、演劇評論や研究での「古典」という用法のいい加減さに言及している。筆者名を明らかにしないが「最近刊」の書に、「古典劇といふ語を今仮に歌舞伎劇といふ語に置換へて考へることとする（文楽の操り劇をも含めて見ていかうと思ふ）」として「外国に見られる古典劇」を比較している文章を取り上げ、こう書いている。

「先ず第一に「古典劇」の解釈である。こ《ママ》に引いた「日本での古典劇」と「外国に見られる古典劇」の文例によつて明かであるやうに、その筆者は同種同性質のものに見てこの語を用いてゐる。すなはち「古典劇」の意味に二つは無い。然るに次の頁に「歌舞伎は古典劇と解せらるやうに、多くの古代的性格を持つ」と述べてある。それでは全然我々の理解する古典、クラシク《ママ》とは違つて来る。この語に「古代」の意味も匂ひも全然含まれないことを彼は知らずにゐる。「古典」の「古」が「古代」の古でなく、いにしへでなく、「萬古に光る」の「萬古」、すなはち「永遠」の意味であることを先ずこの人は注意せねばならなかつた。従つて「古典」とは萬古に通じて渝らない、高い価値の、標準のもの、模範の品、典型の完成品といふ位に、何よりもその質の上下を問題として採り上げねばならぬ筈のものであつた。(17)」

太宰がこう述べたのは、恰も「占領下の日本」である。歌舞伎をめぐる言説では、特に占領下のGHQの検閲により、多くの歌舞伎の演目が上演禁止となったという言説が長く流布していたが、十数年前、「歌舞伎を救った男」という「美談」の当事者だったフォービアン・バワーズが没してからは、幾つかの異論が見られるようになった。

その異論提出のなかでも説得力を持つ、ジェイムズ・ブランドンの論(18)によれば、対象とされる演目群が「歌舞伎」と「新時代劇」という奇妙な区分に分類され、後者には舞踊演目も、新歌舞伎も、戦時下の新作の時局劇も際物も、新派、新国劇での上演も含まれていたという。つまり、それらの大半が禁止と関係なく、誰も再演しようとも見たいとも思わない、いわば使い捨ての作品群だったのである。この件については、拙論「占領期日本演劇の一面」(19)で触れたので、関心ある方は参照されたい。

本論の関連で、注目したいのは、演劇関係者もその実態にあたることなく、「歌舞伎」が上演禁止といえば、「新作」「時局物」「際物」や新派との合同公演での演目などに想到せず、「古典歌舞伎」の事だと思い込んでしまったことである。

そして、GHQの担当者ジョン・ボラフの推進事項が「新作歌舞伎」の上演だった。

戦時中に「歌舞伎保存の道」（『日本演劇』一九四四年八月）を書いた、楠山正雄の「揺られる伝統演劇　嵐に立つ歌舞伎役者」（『日本演劇』一九四六年一月）は副題が「菊五郎の現代劇進出について」とあるように、その時期の心情を痛切に書いている。しかし、この要請は、歌舞伎の現場にとっては容易いことで、明治期以来、歌舞伎は時勢に応じて新作を上演し続けてきたし、戦時下の時局劇の劇作家は、直ぐに対応できる力を持っていた。菊五郎も岸田國士の現代劇を戦前に演じていた。ボラフにとっては歌舞伎とは「古典的伝統演劇」とするのが自明のイメージだが、「新作」こそ、実は歌舞伎側の「お手のもの」だったのである。

新関良三は、終戦の数ヶ月後、歌舞伎にも上演できないものは多くあるが、それは「いかなる演劇の種類の系統」でもあることで、「所謂新劇であつても、いつまでも生命を持つものばかり」でないのは当然であるとして、「相当の革新を断行したとしても歌舞伎の伝統を保存してゆくことができる」とこう続けている。

「その事を何よりも歌舞伎劇の歴史そのものが明かに示してをる。歌舞伎劇はその長い発展の間において、選択、革新、時勢への順応を、かなり顕著に、むしろ露骨に、行つて来てをるではないか」[20]。

確かに、三世紀に渡る徳川期の歌舞伎自体が、「選択、革新、時勢への順応」の歴史であり、どの時期のどこが「古典歌舞伎」なのかと問われれば、答えに窮するだろう。

しかし、同時にＧＨＱが占領下の日本に求めたのは、「古典的伝統的」日本のイメージでもあり、それに応じるものとして、漠然と「古典歌舞伎」が求められることになる。

新作歌舞伎が続々と上演された時期、金閣寺の放火焼失を機として「文化財保護委員会」が昭和二十五年（一九五〇）に成立したことと関わり、法的に「無形文化財」という用法も定着して行く。三宅周太郎は、その時期になると早速、文楽を「無形文化財の財宝」[21]という文脈に置くようになる。ただし、現在の岩波文庫版の同書カバーの惹句には、「古典演劇の保護に示唆を与えている」と当然のように何の疑いもなく書かれているのは興味深い。

歌舞伎が「重要無形文化財」に指定され、昭和四十年（一九六五）に「伝統歌舞伎保存会」が設立されたのは、翌年開場の国立劇場との関連が強い。このプロセスで、歌舞伎は「伝統」「古典」という「お墨付き」を完全に得る。それ以降、半世紀以上経過したが、戦後直ぐ迄のように、「古典」の「起源」を問う声は、なくなってしまった。歌舞伎も文楽も

「古典に決まっている」という自明の前提として語られるようになってしまった。以後は、「古典歌舞伎」という用語どころか、能・文楽・歌舞伎は「伝統的古典演劇」の三点セットというべき公式見解が、一般に自明のものと定着してしまい、その「起源」ともいうべきものが忘却され、問われることもなくなってしまったのである。

注

（1）『明治期国語辞書大系』（大空社、一九九七年）。
（2）ハルオ・シラネ「カリキュラムの歴史的変遷と競合するカノン」（『創造された古典』新曜社、一九九九年）四三二頁。
（3）*The New Oxford Companion to Music*, oxford university press,1983.
（4）吉成順『〈クラシック〉と〈ポピュラー〉』（アルテスパブリッシング、二〇一四年）二六四～二六六頁。
（5）岡田暁生『西洋音楽史――「クラシック」の黄昏』二〇〇五年、中公新書）i頁。
（6）田村景子「近代における能楽表象――国民国家、大東亜、文化国家日本における「古典（カノン）」として」（「早稲田大学二一世紀COEプログラム『演劇研究センター紀要』二〇〇七年三月）。
（7）倉田喜弘「解説三」（『日本近代思想大系　一八　芸能』岩波書店、一九八八年）三九〇頁。
（8）天野文雄「明治十九年設立の申楽倶楽部のこと」（『能の歴史を歩く』大阪大学出版会、二〇一〇年）二〇八頁。
（9）拙稿「「日本演劇史」の成立」（『近代演劇の水脈――歌舞伎と新劇の間』森話社、二〇〇九年）。
（10）伊原青々園「影の薄くなつた古典劇」（『演芸画報』一九三五年十二月号）。
（11）小林一三「花柳界と演劇」（『私の行き方』斗南書院、一九三五年）三〇〇頁。
（12）三宅周太郎『続文楽の研究』（岩波文庫版、二〇〇五年）三四七頁。なお、三宅周太郎は、戦後は直ぐにスタンスを変え、占領政策に寄与していき、戦前の記述を自身で加除している箇所がある。
（13）無署名「解放せられたる能楽」（『東宝』一九四二年十月号）。
（14）太宰施門『歌舞伎芸術』（三省堂、一九四二年）六九頁。
（15）太宰、前掲書。三一四頁。
（16）飯塚友一郎「歌舞伎保存の道」（『日本演劇』一九四四年八月号、第二巻第八号）。
（17）太宰施門『古典演劇』（高桐書院、一九四六年）一二二頁。
（18）ジェイムズ・ブランドン「歌舞伎を救ったのは誰か？――アメリカ占領軍による歌舞伎検閲に実態」（『演劇学論集』紀要四三、日本演劇学会、二〇〇五年）。
（19）拙稿「占領下日本演劇の一面」（『近代演劇の水脈』森話社、二〇〇九年）。
（20）新関良三「日本演劇の伝統」（『日本演劇』一九四五年十二月）四頁。
（21）三宅周太郎『続文楽の研究』（岩波文庫版、二〇〇五年）三三七頁。

［受容］

「夢幻能」という語から能の近代受容史をたどる

中尾　薫

なかお・かおる——大阪大学大学院文学研究科准教授。専門は演劇学・能楽研究。主な共著に、泉紀子編『新作能マクベス』（二〇一五年、和泉書店）、松岡心平編『観世元章の世界』（二〇一四年、檜書店）などがある。

明治から昭和における能についての言説から能の近代をよみとく。明治維新以後、能をとりまく環境は大きく変わる。新しい価値感のなか、能はいかなるものか、その存在価値はどこにあるのかが議論され、能の見方は激しく変化する。「夢幻能」は、その近代に造語された専門用語であるが、こうした能の価値観の変化により、その定義も幾度かの変遷をたどっている。

はじめに

夢幻の世界という言葉には、幻惑的で魅力的な響きがある。「夢幻」や「夢幻の世界」は無論、能だけを形容するためだけにある言葉ではないが、それでも能の世界や、作品を説明するときに、この語を用いても違和感を覚えることはないだろう。事実、「夢幻の世界」と能をむすびつける言説や[1]、能にヒントを得た演劇作品において、宣伝文句として「夢幻」の語を付す例は、現代にあふれている。もう少し専門的な語として、「夢幻能」という語もある。たとえば、能にヒントを得た演劇作品などは、大部分がこの「夢幻能」の形式を利用している[2]。では「夢幻能」とは何か、いつから能を「夢幻」という語で表すようになったのだろうか。

1　田代慶一郎説のおさらい

実は「夢幻能」は、近代の造語である。『夢幻能』を著した田代慶一郎によれば、「夢幻能」という言葉の誕生は、大正十五年（一九二六）十一月二十八日放送『国文学ラヂオ講座』「能楽の芸術的性質」第一講であった。このラジオ講座の内容を書籍化した藤村作他『日本文学聯講第二期』(中興館、一九二七年)では、講師の佐成謙太郎が、「謡曲の脚色の変化発達」を見るとして、もっとも簡単な形の「単式能」(例曲は《羽衣》)に次いで「複式能」をあげる。「単式能」「複式能」は、芳賀矢一が明治四十年(一九〇七)に定義した能の構造の類型を示す語である。(3) 佐成は、その「複式能」のなかで世阿弥作《頼政》に代表させ、「私はこのやうに劇の主人公が、ワキの夢に現れてくるものを夢幻能と名づけ、従つて『頼政』の如き脚色を複式夢幻能と申せばどうであらうかと思ふのでございます」と述べたのである。

佐成は、昭和六年に上梓した『謡曲大観』の例言でも、「夢幻能・劇能等の名称は、著者の私に与えたものでありますが」と表現しており、佐成の発案による語と考えられる。(4) ちなみに、最近は伊海孝充氏によって、大正八年(一九一九)に、佐成自身がすでに「夢幻能」という語を使用していることが報告されている。(5) ふたたび田代による指摘に戻れば、佐成より前の明治三十八年(一九〇五)十一月号『能楽』に、池内信嘉が、能の分類を試みており、そこでは「夢幻的のもの」「現実的のもの」「中立的のもの」と三分類して、すでに「夢幻」の語を用いている。

2 近代の潮流のなかで生まれた「夢幻能」

このように、近代に能を「夢幻」という語で説明しようとする潮流がみえるのであるが、田代はこの背景として「近代化の波に伴い流入してきた西洋演劇に取り囲まれた時初めて、同じく演劇とはいえ夢幻能の特異性が浮き上がってき、それを表すための用語も必要となった」と述べている。(6) それに加えて、「夢幻能」という語が生み出された、大正という時代に、ストリンドベリやメエテルリンクのような「夢と現実の交錯する戯曲」を「夢幻劇」として紹介されていたことに示唆された可能性も指摘されている。(7)

しかし、「夢幻能」の語は当初それほど普及しなかった。この語にふたたび脚光をあて、普及に一役買ったのは、昭和三十五年(一九六〇)の日本古典文学大系『謡曲集』(岩波書店)における、横道萬里雄の解説であるという田代説は、ほぼ定説となっているといってよいだろう。いわく、「横道解説は、いわゆる能楽研究者だけではなく、日本文学研究者一般に、さらには古典に関心を持つ知識人読者層の中にまで「夢幻能」という言葉を広く流布定着させる役割を果たした」のである。(8) なお、田代は、第二版『広辞苑』に「夢幻能」が掲載された昭和四十四年(一九六九)を「夢幻能」受容のメルクマールとしている。(9)

しかし、佐成による「夢幻能」の提案より現在にいたる、およそ一〇〇年の定義は、かならずしも同一ではなかったように思われる。それは、それぞれの時代ごとの、能の見方や研究の進化の変化と如実に関わっている。ここからは、こうした変化に着目しながら、「夢幻」「夢幻能」と能をめぐる言説を逍遥してみよう。

一、現代の「夢幻能」の定義

1　『能楽大事典』の定義

まず、現代において辞書類では「夢幻能」は、どのように記述されているのだろうか。

『能楽大事典』（筑摩書房、二〇一二年）では、「能の曲目分類」であり、その対義語は「現在能」とする。そして、その基本的類型については、

旅人が名所旧跡を訪れると、そこに里人が現われ、土地に伝わる物語をして聞かせたのちに「私は今の物語の何某である」と言って消え去るが、ふたたび何某のまことの姿で登場し、昔のことを仕方語りに物語ったり舞を舞って見せたりして、夜明けとともに消えてゆく、という筋立てを基本的類型とする一群の能。

とする。これが、いわゆる「夢幻能」の基本形として広く認識されているあらすじと言ってよいだろう。『能楽大事典』では、さらに、(1)「シテは神・仏・鬼、歴史上または文芸作品中の英雄佳人の幽霊、草木の精など超現実的存在」で、対する「ワキは現在身の男性」(2)「シテの仕方語りまたは歌舞による主役独演主義に徹した作劇法」(3)「回想形式を通して、主人公は内面を告白し、過去と現在が交錯し、そこに生起する心の動き自体が劇」という要素を抽出し、さらには、二場物であれば「複式夢幻能」とも言うが、一場物もあると解説している。

2　『能・狂言事典』の定義

これより以前に出版された『新版　能・狂言事典』（平凡社、二〇一一年、初版は一九八七年）では、「超現実的存在の主人公」が、「名所を訪れた旅人」に、「その地にまつわる物語や身の上を語る」という筋立てで、「ワキ登場—シテ登場—ワキ・シテ応対—シテの物語—シテの中入の五段構成」（前場）で「後半もこれに準じる」という、脚本構成を持つと説明し、基本的な捉え方は変わらない。

ほかに『能・狂言事典』で詳述されているのは、「夢幻能」の中には、現在能との中間的性格を持つものもあり「両掛能」とも称するが、分類は困難とする。また、超現実的人物が登場したり、過去の罪業を回想して語るといった特徴を、

すでに持っていた先行芸能との関連を指摘する諸論考の紹介、そしてこの様式を完成させたのは世阿弥であり、その背景には舞歌という「音楽的様式」に「物語的内容」(「物語的内容」とは、セリフ劇という意味で使用しているらしい)を盛り込もうという意図があり、「夢幻能」は、「音楽的・舞踊的であると同時に、物語的・劇的であることを追求した結果生み出された能独自の劇形態」ということである。

二、佐成謙太郎の「夢幻能」

1　佐成謙太郎の「夢幻能」に関する論考

それでは、「夢幻能」を最初に定義したとされる佐成謙太郎はどのように「夢幻能」を説明していたのだろうか。

最初に述べたように、佐成が「夢幻能」という用語の意味を解説したラジオ講座の内容は『日本文学聯講第二期』に掲載された。これを基本に、謡曲二三五曲の語釈と現代語訳を掲載する大著『謡曲大観』の首巻(昭和六年(一九三一)、明治書院)にさらにくわしく解説され、昭和七年(一九三二)の「謡曲――特に夢幻的楽劇として見たるその形態組織について」(岩波講座『日本文学』岩波書店)には、補説が加えられている。もっとも大綱は変わっていない。ここでは、一番くわしい『謡曲大観』の説を中心に、佐成謙太郎の「夢幻能」の説明を確認してみたい。

2　佐成謙太郎による「夢幻能」説の前提

まず、これまであまり注意されていなかったことだが、佐成の「夢幻能」の出発点は、シテとワキの関係性にあった。

佐成は、能を二大別ではなく、五つに分けている。分け方の基準は「謡曲の脚色の変化発達」の違いである。その名称と分類基準を『謡曲大観』の解説からまとめると、

(イ)単式能　ワキはシテの歌舞を引き立てるという単純な形のもの。

(ロ)複式夢幻能　ワキとシテとの関係は、これまで全く何の縁故もない、通りがかりの出合ひに過ぎないもの。

(ハ)劇的夢幻能、又は夢幻的劇能　ワキとシテの劇的関係が深いもの。

(ニ)一段劇能　ワキの職能が発達して、シテと同時代の互いに関係ある者として取り扱われている曲で、シテが中入しないもの。

(ホ)二段劇能　謡曲の脚色として最も発達・複雑化した形のもの。シテとワキに関係があり、シテは中入する。

となる。[10]この基準によって分類されているので、現代の感覚では「夢幻能」と考えられる《葵上》《山姥》も、佐成の分類ではワキとシテに出逢うべき必然性があるために「劇能」

となる。[11] この根底には、能を演劇（戯曲）として考えるという大前提があり、さらに「凡そ劇なるものは、対立の関係にある二人以上の登場者が、劇的現在の立場にあつて、科白所作によつて、葛藤を展開して行くべきもの」[12]という劇のとらえ方が根底にある。しかし、能には、シテとワキが対等の立場になく、ワキはシテの引き立て役か、シテが舞を舞わせるのを手伝うだけの役割しかない曲が多くある。

3 「夢幻能」という呼称の意味

佐成は、こうしたシテとワキの関係性の濃淡を、劇としての発展の歴史を読み解く鍵ととらえた。すなわち便宜上、能の脚色は、劇として未熟な（イ）から（ホ）へと発展したと仮に考えたのである。のちに横道萬里雄が暗に批判するように、佐成は、夢幻能は「劇としては余りに幼稚な感を起させないでもない」と評している。[13] しかし、それは佐成の「夢幻能」説の通過点での説明に過ぎない。

それにしても「夢幻能」という名称は、どういう意図でつけられたのだろうか。なぜ劇として未熟な劇に「夢幻能」という呼称が与えられるのか。それには、佐成が分析する「夢幻能」の仕組みをみてみる必要があるだろう。結論から言えば、「夢幻」とは、現代の解釈のように、ワキが夢や幻を見ているという詞章上の、あるいは構造上の問題ではなく、観客がみる夢幻的な感銘に由来する語であるらしい。つまり、夢幻とは観客が感じる「効果」であり、そういった夢幻的情緒を感じる仕組みが成された能なのである。

『謡曲大観』では、（イ）から（ホ）への発展過程を提示した三章から隔たる、第五章「能楽の価値」で、「夢幻能」の説明を続けている。佐成は、複式夢幻能の基本構造を次のように三つの景、六つの齣に分けて示す。

まず第一場景（前場）において、「夢幻界への誘引」が行われる。その方法は、ワキとシテそれぞれの独白によって、「舞台気分が醸成」される第一齣、やがてシテとワキの対話や連吟的叙事詩によって、「夢幻劇の暗示」がなされる第二齣がある。

中間情景は、間狂言である。それは「舞台気分の転向」であり、「主題の通俗的説明による夢幻界への誘引」がなされる（第三齣）。

第二場景（後場）は、「夢幻界の醸成、夢幻劇の演出」である。ここではワキの独白（待謡）によって夢幻界が凝視され、後シテの登場、独白、連吟的叙事詩による「夢幻界の醸成」（第四齣）、ワキとシテの対話という科白劇的演出、連吟的叙事詩による舞踊的演出、舞踊演出による「夢幻劇」の演出という第五齣へと進み、キリ（第六齣）は叙事詩により作意が発表され、劇の解決となる。

4　ワキによる夢幻界への誘引

この脚色により、シテと関係性の薄いワキであっても、シテと偶然出会い、問答を重ねることで、徐々にシテの内的葛藤が明らかになり、最終的には、劇的葛藤を生じさせるのと同じ効果を可能にする。佐成はこの効果を観客の目線から分析している。観客が感銘を生じる次第を、舞台の進行に従って、次の様に八段階に説明するのである。

（一）ワキ独白から、主題に対する注意力を喚起する。

（二）シテの独白から、舞台の背景を想像するが、シテの「人物告白」がないので、その本性に対し、或る不審を起し、求知の誘惑を感じる。

（三）ワキの質問は、一般観客の求知欲の代表として表れ、シテの応答によって、主題に関する知識欲を満足させる。

（四）然しながら、シテの教示的態度は、気分の圧迫を感ぜしめ、心の動揺を来さしめる。

（五）知識の充満と気分の不安とは、何等からの誘惑に陥り易くする。

（六）シテがその本性を発表することによって、観衆の誘惑感の方向は、過古の世界、夢幻界に向ふ。

（七）ワキの夢幻界凝視は、催眠術者霊媒者的暗示となって、観衆すべてを夢幻界に誘導して行く。

（八）後ジテの出現、夢幻界情景の描出は、観衆をして完全に夢幻界の人たらしめる。[14]

このうち、特に中入り前から、ワキの待謡、後シテの登場に該当する（六）〜（八）の段階の説明が、「夢幻能」の内部機能をより明確にしてくれているだろう。つまり、ワキは、観客を夢幻界へ誘引するための霊媒者としての役割にあり、「ワキは一面観客に対し直接に舞台的効果を挙げると共に、他面一般観衆の心理を代表するものと見られる」[15]のである。これは、シテとの関係性が薄いワキの存在意義を見出す行程とも言えよう。

5　ワキは「見物人の代表」説との相違点

実は、このワキの存在理由を考察した部分は、佐成による「複式能に於けるワキの霊媒者的職責」（『謡曲界』大正十三年（一九二四）七月）に、ほぼそのまま基づいている。『国文学ラヂオ』の講義より、二年前に発表された論考である。

ワキは「観客の心理を代表するもの」という考えは、後に英文学者の野上豊一郎が「ワキはどこまでも見物人の代表者の如くあつて」と説いた著名な説と類似する。[16]伊海孝充氏はそれより四年前に、佐成が「能楽の脚色――シテ、ワキ、ツレの発展より見たる研究」（『能楽』十七巻八号、大正八年（一九一九）八月）において、ワキは「殆ど贅物に近く、観客と大した変りのないものである」などと述べていることから、佐成は、野上より早く「ワキ＝見物人の代表」という解釈にたどり着いたと指摘している。[17] 伊海氏が指摘するように一九一九年の佐成の論考では、すでに「夢幻能」という語も使用している。しかし、一九一九年の佐成説では、ワキを「贅物に近く」と表現しており、劇の脚色上の精極的な機能も認めていないことがここでは留意される。

それが、大正十三年（一九二四）以降の佐成説では、ワキに観客の夢幻界へ誘引するという大きな役割を考えだしている。加えて言うならば、観客にも、劇の目撃者という認識にとどまらず、夢幻的情緒を感じるという、劇に対して能動的な役割を与えているのである。これが佐成の「夢幻能」説の骨子と言ってよいだろう。

6　佐成の「夢幻能」は「夢幻劇」と同義

つまり、佐成の「夢幻能」は、ワキが夢を見るか否かではなく、ワキの助けによって観客が夢幻界をみる能を指す。そのための機能を備えている能が「夢幻能」であり、その機能が効率よく作用するために寄与しているのは、シテと無関係の人物として設定されたワキなのである。そうすると、佐成の説く「夢幻能」は、「空想的、神秘的な題材を用いて観客を夢幻の世界にさそい込むような戯曲」（小学館『日本国語大辞典』）である「夢幻劇」とほぼ同義語ではないか。一九二四年の佐成の論考「複式能に於けるワキの霊媒者的職責」では、「夢幻劇」という名称を用いており、ほぼそのままの文章を『謡曲大観』の「夢幻能の効果」の説明として用いている。両者に密接な関係があることは確かであろう。つまり、本来なら「夢幻劇」と表現して差し支えないところ、シテとワキの対等な対立による葛藤がないという論点を重視するため「劇」とは言えなくなった。そこで「夢幻能」という名称を用いたと考えられる。

では、当時の「夢幻劇」とはどのような使われ方をし、どのような存在だったのだろうか。

7　能の藝術的価値は夢幻能にあり

当時の「夢幻劇」をさぐる前に、佐成は、『謡曲大観』第五章で、「夢幻能」は藝術的価値が高いと強調していることに触れておきたい。そこで、佐成は、

> 能楽が大成以来今日まで五百年の久きに亘つて永い生命を保つてゐるのは、能楽の大多数を占めてゐる、従つて能楽の特色といふべき複式夢幻能に特殊な藝術的価値を持つてゐるからであつて、簡素な原始的な劇能が進歩した演劇の間にあつて、特殊な地位を保つてゐるのも、亦

複式夢幻能の性分を多量に含んでゐるからであらうと思ふ。[18]

と述べる。ここでは、「劇能」にもその性分が多量に含まれていると指摘していることが留意される。能は「複式夢幻能」の生み出す芸術的価値を頂点とし、劇としては発達したいという欲求のもと進化はするが、なお夢幻的情緒を忘れないようにつとめた。夢幻の世界は、すべての能にあてはまる特徴なのである。これを佐成説の結論として区別しておこう。

この「劇能」にも「複式夢幻能」の性分が含まれているという説は、『国文学ラヂオ』で「形の発達した劇能よりも複式能の方が一般に歓迎せられる」とするより進めた説で、最終的には、「能楽は完成せられたる夢幻的楽劇である」とすべての能の作品にあてはまる概念へと進化したのである。[19]

三、明治二十年代の「夢幻劇」と能

1 坪内逍遥の「夢幻劇」論

さて、佐成の「夢幻能」は「夢幻劇」とほぼ同義語のようである。では、当時の「夢幻劇」とはどのような存在だったのだろうか。なぜ「夢幻劇」という語を、能に照らして使用したのか。その背景を探ってみたい。

まずは、すでに触れたように、田代慶一郎が指摘する、ストリンドベリやメエテルリンクのような「夢幻劇」が想起されるだろう。[20] 確かに、文学界では明治二十年代から大正にかけて、ホフマンやエドガー・アラン・ポーなどの「怪奇的」「幻想的」「夢幻的」な文学が翻訳されはじめ、大正に入ると「夢幻劇」と訳される作品も翻訳紹介された。田代は、このような流れをうけ、「佐成の脳裏にこの言葉（中尾注夢幻能）が浮遊し出したのは大正中期以後のことになる」と控えめに推測している。[21] しかし、ここでは、別の角度から「夢幻劇」の流行をよみといてみたい。

それは、明治二十年代末にまでさかのぼる。演劇改良運動が一段落した明治二十六年（一八九三）十月から翌年四月までの五回にわたり、坪内逍遙が発表した「我が国の史劇」（以下一連の論を「史劇論」と略す）が発端である。[22]

一連の「史劇論」で、逍遥は、近松門左衛門から古河黙阿弥までの「我が劇壇の文学」（歌舞伎を指す）は、世話物においては「殆どエリザ劇に接近せんとする」秀でた作品が多いが、時代物については、「古きはおしなべて荒唐無稽、近きも大かたは膚浅陋劣、殆ど史劇としては見るべからず」と指摘し、このような旧歌舞伎の時代物を「夢幻劇」「夢幻的史劇」と表現している。『小説神髄』においても時代小説を「夢幻界に逍遙して古人に親昵する」と表現しており、時代物についての逍遥の変わらぬ見方と言える。しかし、「史劇論」では、近年のいわゆる「活歴派」の反動として、「夢幻劇崇拝派」が現れ、「新史劇」の興隆を妨げていることを批判する主旨で用いられている。

2　逍遥の「史劇論」、誤解される

ところが、この逍遥の一連の「史劇論」は、驚くほど誤解や反発にみまわれた。「夢幻劇」＝旧演劇という図式が一人歩きし、演劇改良論者が旧演劇の攻撃に利用しはじめたのである。明治二十七年（一八九四）四月二十五日、『読売新聞』には「夢幻劇攻撃の同盟軍」というタイトルで、以下のような記事が掲載されている。[23]

「早稲田文学」の紙上に、我邦の史劇を論じて梨園詩海の波乱を惹起たる文学士坪内逍遥子ハ、依田学海・山田美妙・長田忠一等諸氏と夢幻劇攻撃の同盟團体を組織して、我邦現今の劇詩及び演劇を改革せんとて、昨今それ〳〵準備中なりと聞きしが、右同盟ハ市川團十郎を初とし尾上菊五郎其他、世間に贔屓多き今日の名優とも遠からず同盟軍の鎗玉にかけんとて意気頗る盛なりといふ。

つまり、逍遥が、依田学海ら同志と同盟団体を組織して、「夢幻劇」を攻撃しようとしている。人気役者の市川團十郎、尾上菊五郎など名優をやり玉にあげようとしているというのである。この記事は、四日後には誤報だったとして訂正されたが、[24]逍遥の主旨は正しく理解されず、「夢幻劇」＝旧時代の演劇という解釈のみが、いびつに拡大された感がある。

反響はこれだけではなかった。『早稲田文学』での連載が終わった翌月五月二十五日より『国民新聞』では、依田学海と逍遙の論戦が連日のように掲載され、理論にとどまらず実地に移すべしとする学海に対して、[25]逍遙は「在来劇の息の根を止むる」のが最要の手段ではなく「新史劇のウブ声を誘致するを未来の最要手段とせんとす」と、「夢幻劇」を廃絶させることが目的ではないとの持論を強調しつつ、理論を実地に移すことには同意をみせるなどした。[26]

さらには、森鴎外が「答評劇者某論夢幻劇」において、「夢幻劇」は逍遙得意の造語癖によるもので、西洋審美家の言うところの「情劇（Lyrical drama）」と同一のものだと批判する論を発表した。[27]鴎外と逍遙は、これ以前の明治二十四年（一八九一）から二十五年（一八九二）にかけて、いわゆる「没理想論争」を繰り広げており、文学において作者は理想主義にたつべきと主張する鴎外と、作者は客観性を重んじる現実主義の立場に立つことを主張した逍遙と対立していた。逍遙の一連の「史劇論」は、その大文学論争が、なんとなくうやむやに幕が引かれたかに見えた、およそ一年後に発表されたのである。

もちろん、逍遙は反論する。「三たび夢幻劇を論ず」（『早稲田文学』明治二十八年（一八九五）三月）では、誤解されている「夢幻劇」について、再度詳細な説明を試みた。これに、再び『国民新聞』も反応し、さらには若き評論家の高山樗牛が「情劇は果たして夢幻劇なるか」「情劇と夢幻劇」（『太陽』明治二十九年四月）を発表し、逍遥を弁護するなど、「夢幻劇」の議論は、しばらく尾をひいた。

3　逍遥の「夢幻劇」と能狂言

逍遙は「三たび夢幻劇を論ず」（『早稲田文学』明治二十八年（一八九五）三月）のなかで、「夢幻劇」の詳細な説明を試みている。そこでは、十二条にわたって「夢幻劇」の視点から新しい演劇に対する自説を再度説明しているのだが、その第四に能狂言についての言及がみられる。

> 但し、夢幻劇の傑作は、其の全分には取る所なきも、其の部分に美あるが故に、（よしや其の所謂美は無上無等等の美にあらずといふも）、尚美文として保存するの価値あり、又彼の能狂言の、今も尚演ぜらるゝが如く、屢々演ぜらるゝの価値あるべし。但し、之れをして其の価値を損ぜざらしめんとせば、長く原形を保存すべき也、他素を加へんは非也、少くとも理屈の素を加ふべからず、夢幻は夢幻として興味あり、純粋ならざるべからず。(28)

ここで逍遙は、「夢幻劇」撲滅論者ではない立場を明確にしている。「夢幻劇」には傑作があり、それを廃絶させたり、手を加えて改良するのではなく、美文として原型のまま保存し、他の要素を加えてはいけないと述べる。そして、その価値ある美文の例として「彼の能狂言」の名をあげ、今なお演じられる価値があると述べているのである。

注意したいのは、「夢幻劇」の傑作という流れで、能狂言を導いたという点である。同じく「三たび夢幻能を論ず」の第七の冒頭には「所謂夢幻劇は過去の産物也」とあり、第八に「所謂夢幻劇は幕政太平の産物」「過去時代の特産也」という表現が見られる。「夢幻劇」はもともと旧演劇＝歌舞伎を主眼とした論であったのだが、そこには能狂言をも含む、旧時代の劇＝「夢幻劇」という図式が潜んでいると考えてよいだろう。

夢幻劇は夢幻劇として、保存すべきと述べた逍遙の考え方は、その後も変わらず、およそ十年後に能楽界でも披露されている。明治三十五年七月より月刊誌として発行された雑誌『能楽』に寄せられた論考を確認しておこう。

明治三十七年（一九〇四）十月、坪内逍遥は談話の形で、「音楽改良は容易ならず」（『能楽』明治三十七年十月、三四～三

六頁）を寄せた。ここで、逍遥は、

能は何所迄も能として古来の侭保存するのが良ふございます、時勢の必要から起る変化に就ては、別のものを作るのですな、然し向後音楽上の英雄が顕れたとして、別のものが立派に成立しますのは、どうで百年も後のことでせう、既に数百年練り上げて今日に至つて居る、能なり、歌舞伎なりですから、容易に是れに上越すものは出来ません。

と、能は古来のまま保存し、改良してはいけない、時勢の必要があるなら別のものをつくるべきであるが、数百年かけて練り上げたものを超えるものは容易には出来ない、という持論を展開した。

この部分に関しては、十年前に発表した「史劇論」と趣旨としては変わっていない。古いものを模倣したり、改良するのではなく、新しい劇をつくるべきというのが、逍遥の変わらぬ主張であった。ちなみに、雑誌『能楽』の発行兼編輯人である池内信嘉は、能楽存続のために改良の道を模索していた。しかし、角界に能楽改良論への反対者は多く、池内は強硬論者でもなかった。以後、雑誌『能楽』には、能楽改良への模索のなかで、逍遥の意見がたびたび求められている。

4　池内信嘉の「夢幻的のもの」という分類

翌明治三十八年（一九〇五）七月、『能楽』第三巻七号に掲載された「能楽研究の順序に就きて」という文章で、逍遥は能をそのまま保存か、改修かを議論する前に「能楽の根本的研究」が急務であると指摘した。その準備として能楽の歴史を調べ、「いづれが能の最も古樸なる体形」を具えているのか、「いづれが其の最も発達せる姿を代表せるもの」なのかを確定し、それで初めて研究の本舞台に入れるというのである。(29) そして、そのために従来からある「祝言物」「現在物」や「カヅラ物」の分類法とは異なる、新しい分類を試みることが必要であると提言したのである。

同じ年の十月二十八日、牛込矢来倶楽部で開催された「能楽文学研究会」にて、池内信嘉が能の分類について新分類を試みる。ここで「夢幻的のもの」「現実的のもの」「中立的のもの」という三分類がなされる。その目的は、能の新分類を試みることで、「其の作の順序に就ての想像を下してみたい」というもので、作品ごとの成立順を考察する手立てとしようとしたのである。(30) そして、そのような考察をしようとした背景に、七月の逍遥の提案があったことは想像に難くない。

とはいえ、池内信嘉の分類の基準はやや曖昧である。能楽史や古い番組によって、古い作と疑いないものを考え合わせ

ると、

　先づ行れしものは夢幻的なものであつて、神仏の功力を示し、または社寺の縁起来歴を陳べたといふ類であつたらうと想像されます

と述べ、成立時期を調べるための分類がすでに、「夢幻的のもの」が一番古いという断定から出発して、神仏、幽霊、亡魂と精が登場する作品を分類する。そして、その後「現実的のもの」「中立的のもの」の順に発達したと想像している。その上で池内は、動作をメインとするか、趣致をメインとするかによって細分し、成立順を考察しているのだが、最初の分類は佐成のとは違い、資料から得られた成立時代を踏まえたうえで、シテの人格が超自然的存在か否かで判断しているらしい。これは現代の「夢幻能」分類法に近い。

四、「夢幻劇」から夢幻の世界へ

1　高山樗牛の能楽への言及

　この池内信嘉が使う「夢幻的のもの」に、古い劇＝夢幻という図式がゆるやかに確認できることも留意されるが、それはともあれ、ふたたび、逍遥の「夢幻劇」論が発表された、明治二十年代後半に話を戻してみよう。

　逍遥の「三たび夢幻劇を論ず」が発表された年、高山樗牛は、「歌舞伎演劇の中にて常に最も評判好きは、古来其まゝの所謂る夢幻劇若しくは世話狂言にして新作物の概して不評なるは更に大に注意すべき事実なりとす」と述べ、新演劇（活歴物）が、社会に十分に受け入れられているとは言えない演劇界の現状を指摘した。しかし、かといって旧劇を嗜好するものは一部の保守の傾向に過ぎないとも述べ、両者とも未だ「時勢に統合する」ことができていない、そのために「新旧両劇に対して公平なる比較批評」をするべきだと主張した（「演劇界の風潮と劇評家」『太陽』明治二十八年（一八九五）八月）。古来のままの劇と新しく作られた劇、どちらかを排除する風潮に警鐘をならした言説であろう。

　この同じ文章で「能楽の如く、古代の遺物として僅に其の消息を保つ」という表現をしていた樗牛は、翌明治二十九年（一八九六）八月、「近時中等以上の社会に、謡曲及び能楽に対する嗜好の増殖し来れるは著しき事実なり」と言い、人は現在においてだけ生活しているのではなく、「国民の完全なる幸福は、其の国民が曽て歴史上に享有したあらゆる事物の共存具在を要求すべし」と、古物である能楽を、現代に受け入れる意義を述べている。(31) そして、「能楽の性質」（『太陽』明治二十九年八月）では、

　我邦の謡曲が多く仏教的精神を通じて、幽明両界の関聯

を表はせしもの多きは、尤も能楽の體を得たるものなり。観想ふに我邦の能楽は猶ほ欧洲に於ける楽劇の如きか。観聴するもの感激し、神集まり、霊體やうやく一致し、形神やうやく交はり、恍然、嗒然、身は限なき空想の世界に導かるるに至りて、現実の規束は氷の如く解け去り、心は理想の先禮を受けて、一種空霊の世界に往住す。是の如きは、普通の劇が企て及び難きものにして、独り能楽と楽劇の吾等に被らするの感化なりとす。吾等は是の點に於てたしかに能楽の価値を認む。

と、現代における能楽の意義を述べた。「夢幻」という言葉こそ使われていないが、そこで述べられている世界はまるで「夢幻劇」である。

2　浪漫主義的風潮と「夢幻の世界」

こうした能楽の復権とも言うべき言説の変化がみられる背景には、明治二十七〜二十八年（一八九四〜一八九五）の日清戦争を経て、戦勝国としての自信が国粋主義的感情を誘いはじめてきたこと、そして過去十年ほどの写実劇優位の風潮が行きづまり、新しい表現方法を模索する時代への転換があったのだろう。その後明治三十年代から、西欧の「夢幻劇」など空想的な小説などが受け入れられ、同時に古典文学や古典詩を、あたらしい空想的表現のなかに取り込む動きが見られるようになってきた。フェノロサや岡倉天心によって、東洋の美が世界的に注目されたことも好影響であっただろう。日本画では、没線画法による朦朧体が試みられ、西欧と日本的な世界との融合が図られた。[32]

こうした新しい非写実主義的風潮が台頭するなかで、能の魅力を「夢幻」的な世界で代表させることは、次第に常套句化していったと想像される。たとえば、津田左右吉は大正六年（一九一七）の『文学に現はれたる我が国民思想の研究』において、能の脚色の中心は、舞にあり「製作の技術からいふと、幽霊などは過去の人物を復活させる方法として便利な姿でもあつたらう」と指摘し、また、

だから、古典、古傳説をもとにしたものはいふまでもなく、現在もので比較的下級社会から題材を取つた曲でも、舞台に現はれるところは現実の社会からは逈に離れてゐる別箇の世界である。観客と舞台との間には淡い霞が幾重にもかゝつてゐて、観客はそれをとほして遠く一種の夢幻世界をながめるのである。

と説明している。[33]能の価値は、現実社会とは異なる夢幻の世界がみられる点にあるという見方は、佐成説の結論と重なり、佐成のワキがその媒介者という視点を除外すれば、すでに当時の常識的な見方であったと言っても良いかもしれない。

3　日本文学史と芸術における能の価値

さて、明治三十七～三十八年の日露戦争の勝利にて、日本古典文学の復権は決定的となり、日本文学史上における能の位置も、次第に変化をみせる。これより前の三上参次、高津鍬三郎『日本文学史』下（金港堂、明治二十三年（一八九〇））では、謡曲は「我国の文学史上に、奇異なる光を放つもの」と賛美するも、作品についての分析はほとんどない。能は主として「世間の転変無情」を説いたもので、

始に回国修業の僧あり。次に亡魂幽霊出で丶、種々の物語をなし、後に其僧、此幽霊をして解脱成仏せしむること、概ねみな然り。蓋し一小齣を以て終るところの、怪奇小説の類といふべし。

解説する。(34)また、作者は僧侶であると断定し、謡曲作者研究の未発達をうかがわせる、特徴的な作例としてあげているあらすじは、まさに「夢幻能」のそれなのだが、それを「怪奇小説」の類と、あまり評価しているようには思われない。鈴木暢幸『日本文学史論』（明治三十七年（一九〇四））(35)においても、能の舞台美術が簡素すぎて取るべき程のものではないと述べ、「その詞章たる文学だけは、是等のものに比較しては、余程整頓した立派なものを持つて居たと云つて、差支あるまいと思ひます、極めて少数ではありますが」と低評価である。

それが、大正年間になって、たとえば植松安が「謡曲の文学的研究」（『謡曲界』第十一巻第五号、大正八年（一九一九）五月、三十八頁）において、「文学の内容的解釈が（一）歴史的―時代的（二）伝記的―作者の性格（三）文藝的批評的の三方面から執らざるべからざる事が許さる丶ならば、謡曲に於けるこの方面は殆んど全く手を着けられて居らぬといひ得るであらう」と、謡曲を文学として研究する必要性を説いた。

佐成謙太郎が能に関する諸論考を能楽雑誌に投稿し、「夢幻能」の考えを披露しはじめていたころは、ちょうどこうした、能を文学として読み直そうとしていた時代と重なる。

4　能楽の芸術的価値を見出す試み

さらに、同じ頃、能楽界は「芸術的価値」を強調する動きがあった。たとえば、雑誌『謡曲界』は、大正九年十月三日に、能に接近する機会の無かった方に「能の芸術的価値を領解」してもらうためにと、専修大学講堂で「能楽文藝講演会」を開催している。ここでは、安倍能成「能楽の藝術的価値」や有島武郎「芸術の不変性」という、能の芸術性をアピールする講演が選ばれた。山崎楽堂のほかに「複式能」を定義した文学学者、芳賀矢一の講演もあり、能を文学として読む動向と、能を芸術として強調する動向は、能楽界では連

動していたことがうかがえよう。

安倍能成の講演では、音楽・舞踊・戯曲構造・発達史などから能楽の特徴を解いたうえで、能は古い芸術なので、我々が能楽に求めるのは「現代と別な世界に入ること」と述べ、やはり現実社会と違う世界をみせることに能の価値を見いだしている。ただし、これよって「文学的価値が少ないと云ふ事は」重大な欠点ではなくなると、能の文学的価値については低評価をくだす。また、謡曲の本質は「エヴォルヴ」(evolve, 放出する)するより「インヴォルヴ」(involve, 巻き込む)するものがあると述べ、芸術的価値は如何に観客の感動を巻き起こすことにあるとの説明もしている。(36)

この安部の考えが、佐成のワキ霊媒説に影響を及ぼしている可能性はあるだろう。佐成の目的は、文学的な分析と芸術的価値を見いだしたいという、当時のニーズに答えたものとも言えようか。田代慶一郎の言葉遣いを借りれば、佐成謙太郎の夢幻能は、どちらかというと「fantasy」の夢幻であった。それが、能の存在意義や芸術的価値として認められていた明治末年〜大正期には違和感がなかったものが、やがて「はかなさの譬え(ephemerality)」という意味の「幽玄」が、中世の世界観をあらわす語として注目されていく。(37)これによって「夢幻能」の「夢幻」も新古今風の和歌や芭蕉などの句を表現する「夢幻的枯渇美」(38)などと同一視され、その意味に変化して認識されるようになったのではないか。先述の津田左右吉の言説はそれに近い。この中世的な美と能の美を同一視して語るようになったとき、佐成の「夢幻能」の設定とは異なり、「夢幻能」に「はかない」という新しい意味が付与されたように思われる。

五、戦中、戦後の「夢幻能」

1　野上豊一郎の場合

そんな訳か佐成謙太郎の「夢幻能」はそこまで浸透しなかった。『日本文学聯講』の主幹である藤村作ですら、『日本文学史概説』(中興社、昭和七年)において、「人事能」「精霊能」という全く異なる分類を提示し、芸術的にすぐれているのは「人事能」とまるで真逆な評価である。(39)

佐成謙太郎の「夢幻能」の語の使用を極力避けたと思われるのが、野上豊一郎である。それは、能面や、音楽、舞といった側面から、能を読み解くことをより重要視し、文字からのみ分析する研究を嫌ったというのがその理由に思われる。野上が使う能の分類は、歴史的な五番立の分類がほとんどで、たとえば、「能の幽霊」(『能の再生』岩波書店、一九三五年)において、能の大部分が幽霊であるから「幽霊劇」と名付けて片付けるのは、「能を詞章だけについて研究され得るものと思つた結果」であると批判する。そして、使用される能面の造形から幽霊の種類を分類し、痩女・痩男などの真の幽霊に対して、前シテと後シテに二度にわかれて登場する能の幽霊の後シテは見る人（ワキ）の幻覚であり、こうした能を「幻覚能」とでも呼べば良いと、独自の解釈で能の分類をする。しかし、これを「夢幻能」はもちろん、能の世界を「夢幻」という語で表現してはいない。この野上の態度は、佐成の「夢幻能」が、能を文学として読み解く潮流の中で生まれたことをうかがわせるものでもあろう。

　その野上が編修した、昭和十七～十九年（一九四一～一九四三）刊『能楽全書』（創元社）も同様に「夢幻能」の語の使用は避けられている。唯一、能勢朝次が「謡曲と作者」の「三　謡曲作者の芸術的構想」で、能の構想を考える説として、五番立で考える他に、「又、単式能と複式能という立場に立つて考へる考察や、夢幻能と劇能といふ立場に於て考へる考察がある」と紹介し、「従来は劇能的なものが進歩した形式であるといふ風に唱へられて居たのであるが、能楽に於ては、化現物の登場する夢幻能なるものを想像し得た事が、最も高く評価せらるべきものであると私には考へられる」と触れるにとどまっている。ここで、すでに「化現物の登場する能が」「夢幻能」だとする誤解があり、佐成の定義とはかけ離れた「夢幻能」が、別方向に一人歩きしていることがうかがわれる。その背景には、野上豊一郎の「シテ一人中心主義」論のインパクトにより、他者との対決がある演劇の範疇に能は該当しないということや、シテの人格を特に注目することに、能の見方の中心が移行したことと関係があるだろう。

2　シテ中心主義論以降

　早世した国文学者成瀬一三は「能の物学の人体と風流」「複式能の化現本体」において、能の前シテと後シテと異なる人格で登場する形式を、「或は複式能といはれ、夢幻劇と称され、乃至神事祝言能精霊能と分ち名づけられている能」と述べ、これは世阿弥の言う「しての入かはる能」で、能の先行芸能である大風流・小風流と類似した表現形式であることを考察した。[40] 昭和十三年の時点で、まだ「夢幻劇」と称している点は注目されるが、ともかくも、シテの人格に、分類の視点が移っていることが知られるだろう。

　その後、「夢幻能」という佐成の分類に直接疑問を投げかける論考が、戦中に発表された。戦死した小林静雄が入隊の数日前まで執筆していた『能楽史研究』（昭和十九年（一九四四）三月自序）の第一章「猿楽能の発生」では、「謂はゆる夢幻能が発達した後に劇能が発生したといふ説も如何にも尤もらしい」「進化論的な立場から見て、如何にも穏当」で、理論的には完璧だが「事実を全く無視して居る」と批判したのである。(41)

そして戦後、この二人と親好があった小山弘志が、両者の説を参考にしたうえで、能を二つに大別する語として「夢幻能」「現在能」という新しい定義を使用することを提唱した。(42)小山の定義は、

能を大別して、夢幻能と現在能とに分けよう。夢幻能は私は次のように規定したい。シテはこの世のものではない。前場で彼は現世人の姿であらはれるが、実は神仙・武人・貴女の化身であって、中入後本体の姿で再登場する。その際、彼は幽霊なのだが、その姿はこの世にありし日のよそおいであって、幽鬼の姿を示していない。そして、言葉では修羅の苦しみを訴えたりするものの、姿は優美な武将であり、後シテの場は彼のたずさわった事件の仕方話に中心がおかれている。女性の場合は、「昔を思ふ、花の袖」と往時追懐の気分が濃い。そしてこのような本体出現の場（後シテの場）は、現世人であるワキの夢あるいは幻覚として設定されている。以上のような条件をもつ能を夢幻能と名づける。

というものである。そして「現在能とは、夢幻能以外のものを指す」というのが小山の主張だった。これもシテの人格によって能を分類する野上以来の系譜上にあるが、「夢幻能」のシテは、前場では現世人で登場し、後はその「化身であって幽鬼ではない」というのが特徴である。(43)成瀬の大風流・小風流を、能の前身として見る説の復活をめざし、後シテが前シテの仮身として登場する能のみを区別するためであろう。

この一年後、横道万里雄が「夢幻能について」（『文学』昭和三十二年（一九五七）九月）において、シテが「現に実在している人物」であれば現在能、それと対立する超自然的存在なのが「夢幻能」と、また異なる定義を発表した。これは、小山の定義とは異なり、「幽鬼」も含まれる。

おわりに

ようやく、現在の「夢幻能」へとつながってきた。しかし、研究界では、定義との矛盾点も指摘され、今日にいたる。(44)いっぽうで、「夢幻の世界」のように、能からかもし出される抒情のようなものを現す語としての「夢幻能」は、逍遙以来なんの異論もなく、受け入れられているように思われる。現代において、様々な問題点が指摘されているにもかかわらず「夢幻」の語が、能や能的な世界を表現することに使われ続けているのは、この抒情的要素を説明する語としての「夢

幻能」であろう。能の詞章に描かれる夢と現と幻の曖昧な世界が、中世的な世界観として市民権を得ていることとも関係するだろう。一般には、ほぼ「幽玄」と同じ意味に用いられているといってもいいかもしれない。

この抒情的要素を強調し、演者の立場から「夢幻能」の流布を手伝ったのは、観世寿夫ではないだろうか。寿夫は「つまり、夢幻能とは、ワキの役をつうじて、舞台全体を幻想の世界へとひき込んでしまうもの」と定義している。どちらかと言えば佐成説に近いといえよう。夢幻能は、「現実的な時間や空間を超越させ」、人間を描くことを主体としつつも、「目に見える面白さ、美しさ」を超えた何かを表現するために、「具象性を超えた抽象化」を進ませ、「「現」と「幻」が共鳴しあってみごとな実在感を打ち出す」とも表現している。(45)観世寿夫は、現代演劇と能とのかけ橋として活躍した能役者である。寿夫の説く「夢幻能」説は、演劇界を中心に多大な影響を及ぼしたと思われる。

ちなみに、寿夫はこうした複式夢幻能の表現法の根拠を、世阿弥伝書に求めた。〈二曲三体〉の演技論は、「同じころに完成したのであろう複式夢幻能のための、演技の方法論」と述べ、物真似による具体（写実）演技から、「舞踊性や音楽性という抽象的な要素を汲み入れる内的演技を目指すようになっている」と言う。(46)写実劇との対角上に「夢幻能」を見る、この考え方は、坪内逍遙の「夢幻劇」に、はからずも原点回帰しているようですらある。

むろん、「夢」と「幻」は能の詞章によみこまれている。しかし、こうして見ていくと、能を「夢幻界」としてみつめる時代は、明治から今に続いている。能の近代（ここでいう「近代」は歴史分類上の近代ではなく、現代も含めている）は、能を「夢幻能」として再評価する時代であったと言って良いように思われる。能が写実だろうが抽象だろうが、そのままで珍重がられた時代は去り、何かしらの特異性や意義を主張しなければ、その存在が認められない時代、ネガティブに見れば、それが能の近代なのかもしれない。しかし、「夢幻能」という言葉が、能の特徴や魅力を存分に湛え、新しい時代に能の新しい存在意義を与えた語であることは間違いないだろう。

注

（1）たとえば『読売新聞』一九八二年三月十日朝刊の見出し「能楽とは　夢幻の世界を表現　感性にふれ合い心安らぐ」。なお、夢幻能の用語については、天野文雄「夢幻能という用語の誕生」（『現代能楽講義　能と狂言の魅力と歴史についての十講』「第三講夢幻能と現在能」）や、羽田昶「夢幻能と現在能」（『国文学——解釈と鑑賞』五九、一九九四年十一月）がすでにある。

(2) 平川祐弘謡曲台本『ク・ナウカで夢幻能な『オセロー』』(宮城聡演出、二〇〇五年、二〇一八年に「ミヤギ能オセロー——夢幻の愛」として再演)、泉紀子作「新作能《マクベス》」(辰巳満次郎作詞・演出、二〇〇六年)など。

(3) 芳賀矢一「複式能と時代思想」(『能楽』一九〇七年一月)。

(4) 佐成謙太郎『謡曲大観』首巻、「例言」(明治書院、一九三一年)二頁。

(5) 伊海孝充「門外漢の能楽研究——野上豊一郎の視座」(能楽叢書四『野上豊一郎の能楽研究』共同利用・共同研究拠点「能楽の国際・学際的研究拠点」野上記念法政大学能楽研究所、二〇一五年三月)三七、三八頁。

(6) 田代慶一郎『夢幻能』(朝日選書、一九九四年)八頁。

(7) 前掲書、一二一一五頁。

(8) 田代、前掲書、二〇一二二頁。

(9) 田代、前掲書、二二頁。

(10)『謡曲大観』首巻、「第三章謡曲の詞章」の「三、謡曲の脚色」五六—六一頁。

(11) 横道による分類は全曲に示されていないが、佐成の分類と異なるものを「《曲名》佐成の分類/横道の分類」の順で列挙すれば、以下のようである。《昭君》夢幻的劇能/準夢幻能、《葵上》複式劇能/準夢幻能、《養老》夢幻的劇能/夢幻能、《恋重荷》複式劇能/現在=夢幻能、《雨月》夢幻的劇能/準夢幻能、《砧》夢幻的劇能/現在=夢幻能、《道成寺》複式劇能/準夢幻能、《舟弁慶》二段劇能/現在=夢幻能、《山姥》複式劇能/夢幻能、《猩々》一段劇能/夢幻能。

(12) 岩波講座『日本文学』「謡曲——特に夢幻的楽劇として見たるその形態組織について」三頁。

(13) 佐成謙太郎「第三章　能楽の詞章」(『謡曲大観』首巻)五九頁。

(14) ここまでの基本構造と八段階は、佐成謙太郎「第五章　能楽の価値」一〇六〜一〇九頁による。

(15) 佐成謙太郎「複式能に於けるワキの霊媒者的職責」(『謡曲界』一九二四年七月号)二八頁。注14の初出論文。

(16) 野上豊一郎「能は一人本位の演戯である」(『思想』一七号、一九二三年二月)。

(17) 伊海孝充「門外漢の能楽研究——野上豊一郎の視座」(能楽研究叢書四『野上豊一郎の能楽研究』共同利用・共同研究拠点「能楽の国際・学際的研究拠点」野上記念法政大学能楽研究所、二〇一五年三月)三七、三八頁。

(18) 佐成謙太郎「第五章　能楽の価値」——一、能楽の価値」(『謡曲大観』首巻、初出は『謡曲界二十一ノ一』)一〇六頁。

(19) 佐成謙太郎「謡曲——特に夢幻的楽劇として見たるその形態組織について」岩波講座『日本文学』三頁。

(20) 田代、前掲書、一二一一五頁。

(21) 田代、前掲書、一五頁。

(22) いずれも『早稲田文学』に分載。初出の題はいずれも「我が邦の史劇」。ぞれぞれの副題と掲載年月は、以下の通り「過去…巣林子黙阿弥学海三家を論ず」(一八九三年十月)、「現在…櫻痴居士の本領」(同年十一月)、「櫻痴居士の観念及び史劇の人物」(同年十二月)、「現在…夢幻劇派」(一八九四年一月)「再び夢幻劇派を論す」(同年三月)、「我が邦の史劇(未来、改革案の第一段)」(同年四月)。その後、総括たる論考「史劇及び史劇論の変遷」(『逍遥劇談』一九一九年二月)を加え、一九三二年に春陽堂から、単著『史劇論』としてまとめられている。引用は、『坪内逍遥集』(明治文学全集十六、筑摩書房、一九六九年)による。

(23)『読売新聞』一八九四年四月二十五日。読売新聞ヨミダス歴史館・ヨミダス史料館による検索を利用した。
(24)「夢幻劇攻撃の同盟軍は誤聞なり」（『読売新聞』一八九四年四月二十九日）。
(25)学海居士「坪内逍遙君の弁解につきて又いふよしあり」（『国民新聞』一八九四年五月二十九日）。
(26)坪内逍遙「学海翁に答ふ」（『国民新聞』一八九四年五月三十一日）。
(27)『柵草紙』五十七号、一八九四年六月二十五日。引用は『鷗外全集』巻三（岩波書店、一九五一年）。二三三頁。なお、情劇の原文はドイツ語「Lyrische Dramatik」。
(28)『坪内逍遥集』（明治文学全集十六、筑摩書房、一九六九年）三一九頁上段。
(29)坪内逍遙「能楽研究の順序に就きて」（『能楽』一九〇五年七月）三頁。
(30)如水生「能楽の分類」（『能楽』一九〇五年十一月）、及び六一頁。如水生は池内信嘉の筆名。
(31)高山樗牛「能楽界」（『太陽』一八九六年八月）。
(32)吉田精一『明治大正文学史』（『吉田精一著作集』第二十巻、桜楓社、一九八〇年）。
(33)津田左右吉「第三章　文学の概観　中」「舞曲謡曲及び狂言」『文学に現はれたる我が国民思想の研究』（洛陽堂、一九一八年）二五二頁、二六七頁。
(34)一五三―一五四頁、実際の執筆は関根正直が関わったか。関根正直講述『日本文學史』（哲学館、第十一學年度高等教育學科講義録、一八九四年）にも同じような記述がある。
(35)鈴木暢幸『日本文学史論』（富山房、一九〇四年三月）二二二、二二三頁。
(36)安倍能成「能楽の藝術的価値」（『謡曲界』一九二〇年十二月）大正十一年十一月一日付。
(37)田代、前掲書、一七頁。鈴木貞美・岩井茂樹編『わび・さび・幽玄――「日本的なるもの」への道程』（水声社、二〇〇六年）。
(38)久松潜一責任編集『日本文学史　中世』（至文堂、一九五五年）四六六頁。
(39)藤村作『日本文学史概説』（中興社、一九三二年）一一一～一一四頁。
(40)成瀬一三『能楽の研究』（一九三八年十二月、非売品）所収。初出は「能の物学の人体と風流」（『国文学踏査』一九三一年十二月）、「複式能の化現本躰」（『演劇史研究』一九三三年十月）。引用は『能楽の研究』一五三頁。
(41)小林静雄『能楽史研究』（一九四五年、雄山閣）一―二頁。
(42)小山弘志「能についての覚え書――夢幻能と現在能と」（『日本文学』一九五六年四月）四九六―四九七頁。
(43)小山弘志「「前シテ」について」（『観世』一九五三年十二月）。
(44)金井清光「夢幻能の再検討」（『国語と国文学』一九六四年八月、『能の研究』一九六六年、桜楓社に再録）、堂本正樹「夢幻能は能の中核ではなかった」（『橘香』一九九六年十一月）三宅晶子「創世期の能の魅力――夢と現の間」（『観世』二〇一三年九月）、重田みち「「夢幻能」概念の再考――世阿弥とその周辺の能作者による幽霊の劇構造」（『人文学報』一〇九号、二〇一六年七月）など。
(45)観世寿夫「夢幻能と中世の心」（『国文学　解釈と鑑賞』一九七七年八月）。
(46)観世、前掲書、一七九―一八〇頁。引用は『観世寿夫著作集一』平凡社による）一七二―一七三頁、一七七―一七八頁。

［受容］

中国の影絵人形劇の「伝統」と「近代」

山下一夫

やました・かずお――慶應義塾大学理工学部准教授。専門は中国文学。主な共著書・共訳書に『全訳封神演義』（勉誠出版、二〇一七年〜二〇一八年）、『明清以来通俗小説資料彙編第一輯』（博揚文化、二〇一六年）などがある。

中国の影絵人形劇が「近代」に直面したのは一九五〇年代のことである。中華人民共和国政府は影絵人形劇を政策宣伝メディアとして位置づけ、ソ連からオブラスツォーフを招聘して上演内容の大々的な改造を行うとともに、各地の劇団に登録制度を導入して党の支配体制の中に組み込んだ。しかしこの「近代化」は後に破綻を来してしまう。

はじめに――影絵人形劇の「近代」

影絵人形劇とは、スクリーンに半透明で平面の人形を押し当て、後ろから光をあてて上演する人形劇の一種である。本邦ではインドネシアのワヤンが一般に知られているが、歴史的には中国の方が古く、すでに宋代から行われていた上に、ごく最近までひろく全国で行われていた。受容人口の多さや種類の多様性などから考えると、影絵人形劇こそは中国を代表する伝統芸能であるとすら言える。

日本を含むアジア諸国の伝統演劇は、十九世紀以降のウェスタン・インパクトによって、様々な点において「近代」の問題に直面した。中国においては、清末の列強の侵略と、それに続く辛亥革命によってもたらされた様々な変化によって、京劇をはじめとした伝統演劇は都市部において大きな変革が起こった。影絵人形劇も例外では無く、例えば河北省唐山が中国における影絵人形劇の中心地の一つとなったのも、ここが当該時期に中国の近代化を担う工業都市となり、周辺部から劇団が大量に流入したことと明らかに大きな関係がある。

ただそれは全国的に見れば都市部における現象で、中国の大多数を占める農村部の劇団はおおむね従前通りの活動を行っていたと言える。

中国の影絵人形劇が深刻な「近代」の問題に直面したのは、一九五〇年代の「中ソ蜜月時代」である。この時期に実施された中国共産党の文化政策によって、影絵人形劇は大きな変化を被った。これについては、おおむね以下の三点に整理することができる。

（一）中国共産党の政策宣伝メディアとしての位置づけ
（二）オブラスツォーフを通じたソ連の「近代」的な人形劇観の受容
（三）社会主義的観点に基づく演目の製作・上演

そこで本稿では、この三点を中心に中国の影絵人形劇が直面した「近代」の問題について検討し、またそこから影絵人形劇の「伝統」や現状などについて、若干の考察を行ってみたい。

一、公営劇団の成立

1　一九四〇年代の動き

中国の影絵人形劇が「近代」に直面し、大々的な改造を強いられたのは、後述するように一九五〇年代のことだったが、これを準備したのは一九四〇年代の中国共産党の施策であった。[1]

出発点となったのは毛沢東の『文芸講話』である。[2] これは、一九四二年に共産党の根拠地である陝西省《せんせいしょう》延安《えんあん》で行われた座談会を元に、一九四三年に『解放日報』紙上で発表したもので、正式には『延安における文学・芸術座談会での講話』（在延安文芸座談会上的講話）と言う。ここで打ち出された「文学・芸術は労働者・農民・兵士に奉仕する」という方針が、その後の中国の文学や文化に大きな影響を与えたことは、すでに多くの指摘があるが、それは影絵人形劇も例外ではなく、これによって一部の地域で「労働者・農民・兵士に奉仕する」ための共産党肝いりの劇団が組織された。例えば河北省唐山では、一九四三年に「新長城影社」が、一九四四年に「抗日影社」が、いずれも八路軍の指導の下に成立し、『田玉従軍』『白毛女《はくもうじょ》』『血涙仇』など、『文芸講話』に基づいた社会主義的演目の上演を行ったし、また現在の黒竜江省《こくりゅうこうしょう》哈爾浜《ハルピン》市郊外では、一九四六年から影絵人形劇芸人の温長淮の劇団が『白毛女』『蔣介石《しょうかいせき》の末日』『劉胡蘭《りゅうこらん》』といった「啓蒙的」な演目を上演してまわった。[3] また一九四九年には湖南省長沙市でも「洞庭湘劇工作隊灯影隊」が成立している。[4] こうした共産党の宣伝活動はもちろん京劇など他の伝統芸能でも行われたが、受容人口の多さを考えれば、影絵人形劇こそは最も適したメディアであったと言える。

ただ、そうした共産党肝いりの劇団は別として、全国に存在する多数の劇団は、共産党の視点からは、徒弟制度に基づき「班主」が絶対的な権限を持つ「封建的」な組織であり、また芸人たちは多くの場合「半農半芸」の生活で、社会的地位も非常に低く、上演演目も「迷信的」なものばかりであった。そのため中華人民共和国成立後は、国家が芸人を抱え込むことで待遇を大幅に改善し、演目の内容も大々的な改造を行うことが計画された。

2 演劇改革と影絵人形劇

こうした状況を受けて、中国政務院は一九五一年に周恩来の名義で『演劇改革工作についての指示』(関於戯曲改革工作的指示、以下『指示』と略)を発表した。(5) これは『文芸講話』によって打ち出された路線を、全国の伝統演劇全般に適用することを目指したもので、(一)伝統演劇は愛国主義を発揚し、革命闘争や生産労働における人民の英雄主義を鼓舞することが主な任務であり、そのためにこれに見合った新作演目を製作する、(二)既存の演目の中で好ましくない部分については修正を行う、(三)各地の伝統演劇の発展のため毎年コンペティションを開催する、(四)戯曲改革のために芸人を教育する、(五)徒弟制などの不合理な制度は辞めさせる、(六)既存の劇団を公営劇団に改組する、の六点から成っている。もちろんこうした施策が、共産党による全国の伝統演劇の宣伝媒体化や、芸人の思想教育と表裏一体だったことは言うまでもない。

影絵人形劇についてはまず(六)に関して、主に農村部でゲリラ的に活動を行っていた共産党の宣伝劇団を大都市に配置し、「省劇団」に改組することが行われた。例えば河北省唐山では「新長城影社」メンバーを元に「唐山地区皮影戯団」が、黒竜江省哈爾浜では温長淮を中心に「松江省区皮影戯実験工作隊」が、また湖南省長沙では「洞庭湘劇工作隊灯影隊」を元に「湖南軍区文工団皮影隊」が組織されている。この三つの劇団はその後、「唐山市皮影劇団」・「哈爾浜児童芸術劇院」・「湖南省木偶皮影芸術劇院」となり、現在では国家を代表する影絵人形劇の「三大」劇団となっている。注意したいのは、これはあくまで共産党の宣伝劇団としての経歴に基づくもので、決して「芸術的な水準の高さ」に基づくわけではないということである。また、そうして大都市の一部に共産党系の劇団を配置はしたものの、全国に無数に存在する旧来的な劇団をどのように公営劇団に改組していくかはまだ手つかずの状態であったし、さらに(一)の新作演目の製作、(二)の既存演目の修正、(四)の芸人の教育なども、具体的な対策を早急に実施する必要があった。

オブラスツォーフ訪中

そのために導入された方策の一つが、他分野では始まっていた「ソ連の対中協力」の影絵人形劇への適用で、中国政府はモスクワからオブラスツォーフを招聘し、各地を視察させて指導にあたらせた。

オブラスツォーフ(セルゲイ・ウラジーミロヴィチ・オブラスツォーフ、Sergei Vladimirovich Obraztsov、一九〇一～一九九二)は、モスクワの中央人形劇場の創設者で、スタニスラフスキー・システムを応用した近代的な人形劇を確立し、「ソ連人形劇の父」と称された人物である。(6)

オブラスツォーフは一九五二年十一月に北京に入り、一九五三年一月までの二ヶ月間で上海・瀋陽・済南・太原・広州・長沙・成都など様々な都市を訪問し、最後に北京に戻って、そこからシベリア鉄道で帰国した。滞在中ホスト役となったのは、以前からオブラスツォーフと面識のあった、京劇役者の梅蘭芳《メイランファン》と、戯曲作家の田漢《でんかん》である。梅蘭芳は一九三五年にモスクワ公演を行った際、かれに面会して人形劇の上演を見ており、また田漢は一九四九年にプラハで開かれた平和擁護世界大会に作家の郭沫若《かくまつじゃく》と一緒に出席した際、オブラスツォーフの公演に行っている。

オブラスツォーフは中国滞在中、ほぼ毎日地方演劇・人形劇・伝統曲芸などの上演を観賞しただけでなく、自らの指操り人形劇を上演して見せ、現地の幹部や演劇関係者に様々な助言を行った。これによって得られた第一の「成果」は、『指示』の(六)に基づく「組織の近代化」である。視察先では「ソ連から要人が来る」ということで、民間の「戯班」が急ごしらえで次々と「公営劇団」に改組され、結果的に『指示』の(六)が進展することになった。また視察先となった地域では、後にどの劇団も「自分たちの芸をソ連のオブラスツォーフが賞賛した」という主旨の発言をしているが、これは「先進国」ソ連の専門家に認められることで、初めて自分たちの芸に自信を持ったことの裏返しだと思われる。いわば「近代」を体現しているオブラスツォーフの前に出ることによって、当事者たちは自分たちのアイデンティティを確立したのである。

二、オブラスツォーフと『亀と鶴』

1　オブラスツォーフの上演

オブラスツォーフ訪中の第二の、そしてより大きな「成果」は、オブラスツォーフ自身が指操り人形劇を上演することで、その背後にある「近代的な人形劇観」が中国でも理解されたことである。田漢は、オブラスツォーフが北京で上演した演目について、以下のように述べている。(7)

一九五二年冬、中華人民共和国成立後三年目に、この優れた芸術家がソ連の芸術代表団に参加して訪中したことで、我々は再びかれのすばらしい上演を鑑賞する機会に恵まれた。かれが創造した、あの誇張された表情の女性歌手や、グラスを持ち上げて我々にウインクする面白い酔っぱらいや、油断して最後に虎に食べられてしまう調教師などは、今思い出してもつい笑ってしまうくらいだ。(8)

田漢は演目の名前を記していないが、「誇張された表情の女性歌手」は『かえってきて、みんな許すわ』、「グラスを持ち上げて我々にウインクする面白い酔っぱらい」は『酒を注げ』、「油断して最後に虎に食べられてしまう調教師」は『虎つかい』を指すものと思われる。

この三つはいずれも人形の表情や動きの表現に非常にこだわった演目で、人形劇は「本質において比喩的」であり「生命のないものの蘇生の奇蹟」だとする、スタニスラフスキーの影響下に形成されたオブラスツォーフの人形劇理論が元にある。またこのうち『虎つかい』は、上演時間が短いパントマイム劇で、内容的にも子どもが見ることを意識しているが、これも「児童向け人形劇」という、旧共産圏で形成され、日本でも戦後急速に一般化した考えに基づいている。伝統的に人形の表情が乏しく、また比喩性や「子ども向け」という発想を持っていなかった当時の中国人にとって、これらの演目は非常に衝撃的な内容として映った。

当事者たちの衝撃は、こうした演目に接したことに留まらない。かれらはオブラスツォーフの上演をもとに、『指示』(一)のとおりに新作演目を製作し、(三)で設定されたコンペティションに出品しなければならなかった。日本で言えば、例えば文楽の師匠たちが突然ソ連の人形劇を見せられ、役人たちから「これからはこういうのをやるように」と言われたような状況で、当事者たちの苦悩は想像するに難くない。

2 『亀と鶴』の誕生

この作業に最初に着手したのが、「湖南軍区文工団皮影隊」に属する何徳潤・譚徳貴・翟翊の三人であった。翟翊についての伝記である「翟翊同志と湖南皮影」には以下のように記されている。(9)

一九五二年、ソ連の著名な人形芸術家であるオブラスツォーフが湖南まで上演にやって来た。影絵人形劇芸人の何徳潤と譚徳貴は、オブラスツォーフの上演した動物ものの『虎つかい』と『きみといっしょにいたかった』

図1　『亀と鶴』（李軍『皮影生涯三十年』口絵）

にたいへん興味を覚え、啓発を受けた。かれらが伝統の中から貴重な宝を探した結果、伝統的な影絵人形劇の『玩故事』の中に、鷺と亀という特徴的な動物（の人形）を見つけ、これを利用して発展させれば、面白く有益なパントマイムの影絵人形劇を作り出すことができると考えた。そこで創作をすすめることにし、かれらが骨格を作り終えたところで、（美術スタッフの）翟翊同志がやって来た。芸人たちの創作意図を理解した翟翊同志は大いに興味が湧き、すぐさま動物のデザインと背景の設計に取りかかり、また全員で一緒に演目の思想内容と表現方法を研究した。こうして、美術スタッフと影絵人形劇芸人の協力による最初の成果として『鷺と亀』が――その後、鷺を仙鶴に変え、名前も『亀と鶴』と改めた――影絵のスクリーンに登場した。(10)

ここに挙がっている『きみといっしょにいたかった』は、恋に苦しむ男性の独白から成るハイネの詩に、グレチャーノフが曲を付けた同名の歌曲が流れる中、雄猫が雌猫に求愛して追い回すという内容の動物劇である。芸人たちはこれをもとに、細かい動きを表現できるよう既存の人形に改造を加え、「雄猫が雌猫に求愛して追い回す」という内容を「鶴が亀を食べようとして追い回す」話に変え、さらに「亀はプロレタリア階級、鶴はブルジョア階級」とする比喩も盛り込み、子どもを意識して上演時間も十分程度とした『亀と鶴』（亀与鶴）を完成させた。これによって、比喩性や心理描写といった要素を盛り込んだ「演目の近代化」が初めて行われたのである。

なお、『亀と鶴』は台詞が一切無いパントマイム劇であるが、これもかれらが見た『きみといっしょにいたかった』と『虎つかい』の影響による。オブラスツォーフは、北京では台詞のある『かえってきて、みんな許すわ』と『酒を注げ』も上演しているが、これを見た田漢の感想が、人形の表情や動作の面白さしかないことからしても、台詞が聞き取れないため、どうやら話があまり解らなかったらしい。おそらくそうした反応をオブラスツォーフも感じていて、湖南ではパントマイム劇の『虎つかい』だけを残し、もう一つやはり台詞の無い『きみといっしょにいたかった』を持って来たのだろう。しかし予備知識も無くこれを観賞した芸人たちは、「近代とはすなわち、動物を主人公としたパントマイム劇なのだ」と思い込んでしまった。

こうしてできあがった『亀と鶴』は、『指示』の（三）に基づいて一九五五年に北京で開催された影絵人形劇コンペティション「第一届木偶戯皮影戯観摩演出会」で上演された。そこで田漢が「模範的な作品」として激賞し、各地の劇団で共有することが慫慂されたため、唐山や哈爾浜の省劇団のほか、次章で触れる各地の公営劇団が持ち帰り、自分たちのレパートリーとしていった。なお、唐山皮影劇団は内容に若干の修正を加え、タイトルの『亀と鶴』もひっくり返して『鶴と亀』（鶴与亀）に改めたが、後に唐山に直接学習に行った各地の劇団はこちらの方を上演しているため、中国では現在、湖南から直接取り入れた『亀と鶴』と、唐山を経由した『鶴と亀』の二種類が流通している。こうした全国的な展開が可能となったのは、『亀と鶴』が台詞の無いパントマイム劇で、かつバックグラウンドに西洋的な音楽を使っていたため、方言や音楽などの地域的相違を超越することができたことも関係している。

三、新作演目の二つの流れ

1　劇団の登録

オブラスツォーフがソ連に戻った後、中国では「既存の劇団を公営劇団に改組する」という『指示』（六）をさらに広範囲で実施し、「組織の近代化」を完成させるため、中央の文化部の指示で一九五五年と一九五六年の二回にわたって劇団の「登録作業」（中国語では「登記工作」）が全国的に展開された。[11] これは、各地方政府が様々な芸能の劇団を審査・登録して「登録証」を発行し、公営劇団として認定するというもので、いわば『文芸講話』発表直後に共産党の肝いりで作られた宣伝劇団のあり方を、全国すべての劇団に適用しようとするものであった。例えば、全国でも特に影絵人形劇の劇団が多い河北省では、これを受けて以下のような総括報告が出されている。[12]

> 我が省には現在、影絵人形劇の職業劇団が三十あり、芸人は四百四名いて、各劇団平均十三名、党員は全部で三十九名（全体の九．五％）、青年団員は九名（全体の二．二％）である。……（略）……一九五六年七月より影絵人形

劇の団体と芸人に対して登記工作を始め、登記条件を備えた二十八の影絵人形劇団にいずれも登録を許可し、「職業団体上演証」を発給した。さらに整理を行い水準を向上させる必要がある二つの影絵人形劇団については「臨時上演証」を発給し、一九五七年一月からすでに使用を開始した。幾つかの県では、文化課がシーズンごと、月ごとの影絵人形劇団体の上演計画を審査・批准を行う。影絵人形劇団体が農村で巡回公演を行う際は、上演証のほか、県政府が批准した上演計画表を持参し、各郷・村政府がこうした証明書類を確認することで、（劇団の）多くは上演面で支持を得て、上演禁止の事態などには至らなかった。[13]

この報告から、劇団は「登録」許可を受けて「上演証」を所持し、さらに上演計画表も提出しないと上演ができなくなったこと、また『指示』の（五）に反しているなど、登録の際に問題ありとされた場合は「臨時上演証」しか発行されず、恐らく『指示』の（四）に基づいた教育が施され、定期的な審査が行われたことなどが解る。公認された劇団は、おおむね一つの県で一〜三つだが、当時はそれ以上の数の劇団が存在していたはずなので、「臨時上演証」の発行すら許されず、「党の宣伝メディア」への転換ができなかった多数の劇団が、上演の場から閉め出されたものと思われる。

2 公認演目

また公営劇団は党の宣伝メディアとなることが期待されたので、上演計画の審査・批准も、上演演目が政府公認のものかどうかという観点でなされたはずで、そうするとこの「組織の近代化」は、「演目の近代化」と表裏一体だったことになる。

公認演目は、『指示』から導き出されるのは（一）に基づいた新作演目か、（二）に基づいて修正された伝統演目である。（二）については、例えば一九五七年の唐山の劇団のレパートリー表の「改編」という項目に、『汴梁図』『鎮冤塔』『胡蝶盃』など数種の伝統演目が挙がっているが、唐山地域の常演演目全体からするとごく僅かであることを考えると、修正を経て上演が認可された伝統演目は非常に少なかったことが解る。また（一）については、一九四〇年代の宣伝劇団が上演した『田玉従軍』『白毛女』『血涙仇』『劉胡蘭』などの現代演目のほか、新たに時事ニュースや啓蒙的な内容を扱った演目も製作され、さらに前出の『鶴と亀』も加えられたが、それでも各劇団のレパートリーは圧倒的に数が不足していた。そこで劇団、特に「三大家」のような省劇団は、さらに新作を作っていくことになったが、そうして作られた演目は大きく分けて二つの種類がある。

3 ソ連風路線

一つ目は、オブラスツォーフの影響を受けたソ連風人形劇路線である。湖南の劇団は一九五七年に『二人の友だち』(両朋友)と『欲張りなお猿さん』(貪心的猴弟弟)を発表している。[14] これはいずれも動物パントマイム劇という点で『亀と鶴』の延長線上にあったが、人形は既存のものを参考にせず、一から新しくデザインを行っている。その結果、『亀と鶴』が残していた人形の「中華風」の味わいは無くなり、より「ソ連風」に近づくことになった。この時にかれらが参照したのは、同じくソ連から入って来たアニメーション映画『灰色首の野がも』である。オブラスツォーフの帰国によって、直接モデルとする対象がいなくなってしまったため、かれらは同じくソ連から入って来た「子ども向け」ジャンルであるアニメーション作品を参考にしたのだ。さらに一九五九年には、やはりソ連アニメーションの影響を受けて製作された中国国産アニメ『きのこ狩り』(採蘑菇)を影絵人形劇に翻案している。[15] 当時はまだフィルムが高く、アニメを見ることができる層

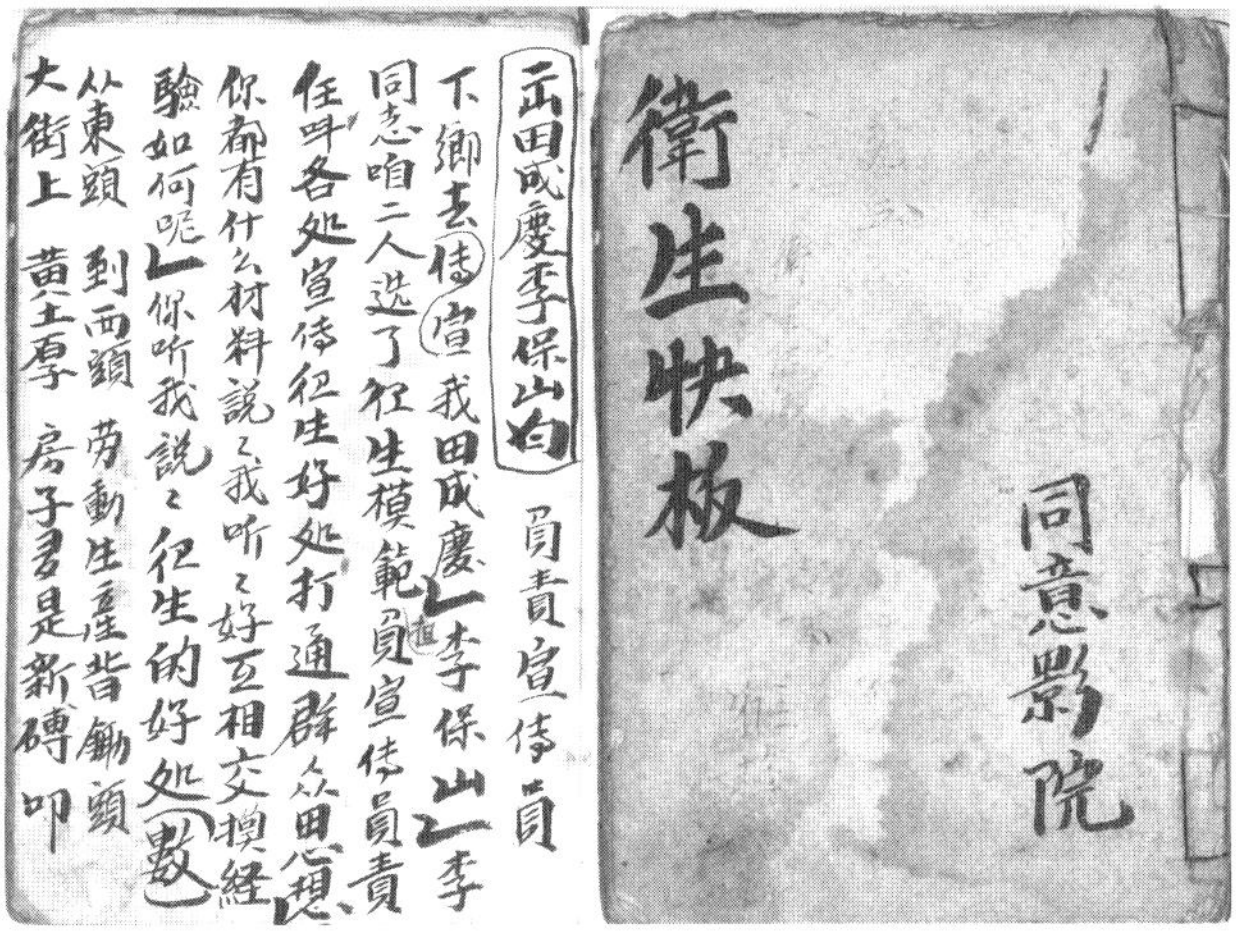

図2　啓蒙演目『衛生快板』(中国都市芸能研究会所蔵)

図3　『きのこ狩り』(李軍『皮影生涯三十年』口絵)

は限られていたため、本作品はいわばその「廉価版」として上演された。影絵人形劇とアニメーションは、平面の絵が動くという点でもともと近いところにあるジャンルだということもあり、これによって中国では両者の相互参照関係が成立したのである。

図4　『ナタちゃんの大暴れ』（李軍『皮影生涯三十年』口絵）

4　民族路線

二つ目は、既存の伝統演目を修正するのではなく、既存の物語を元に全く新しい演目を作るという「民族路線」である。これは、一九五五年に哈爾浜劇団が『西遊記』に基づいて『天宮をさわがす』（鬧天宮）を発表したのが最初である。なお、影絵人形劇には同内容の物語を演じる伝統演目があったのにも関わらず、そこで参照されたのは『指示』に基づいて一九五一年に翁偶虹が改変した京劇の台本であった。京劇は有力な劇種であるため、『指示』の（二）に基づいた伝統演目の改編が他の伝統演劇よりも先行しており、そこですでに国家公認の「神話劇」として評価を受けていた改編京劇を、いわば「安全策」として移植したのである。また湖南劇団も『亀と鶴』の経験を生かし、一九五五年に『西遊記』に基づく『火炎山』（火焔山）を、さらに『封神演義』を元にした『ナタちゃんの大暴れ』（哪吒鬧海）を製作しているが、前者はやはり改編京劇『孫悟空三借芭蕉扇』に基づいており、また後者は「階級闘争を反映した物語」とする公式見解に基づいて小説から直接作られたものと思われる。この「民族路線」は、哈爾浜劇団が一九五九年に民話を元に作成したオリジナル演目『しっぽの無い李さん』（禿尾巴老李）によって一つの完成を見た。[16] また、「ソ連風」の影絵人形劇で成立したアニメとの参照関係が、こちらの作品群にも流れ込み、『火炎山』は一九五八年に人形アニメ『火炎山』(火焔山)、『天宮をさわがす』(大鬧天宮)、『大あばれ孫悟空』は一九六一年にアニメ『ナタちゃんの大暴れ』は一九七九年にアニメ『ナーヂァ海を騒がす』(哪吒鬧海)というように、「影絵人形劇のアニメ化」が次々と進められた。

おわりに――その後の影絵人形劇

一九五〇年代の一連の改革によって、影絵人形劇は曲がりなりにも「組織の近代化」と「演目の近代化」を完成させた。ちなみにこの中で大きな役割を果たしたオブラスツォーフの存在は、一九五九年のソ連側協力者の引き揚げで中ソ蜜月時代が終了すると急速に忘れ去られてしまい、現在ではほとんど顧みられなくなっている。

また「公営劇団による公認演目の上演」という「近代的な枠組」は、大躍進政策終了後の経済復興期の上演需要を数少ない公営劇団だけでは満たすことができなかったため、閉め出されたはずの「伝統演目」を上演する劇団がなし崩し的に復活したことによって、完全に破綻してしまった。この系統は文化大革命で再び姿を消したものの、改革開放政策が始まると復活して今に至っており、それが皮肉にも現在、中国政府の非物質文化遺産政策で「中国の伝統文化」として脚光を浴びている。

一方、文革を生き残った都市部の公営劇団は現在でも活動を続けてはいるが、ライフスタイルの変化によって完全に没落し、すでに旧時の勢いは失っている。ソ連の影響を受けて「近代」化した演目は、現在の「西側諸国」風の消費社会の中では「中途半端なもの」としか映らず、かといって再改造を行う余力も無い。そこで、現在の非物質文化遺産政策の中で、本来は非合法だった伝統演目の劇団と一緒になり、自分たちは中国の「伝統」文化だと主張することによって生き残りを図っているのが現状である。

しかし、一九五〇年代の影絵人形劇の「近代」化は、決して意味が無かったわけでは無いし、また消滅してしまったわけでも無い。そこで形成された演目は確かに「新中国」の児童文化の一時代を築きあげたし、また現在でも様々なメディアに受け継がれているが、それは「近代」化を行ったからこそ可能なことであった。例えば、ソ連風人形劇路線によって生まれた物語は、現在でも中国の児童ものコンテンツの中で大きな位置を占めているし、民族路線の演目は、それを元に作られたアニメーション作品が今でも多くの中国人によって見られている。また、影絵人形劇ではこれ以上の展開は望めないにしても、アニメーションやCG映画であれば発展の余地はある。二〇一五年に公開された3Dアニメ『西遊記ヒーロー・イズ・バック』(西遊記之大聖帰来)や、二〇一六年の映画『封神伝奇　バトル・オブ・ゴッド』(封神伝奇)などは、まさにそうして出来上がった作品である。この点で、中国の影絵人形劇の「近代」化は、現在の中国の大衆文化の中にも大きな痕跡を残していると言えるだろう。

注

(1) 本稿の内容について、個別に挙げた参考資料以外は、おおむね以下の論文に基づく。山下一夫「中国の影絵人形劇の改革とオブラスツォーフ」(『中国都市芸能研究』第十二輯、好文出版、二〇一三年)五頁~二二頁。

(2) 『毛沢東選集』第三巻(人民出版社、一九六六年)八〇四~八三五頁。

(3) 江玉祥『中国影戯』(四川人民出版社、一九九二年)一五二~一五九頁。

(4) 張文祥「長沙皮影戯的起源及其発展」(『長沙市西区文史資料』第七輯、一九九〇年)四三~五四頁。

(5) 『周恩来論文芸』(人民文学出版社、一九七九年)二八頁。

(6) オブラスツォーフについては、謝・奥布拉茲卓夫著、林耘訳『中国人民的戯劇』(中国戯劇出版社、一九六一年)、オブラスツォーフ著、大井数夫訳『人形劇――私の生涯の仕事』(晩成書房、一九七九年)、オブラスツォーフ著、大井数夫訳『続人形劇――私の生涯の仕事』(晩成書房、一九八四年)を参照した。

(7) 「田漢序」(『中国人民的戯劇』)一頁。

(8) 一九五二年冬，中華人民共和国成立後的第三年，這位卓越的芸術家参加了蘇聯芸術代表団訪問中国，我們有機会再度欣賞他的精彩表演。他所創造的那位有著誇張表情的女歌唱家，那位挙起杯子向我們眨著一隻眼睛的有趣的酔鬼，那位終於給老虎吃掉的麻痺大意的訓獣演員，至今想起来還使我們忍不住要発笑。

(9) 李軍『皮影生涯三十年』(著者自印、一九九九年)一九八~二〇一頁。

(10) 一九五二年，蘇聯著名木偶芸術家奥布拉茲卓夫来湖南訪問演出，皮影芸人何徳潤、譚徳貴等対奥氏演出的動物節目《馴虎》和《両隻貓》很感興趣，並従中得到啟発。他們従挖掘伝統中找瑰宝，終於発現，伝統皮影戯《玩故事》中的鷺鷥与烏亀，是両個很有特点的動物，利用它們加以発揮，可以搞出有益有趣的皮影寓言劇。於是，試探著進行創作。他們剛把架子搭好，翟翊同志来了。了解了芸人們的創作意図後，翟翊同志興致勃勃，立即動手設計動物形象和佈景，与大家一道研究節目的思想内容和表現方法。這様，美術工作者与皮影芸人相結合的第一個結晶《鷺鷥与烏亀》――以後，把鷺鷥改成仙鶴，更名為《亀与鶴》――在皮影銀幕上出現了。

(11) 登録作業について、個別に挙げた参考資料以外は、おおむね以下の論文に基づく。戸部健・山下一夫「檔案資料から見た一九五〇年代中国の影絵人形劇――河北省における登記工作を中心に」(氷上正・佐藤仁史・太田出・千田大介・二階堂善弘・戸部健・山下一夫・平林宣和『近現代中国の芸能と社会』好文出版、二〇一三年)一五五~一七七頁。

(12) 「関於河北省皮影芸術情況匯報」、文化局檔一〇三〇―六―八〇一―五、一九五八年一月十日。

（13）我省現有職業皮影社三〇個，芸人共有四〇四人，平均毎社十三人，計有党員三十九人（佔総人数的百分之九点五），青年団員九人（佔総人数的百分之二点二）。…（略）…一九五六年七月開始対皮影芸術団体和芸人進行了登記工作，対具備登記条件的二十八個影社均已核准登記，発給了職業芸術団体演出証，対還需進行整頓提高的二個影社発給了臨時演出証，並已於一九五七年一月開始使用。…（略）…有些県分，文化科按時審批本県影社的季度、月度演出計劃，影社到農村進行巡迴演出時，除持有演出証外，還持有経県批準的演出計画表，各郷、村見有所証件，大都在演出方面予以支持，没有発生過禁演情事。

（14）以下、影絵人形劇とアニメーションの問題について、個別に挙げた参考資料以外は、おおむね以下の論文に基づく。山下一夫「中国の国産アニメーションと影絵人形劇――一九五〇年代を中心に」（『中国都市芸能研究』第十三輯、好文出版、二〇一五年）二七～四一頁。

（15）以下、中国国産アニメーション作品の邦題はいずれも次の著作の記述に従う。小野耕世『中国のアニメーション　中国美術電影発展史』（平凡社、一九八七年）。

（16）『しっぽの無い李さん』については次の論文を参照。山下一夫「黒竜江省の影絵人形劇　その系統と伝承」（『近現代中国の芸能と社会』）一五五～一七七頁。

［比較］

近松の世話物と西洋の市民悲劇

岩井眞實

いわい・まさみ――名城大学教授。専門は演劇学・近世文学。主な著書・論文に「博多興行史　明治篇　（一）～（十）」（『歌舞伎研究と批評』歌舞伎学会、第三〇～四〇号（連載）、二〇〇二～二〇〇九年）、「名古屋の川上音二郎」（『演劇学論集　日本演劇学会紀要』第六三号、二〇一六年）、「復讐劇研究の構想」（『名城大学人文紀要』第一一七集、二〇一八年）などがある。

近松門左衛門の世話物（特に心中物）の成立と展開の過程を再検証し、併せて散文で書かれた最初の市民悲劇であるジョージ・リロ作『ロンドン商人』（一七三一年）の成立と後世への影響について考察する。さらに西洋の市民悲劇を参照することにより、近松作品の近代における「特権化」の問題点を指摘する。

はじめに

近松門左衛門が近世の劇文学を代表する存在であることは改めて言うまでもない。

試みに比較的入手の容易な古典文学の全集類を見渡すと、近世演劇関係の翻刻出版は近松門左衛門の作品を中心に展開されていることが確認できる。すなわち岩波書店の新・旧〈日本古典文学大系〉、小学館の新・旧〈日本古典文学全集〉、新潮社の〈新潮日本古典集成〉、以上五種類の内訳は次のごとくである。

近松の浄瑠璃作品を収録したもの……一〇巻

近松以外の浄瑠璃作品を収録したもの……七巻

歌舞伎作品を収録したもの……七巻

浄瑠璃に絞って収録作品の延べ数を調べると、全一二九作品中、近松の作品は九十三作品（世話物六十九作品、時代物二十四作品）に及ぶ。種類でいうと近松作品は四十一種類で、世話物は二十四作すべてが翻刻されているが、時代物は十七作に過ぎない。

近松が「作者の氏神」(1)であることを否定する者はいないはずだが、それにしても全集類への採用数や世話物の割合の高さには違和感を感じざるを得ない。近松への依存度が高すぎるのである。

近年『江戸文学を選び直す』(2)という本が刊行された。序に言う。

そもそも「古典」とは何なのか? 長く読み継がれるべき模範的な作品とはどういうものなのか? 〔…〕我々は本当に江戸文学の中から「古典」を選び得ているのだろうか?〔…〕江戸文学といえば、庶民の文学、というレッテルは、未だに高校の教科書レベルでは固定化してある。そして、小説・俳諧・演劇という三分類から、代表作者と作品を選び、これを特権化してきた。しかし、それは近代の眼から見てすくい上げやすいものを焦点化してきたのではなかったか?(3)

そして同書は「模範的な作品」十三編を紹介する。「小説・俳諧・演劇という三分類」の「代表作者」といえばまず西鶴・芭蕉・近松だが、近松も芭蕉も選に漏れた。西鶴は『武道伝来記』『武家義理物語』と意外な作品が挙がる。演劇については近松を差し置いて河竹黙阿弥の『吾孺下五十三駅』『三人吉三廓初買』が日置貴之によって選ばれた。帯に「挑戦的、挑発的に」選び直したというだけあって、かなり肩に力の入った選書だが、この態度は基本的に間違ってはいない。まして演劇の場合は上演によって初めて完成をみるから、読み物として「すくい上げやすい」という理由で近松だけが「特権化」されてはならないだろう。

もっともこれにはそれなりの事情がある。近松が「特権化」された経緯については、守随憲治・近藤忠義・乙葉弘編著『近松』(4)にほぼ網羅されているといっていい。また現在連載の続いている原道生「戦後近松研究史の一側面」(5)は、坪内逍遙らの近松研究会に始まり、廣末保の悲劇論が登場するまでの研究史をカバーしている。東晴美は明治期に近松が「カノン化」(すなわち特権化)されていく経緯について多方面から検証した。(6)

近松研究は、作品を上演とは一旦切り離したレーゼドラマとして扱うことから出発した。そして「特権化」の過程で常に参照されたのは、西洋戯曲であり西洋の演劇理論であった。ただし、参照されるべき西洋戯曲もまた「特権化」されたものであったという事実については、従来あまり顧みられることがなかったのではないか。

本稿ではまず近松世話物の成立と展開について再検証する。その上で近松の世話物に少し遅れて初演されたジョージ・リロGeorge Lillo（一六九三〜一七三九年）作の『ロンドン商人The London Merchant, or The History of George Barnwell』（一七三一年）を採りあげ、西洋の市民悲劇が成立した諸事情について考察する。特権化されなかった『ロンドン商人』と、近松世話物とはその成り立ちにおいて奇妙な符合を見せるからである。両者を参照し合うことにより、近代の近松研究の問題点も明らかになろう。

なおThe London Merchantは『ロンドンの商人』と表記されることが多いが、本稿では『ロンドン商人』とする。またLilloについては「リロ」「リッロ」の二通りの表記があるが、前者を採ることとする。戯曲のタイトルや作者名については、原則として原題を記すが、翻訳が定着している場合はこの限りではない。引用文の翻訳は特にことわらないかぎり筆者によるものである。引用文中の筆者による注記は〔　〕内に示した。

一、近松世話浄瑠璃の成立

1　御家狂言と世話狂言

近松の世話物、特に心中物の成立と展開については、すでに拙稿において考察したことがある。すなわち「「卯月九日其暁の明星が茶屋」考」[7]、「元禄演劇の技法」[8]、「近松心中物再考」[9]の三編である。

逐一は繰り返さないが、要点はこうである。近松は歌舞伎作者時代に培った技法を人形浄瑠璃の世話物に採用した。具体的には歌舞伎の御家狂言およびそこから派生した世話狂言の構成と、それを使う役者の演技も含めた小道具の活用である。

元禄期の御家狂言は、大まかに言えば一番目（上）で若殿の失脚、二番目（中）で若殿と女性との情緒的場面を描き、三番目（下）に若殿が権力を回復してハッピーエンドで終わる。この構成を短い世話狂言に落とし込んだのが、近松も関与したと思われる「卯月九日其暁の明星が茶屋」（元禄十年［一六九七］）であった。主人公は若殿から町人に変わるが、男の主人公の失脚と情緒的場面という構成は受け継がれた。殺傷事件を扱った際物ゆえ、結末は「悲劇」的にならざるを得ないが、それは劇の構造や技法から導き出されたものではない。結末だけを挿げ替えたのである。

主人公の失脚にあたっては、世話狂言にふさわしく手紙・鼻紙袋（財布）・小判・銭箱とその鍵などといった小道具が用いられ、スラップスティック的な場面が展開される。ここにいう「スラップスティック」は緊密な構成と周到な打ち合わせによるすれ違いの劇の意であるが、このスラップスティック性は近松の所属した都万太夫座のいわば専売特許として、御家狂言の二番目の世話場にも採用されることとなった。

2　『曾根崎心中』の構造

御家狂言から世話狂言さらに御家狂言と、いささか複雑な経緯をふまえた上で、近松は元禄十六年（一七〇三）に最初の世話浄瑠璃『曾根崎心中』を書くことになる。

『曾根崎心中』では、上中下の上巻にあたる生玉社の場が始まった時点ですでに徳兵衛とお初の恋愛関係は成立しており、かつ徳兵衛が失脚するための材料はほとんど出揃っている。御家狂言の一番目で若殿と遊女等の関係がすでに成立しており、かつ若殿が失脚寸前（あるいは失脚状態）にあるがごとくである。あとは悪人九平次が手形という小道具を利用し、観客の目に見えるかたちで徳兵衛を陥れれば、近松はいつでもお初・徳兵衛を心中させることができた。御家狂言ならば、若殿の権力回復のために忠臣が苦労する場面などがあとに続くが、心中物の場合それは必要ない。条件はすべて上巻で完結するのである。

この構造をとるかぎり、劇中の筋の時間はいかようにも短縮することが可能になる。実際、心中物の主人公たちは追っ手を避けてできるだけ早く心中しなければならないのだ。結果的に『曾根崎心中』は冒頭から心中までを二十四時間以内に収めるという、古典主義的構造を実現した。

3　近松とイプセン

坪内逍遙は「近松対シェークスピア対イプセン」の中で、近松の世話物がイプセンのドラマツルギー同様、三一致（あるいは三単一）を守った「回顧破裂式」である点を指摘し、次のように述べた。

> 〔イプセンにはギリシャ劇やフランス十七世紀古典主義などの「手本」あったが〕近松以前に回顧破裂式に書いたのが日本にあるか。何処にも何もない。〔…〕抑《そもそ》も如何にして之を得たか、遂《つい》に竟《つい》に知る事が出来ぬ。分らない。或は自分も知らなかつたかも知れぬ。[10]

しかし『曾根崎心中』の来歴をつぶさに辿れば、古典主義的構造に至ったのは偶然でないことがわかる。「自分も知らなかつた」という訳はないのである。

ところで元禄期の御家狂言は常に似かよった構造をとる。構造は単なる骨組みとしての形式にすぎず、役者の芸こそが内容であるからだ。しかし『曾根崎心中』がその構造を採用した結果、形式が内容そのものとなったことは致命的だった。この欠点は近松自身によって克服されなければならない。

二、近松世話浄瑠璃の進化

1　心中物への意識

劇の構造・技法と結末は無関係であると先に述べたが、近松は心中物の技法に関しては特別なこだわりを持っていたようだ。かつて筆者は、近松は「この〔御家狂言／世話狂言の〕技法をふまえて心中物を書き続けるというルールを自分に課したのではないか」[11]と書いた。

近松が「自分に課した」ルールは、心中物の筋の時間に端的に表れている。**表1**に近松世話物二十四作の筋の時間を一覧にした。他のジャンルに比べ、心中物のみ筋の時間が際立って短い。近松は『曾根崎心中』の古典主義的構造を、後の心中物にも適用し続けたのである。なお処罰物の『冥途の飛脚』は中巻までは心中物と同じ構造を持つが、主人公は逃げのびるのでそのために時間がかかる道理である。逆に心中物という素材と古典主義的構造との親和性が理解できよう。

世話物の第二作『心中二枚絵草紙』ではこの構造を守りつつ、小道具による錯誤を活用し、主人公の失脚をより具体的に観客の眼前で見せている。「明星が茶屋」からの直接的な引用である。本筋を第二場（中巻）以降に引き下げ、主人公の失脚を時間的に遅らせる工夫をしてはいるが、主人公の失脚が短時間に完結するという本質的な欠点は解消されていない。

『卯月紅葉』もまた御家狂言の構成をとる。継母ゐまとその弟伝三郎が主人公与兵衛を追い出し、家を乗っ取ろうとする構図はまさに御家狂言の継母と悪家老にあたるのである。小道具としては譲り状が使用された。

このように、最初の心中物三作では御家狂言／世話狂言の構成と技法が流用されていた。しかしその後の心中物では、その欠点は次第に克服されることになる。

2　心中物の進化

表2には、心中物にあらわれる様々な要素とその変化を示した。心中物は十一作あるが、『卯月の潤色』は『卯月紅葉』の続編なので表から外した。すでに拙稿[12]で考察した事柄も含まれているので、簡潔に述べることにする。

まず筋の時間をみよう。『心中天の網島』『心中宵庚申』以前は筋の時間が短く、古典主義的構造を維持していることがわかる。そしてその構造を成立させるために近松が採ったのは、過去の出来事を叙述するための説明ゼリフの多用であった。『曾根崎心中』において徳兵衛が生玉社で語るがごとき長い説明ゼリフは、「回顧」によって状況を観客に提示し、やがておとずれる「破裂」を準備する役割を果たしてい

表1　近松世話物の筋の時間

	作品名	初演年	筋の時間	ジャンル
①	曾根崎心中	1703	1昼夜	心中物
2	薩摩歌	1704	7～9ヶ月	仮構物
③	心中二枚絵草紙	1706	㊥㊦1昼夜	心中物
④	卯月紅葉	1706	㊥㊦1昼夜（全体は3日間）	心中物
5	堀川波鼓	1707	4ヶ月以上	姦通物
6	五十年忌歌念仏	1707	1ヶ月以上	処罰物
⑦	卯月の潤色	1707	1年	心中物
⑧	心中重井筒	1707	1昼夜	心中物
9	丹波与作待夜のこむろぶし	1707	丹波→関の宿	仮構物
10	淀鯉出世滝徳	1708	3年	処罰物
⑪	心中刃は氷の朔日	1709	㊥㊦1昼夜（全体は4日間）	心中物
⑫	心中万年草	1710	1昼夜	心中物
⑬	今宮の心中	1711	㊥㊦1昼夜（全体は2、3日）	心中物
14	冥途の飛脚	1711	㊤㊥1日、㊦約20日	処罰物
15	夕霧阿波鳴渡	1712	7日前後か	仮構物
16	長町女腹切	1712	京3カ所→大坂	仮構物
17	大経師昔暦	1715	約2ヶ月	姦通物
⑱	生玉心中	1715	㊥㊦1昼夜（全体は5日間）	心中物
19	槍の権三重帷子	1717	因幡→但馬→大坂→京	姦通物
20	山崎与次兵衛寿の門松	1718	約8ヶ月	仮構物
21	博多小女郎波枕	1718	下関沖→博多→京→追分宿	処罰物
㉒	心中天の網島	1720	㊥㊦1昼夜（全体は10日前後）	心中物
23	女殺油地獄	1721	50日以上	処罰物
㉔	心中宵庚申	1722	1ヶ月以上	心中物

※近松世話物24作を初演順に並べ、外題・初演年（西暦）・筋の時間・ジャンルを示した。
※便宜として通し番号を伏し、心中物はマル数字で示した。
※筋の時間の㊤㊥㊦は上巻・中巻・下巻の場面を示す。
※筋の時間が明らかでない場合は、地名を示した。地名が複数にわたり、隔たっているからには、筋の時間が相応に費やされることは自明である。
※ジャンルについては『近松門左衛門集①②』（新編日本古典文学全集、小学館、1997～1998年）の分類に従う。諏訪春雄『近松世話浄瑠璃の研究』（笠間書院、1974年）参照。

表2　近松心中物一覧

作品名	初演年月日	主人公	敵役	小道具	男の事情	女の事情	隠蔽表現	意思確認	脱出方法	打擲	筋の時間
曾根崎心中	元禄十六年（一七〇三）五月七日	お初 徳兵衛	九平次	手形の偽造	縁談破棄 文書偽造	ナシ	縁の下	縁の上下	下女 車戸	㊤	4／6〜4／7
心中二枚絵草紙	宝永三年（一七〇六）一月二十一日以前	お島 市郎右衛門	善次郎	講中の冥加銭 鍵と手形の錯誤	窃盗	ナシ	格子の陰	家の内外	脱出せず	㊥	㊥㊦11／15〜16
卯月紅葉	宝永三年（一七〇六）夏	お亀 与兵衛	ゐま 伝三郎	譲り状の錯誤	譲り状 放火	ナシ	仏壇 蔵	白帷子 緋縮緬	家尻切 替り太鼓 虫籠窓	㊤	㊤5／16 ㊥㊦〜5／17〜18
心中重井筒	宝永四年（一七〇七）十一〜十二月	ふさ 徳兵衛	ナシ	ナシ	ナシ	親の借金	炬燵	直接確認	屋根越し		12／15〜16
心中刃は氷の朔日	宝永六年（一七〇九）六月〜盆以前	小かん 平兵衛	ナシ	ナシ	穢多村の者との不正な取引	国元の迎え	違棚	直接確認 起請文	屋根越し	㊤	㊤5／28 ㊥㊦6／1〜2
心中万年草	宝永七年（一七一〇）四月	お梅 久米之助	（作右衛門）	手形の取り違え	女犯	作右衛門との縁談	二階	ナシ	母が作る暗闇	㊤	2／6〜7
今宮の心中	正徳元年（一七一一）夏	きさ 二郎兵衛	由兵衛	縁談の手形と家質の手形の錯誤	窃盗未遂 手形の破棄	国許の縁談 由兵衛との縁談	戸棚	ナシ	久三が戸を開けるすきに	㊤	㊤㊥の2、3日前 ㊥㊦5／22〜23
生玉心中	正徳五年（一七一五）五月か	さが 嘉平次	長作	手形	縁談 騙りによる借金 金の紛失	ナシ	ナシ	ナシ	ナシ	㊤	㊤5／2 ㊥㊦5／4〜5
心中天の網島	享保五年（一七二〇）十二月六日	小春 治兵衛	ナシ	ナシ	ナシ	ナシ	ナシ	ナシ	車戸		㊤中の約10日前 ㊥㊦10／15〜16
心中宵庚申	享保七年（一七二二）四月二十二日	千代 半兵衛	ナシ	ナシ	ナシ	ナシ	ナシ	ナシ	ナシ		?〜4／6（一ヶ月以上）

る。ただしそれは不自然に長く、現行台本ではお初の相づちが挿入される。後続作品では長い説明ゼリフは回避される傾向にあるようだ。ただし説明ゼリフを完全に排除できないのは、それが散文である点にある。金銭と性愛をめぐる複雑な状況は、従来の浄瑠璃の文体だけでは説明できない。

小道具の利用は、御家狂言／世話狂言以来、男の主人公を失脚させるための有効な手段だったが、時代とともに必要条件ではなくなる。これに呼応するかのように、心中の原因に女の主人公の事情が加わることになる。その多くは中巻以降に表面化するから、アリストテレスのいう「認知」と「逆転」のポイントを引き下げる作業が行われたといえよう。

なお中巻の眼目であった隠蔽表現[13]、心中の意思疎通、心中に向かう脱出の苦労は、後半の作品では重視されない傾向がある。マンネリズムを避けたという理由も考え得るが、女の事情を書くことで中巻のボリュームが確保されたことが関係しているとみたい。

御家狂言のシンボルともいえる打擲場は、近松の心中物でも手を変え品を変え用いられたが、最後の二作では必要とされなくなった。

このように近松の心中物は、前作の欠点を克服すべく改良・進化を遂げた。最晩年の『心中天の網島』『心中宵庚申』では、御家狂言の構造や技法から完全に脱し、悪人の存在すら認められなくなる。少々大袈裟にいえば、近松は人間存在への深い洞察に至ったということになる。

近松は最初から今日言うところの「悲劇」を目指したのではなかった。もし「悲劇」が成立したとしても、それは当初から目論んだものではなく、技法の改良の末に到達した地点でなければならない。

三、『ロンドン商人』について

1 『ロンドン商人』梗概

ジョージ・リロ作『ロンドン商人』に眼を転じよう。

『ロンドン商人』は、一七三一年六月、ロンドンのドルリー・レーン劇場で初演された。散文で書かれた最初の市民劇である。本作は大いに人気を博し、初演後の十年間に国内で一〇〇回近くも再演された。ヨーロッパ大陸の演劇に与えた影響も計り知れない[14]。

まずはその梗概を記す。

毒婦ミルウッドは、無垢な青年ジョージ・バーンウェルに目をつけ、金を巻き上げようとたくらむ。バーンウェルはミルウッドの家に招待され、その誘惑に屈する。（第一幕）

翌朝家に帰ったバーンウェルは、ミルウッドとの件に加え、外出禁止令を破り主人サラグッドの信頼を裏切った罪悪感にさいなまれる。その後ミルウッドの訪問をうけたバーンウェルは、もう関わりを持たないと宣言する。するとミルウッドは、二人の逢い引きが見つかり、借家を追い出されようとしているので助けてほしいとうそをつく。バーンウェルはこれに同情し、ミルウッドのために主人サラグッドから大金を盗む決心をする。（第二幕）

バーンウェルはサラグッドから盗んだ金をミルウッドに与えたあと、同僚トルーマンに自分の罪を告白する書き置きを残して去る。行くあてもなく、ミルウッドに助けを求めるが、金づるを失った人間に興味のないミルウッドはこれを拒む。しかし、バーンウェルに金持ちの叔父がいることに思い当たり、叔父を殺して金を奪うようバーンウェルを誘惑する。バーンウェルは顔を隠し、叔父を刺す。叔父は倒れる瞬間、それと知らずに甥のことを祈るので、バーンウェルは叔父に顔を見せる。叔父はバーンウェルを赦して死ぬ。（第三幕）

バーンウェルは血にまみれたままミルウッドの家に戻る。金を持って来なかったのを知ったミルウッドは、役人を呼びバーンウェルを殺人の罪で逮捕させる。ミルウッドの二人の召使いルーシーとブラントは度重なる主人の悪事に嫌気がさし、主人を逮捕させる。バーンウェルとミルウッドはともに死刑を宣告される。（第四幕）

サラグッドとトルーマンは監獄を訪れ、バーンウェルを赦し、慰め、魂の救済を願う。バーンウェルは心から罪を悔いる。（第五幕）

2 「家庭悲劇」

『ロンドン商人』は「家庭悲劇（domestic tragedy）」の流れに棹さしている。アリストテレス以来、庶民が主人公となる劇は喜劇に限られていたが、その伝統を破って現れたのが家庭悲劇である。家庭悲劇自体はエリザベス朝／ジャコビアン時代から上演が確認できるが、すべて韻文で書かれていた。代表的な作品を列挙し、簡潔に解説しよう。

A　*Arden of Faversham*（一五九二年出版）。作者不明。現存最古の家庭悲劇。一五五一年二月、実業家トマス・アーデンを妻とその愛人が殺害し処刑された事件に拠る。

B　*A Warning for Fair Women*（一五九九年出版）。William Haughton作と推定。一五七三年、軍人ジョージ・ブラウンが、裕福な商人ジョージ・サンダースの妻アンに恋をし、夫のサンダースを殺した事件に拠る。

C　*Two Lamentable Tragedies*（上演年不明、一六〇一年出版）。Robert Yaringon作と推定。一五九四年、小売店主のトマス・メリーが雑貨商のロバート・ビーチとその使用人を殺した事件に拠る。

D　*A Woman Killed with Kindness*（一六〇三年上演、一六〇三年出版）。Thomas Heywood作。イタリアの小説に由来する。人妻が客人に誘惑されて関係を持ち、夫に責められて自死を選ぶ。

E　*A Yorkshire Tragedy*（一六〇八年出版）。Thomas Middleton作と推定。一六〇五年八月、子ども二人を殺害し、妻を刺した罪で処刑されたヨークシャーのウォルター・カルヴァリーの事件に拠る。

F　*The Witch of Edmonton*（一六二一年上演）。William Rowley, Thomas Dekker, John Ford合作。一六二一年、隣人たちの迫害を受けたエリザベス・ソーヤーが魔術を用いて仕返ししようとし、処刑された事件に拠る。

Dを除き、すべて実説に拠っていることがわかる。身分の低い人物の行為が悲劇として成立するために、「際物」性というわば「口実」を得てスタートしたのが家庭悲劇だった。実際の事件から歌舞伎の世話狂言が生まれ、近松が世話浄瑠璃を書いた経緯とも通底する。

なお王政復古後にも、次のように家庭悲劇と見做されるものは散見される。例としてははなはだ少ないが、既成作品のアダプテーションであるという共通点をみいだすことができよう。

G　*The Orphan or The Unhappy Marriage*（一六八〇年上演）。Thomas Otway作。『ロミオとジュリエット』を素材にしている。

H　*The Fatal Marriage, or The Innocent Adultery*（一六九四年出版）。Thomas Southerne作。フランス小説を材源とする二つの劇からなる。

I　*The Fair Penitent*（一七〇三年上演）。ニコラス・ロウNicholas Rowe作。ジャコビアン時代の悲劇*The Fatal Dowry*の書き直しである。

なおdomesticには「家庭内」で起こる事件を題材としているだけでなく、「イギリス国内」を舞台とする意が込められているという原英一の説があることを付言しておく。(15)

3　実説

家庭悲劇の多くは実際の事件をもとにしていたが、『ロンドン商人』にもまた実説がある。

叔父を殺して奪った金を娼婦のサラ・ミルウッドに貢いだジョージ・バーンウェルの事件は、バラッドとして十七世紀初めから遅くとも中頃には成立したとされる。事件を直接劇化したのではなく、バラッドを材源としている点は、あたかも歌祭文をもとに世話物が書かれた状況と似かよっている。

バラッドには何種類かあり、『ロンドン商人』上演の頃まで繰り返し出版された。上演初日の逸話がそれを物語っている。

> [...] how on the first night many of the intending spectators had bought a copy for the purpose of making a 'ridiculous comparison' between it and the play, but that before the latter was finished, they threw away their ballads and took out their handkerchiefs.[16]

初日の夜、意地悪い観客の多くがバラッドの冊子を買い求めた。馬鹿げた話だが、バラッドと劇とを比べようとしたのだ。しかし劇が終わる頃には皆バラッドを投げ捨て、かわりにハンカチを取りだして涙を拭いた。

観客が感動したのは、実際の事件をまざまざと眼前に示されたからではない。勃興しつつあった市民階級（ブルジョアジー）のあるべき姿を舞台上に見たからである。やはり市民階級である観客は、後述するように市民としての徳高き生き方を学んだのである。『ロンドン商人』が散文によって書かれたことはすでに述べた。市民の生き方を論理を尽くして表現するためには散文でなければならなかった。

四、『ロンドン商人』の影響

1　フランスへの影響

『ロンドン商人』は最初の「市民悲劇」であると述べたが、実は「市民悲劇」にあたる術語は西洋にはない。強いて言うならばdomestic tragedyだが、日本では「家庭悲劇」と訳されることが一般的で、日本語の「市民悲劇」は宙に浮いたかたちになっている。実際「市民悲劇」がカバーしうる時代は短い。というのも、フランスでは『ロンドン商人』から教訓性と写実性は摂取し、悲劇的結末を避けた真面目な「喜劇」（催涙喜劇）が流行するからである。この場合の「喜劇」「悲劇」とは笑いを誘う意味ではなく単に結末の問題を指す。ディドロはこれを承けて、悲劇でも喜劇でもない「正劇drame」の概念を提示することとなる。

一七六九年、メルシエLouis-Sébastien Mercierは『ロンドン商人』の翻案を発表している。[17]『ジェンヌヴァルあるいはフランスのバルヌヴェルト*Jenneval ou le Barnevelt français*』というこの散文の劇（drameと銘打たれている）では、フランスの国民性に鑑み、結末がハッピーエンドに書き換えられた。[18]こうした現象は、結末はいかようにも変えられるという、ごく当たり前の事実を露呈することとなった。

ところで「市民悲劇」はあっても「市民喜劇」はない。喜劇はもともと庶民の行為を描くものだからである。市民を主人公とする悲劇と喜劇が、やがて「市民劇 drame bourgeois」という包括的概念に統一される所以である。

2 ドイツへの影響

ドイツのレッシングは、やはり『ロンドン商人』の影響を受けて「五幕の市民悲劇」と銘打った『ミス・サラ・サンプソン』(一七五五年)を発表する。

『ミス・サラ・サンプソン』を書くにあたっては、次のような逸話が残されている。レッシングは友人とフランスの催涙喜劇を観た。友人はいたく感動して涙を流したが、レッシングは作品を酷評し、自分ならこれ以上の作品を六週間で書きあげると宣言する。そして六週間後に完成したのが『ミス・サラ・サンプソン』であった。[19] 本作は練りに練った「悲劇」ではなく、レッシングの確信犯的な所為によって生まれたのである。そうでなければ人物名をわざわざウィリアム・コングリーヴの喜劇から採ったりはしまい。[20] ただし結果的に本作はアリストテレスの悲劇論の当世化を実現することとなった。

画期的な作品はしばしばこうした外的な事情から生まれる。近松が六週間どころか一ヶ月で『曾根崎心中』を書きあげたことを思い出したい。レッシングは知らず、近松に限っては、極論するならば曾根崎の心中事件の前から『曾根崎心中』の構想はできていた。すでに多くの材料を蓄えていた近松は、曾根崎でなくとも同様の心中物を書くことができたと考えられる。

ところで市民劇は、長い潜伏期間ののち十九世紀後半のイプセンによって一つの到達点を迎える。イプセンは女性の自立、環境問題、近親相姦、遺伝、性病など、さまざまな社会問題を提示した。そして市民社会の矛盾を描くのに、悲劇と喜劇の区別など本質的ではないことをあらためて知らしめた。すなわち現代劇の出発点である。この区別の問題がもとをたどれば『ロンドン商人』にあったことは記憶しておきたい。

五、『ロンドン商人』の背景

1 時代背景

リロは『ロンドン商人』の時代背景をスペインの無敵艦隊を破る前すなわち一五八八年以前のエリザベス朝に設定した。冒頭のサラグッドとトルーマンのセリフには「わが比類なきエリザベス our peerless Elizabeth」「すばらしき女王 Excellent Queen!」「わが慈悲深き女王陛下 our gracious queen」などの語が見える。

また毒婦ミルウッドは、召使いルーシーに対し次のように言う。

MILL. I would have my conquests compleat, like those of the Spaniards in the New World, who first plunder'd the natives of all the wealth they had [...] (p.19)[21]

スペイン人が新大陸を征服したように、私だってやってのけるわ。奴らは最初に原住民から財産のありったけを奪ったのよ。

これも時代背景を表すセリフである。しかし右の拙訳では不足だろう。というのも、この前には「男はみんな、ことに女に関してはわがままな偽善者なのよ Men [...] are all selfish hypocrites in their affairs with us」「女は男の奴隷に過ぎない We are but slaves to men.」のごときミルウッドのセリフがあるからで、"conquest"は「男を口説き落とすこと」あるいは「口説き落とす男」の掛詞として解釈されねばならない。スペイン人は男性一般の、原住民は女性一般の隠喩である。

2　二重の時代背景

リロはエリザベス朝という時代背景を利用しながら、十八世紀初頭に勃興した市民社会を重ね合わせることに成功している。

この劇はジェノバから定期便が到着したという話題に始まる。これを承けてサラグッドとトルーマンの会話はスペイン王室とジェノバ銀行を不仲にさせる計略にまで及ぶ。彼らにとっての商業活動は、それがイギリス王室への忠誠と同義であり、ひいては国家の繁栄に繋がるのだという、無邪気なまでの矜持と善意に支えられている。そこには貨幣の物神性に裏打ちされた資本主義ナショナリズムがほの見えさえする。一等国に躍り出る前夜の十六世紀末のイギリスと、十八世紀初頭のブルジョアジーの勃興が奇妙に符合するのである。

また毒婦ミルウッドがスペインの新大陸征服にたとえて自らの不遇をかこつのも、ミルウッドがそれなりの階級の出自であり、「ミルウッドを悪へと駆り立てた真の動機は、不条理な社会的失墜による怒り」[22]であったとする考えも否定できない。

3　徳と悪

ミルウッドを除くすべての人物が、たとえカッコ付きであれ、ことごとく「善良」で「徳」の持ち主であることについては大方の一致するところだろう。『ロンドン商人』のタイトルロールとでも言うべきは実はバーンウェルの主人サラグッドである。サラグッドは、道徳的かつ勤勉でさえあればまっとうな生活を保証されるのだという市民の理想像を示している。また、叔父は死の直前に自らを刺したバーンウェルを赦す。サラグッドも監獄を訪れ、罪を赦して和解する。ミルウッドの二人の召使いも、良心の呵責に耐えきれず主人の罪を訴え出ることになる。

本作では「徳 virtue」の語が二十回近くセリフの中に現れる。「徳」を備えた人物たちが、たったひとりの「悪」であるミルウッドに運命を狂わされるという構図が『ロンドン商人』のドラマツルギーであった。その悪は、前述の通りブルジョアジーの苛烈な競争におけるミルウッドの敗北を背景ににおわせているものの、いまだ市民社会の矛盾として顕在してはいない。矛盾は悪（しかも女性の悪）にどう対処するかという問題に包含され矮小化される。つまり啓蒙の時代にふさわしい教訓の劇であったところに『ロンドン商人』の先見性と限界があった。

ちなみにレッシング作『ミス・サラ・サンプソン』の頻出語も「徳」である。そしてミルウッドの「悪」は『ミス・サラ・サンプソン』のマーウッドへと受け継がれた。その人物名は前述のごとくコングリーヴの『世の習い』に拠ってはいる。しかし『世の習い』のマーウッドは不道徳な策略家ではあっても『ミス・サラ・サンプソン』のような殺人者ではない。むしろマーウッド Marwood と韻の通じる『ロンドン商人』のミルウッド Millwood が意識されているはずだ。なおミルウッドが確信犯的な毒婦であるのに対し、マーウッドにはまだしも男に捨てられた悲哀があり、人物造形はより立体化されている。

4　バーンウェルと徳兵衛

梗概には示さなかったが、サラグッドの一人娘マライアはひそかにバーンウェルに思いを寄せている。「サラグッドにはマライア以外に子供がいる様子がないため、バーンウェルの年季が明けた後に、サラグッドの世継ぎとして、かれをマライアの婿として、主人が心のうちで考えていたとしても、少しも不自然ではな」く、「ミルウッドのために身を滅ぼすことがなければ、かれが後継者になったことは想像に難くない。〔…〕バーンウェルは、まさに幻のロンドン商人であったのである」[23]。

廣末保は『曾根崎心中』に関して、「家督を譲るべき子のない平野屋の側から、この悲劇の条件は生じる」[24]と述べた。平野屋が内儀の姪に徳兵衛を婿入りさせ、店を持たせようとしていたことは『曾根崎心中』本文にもあり、先行する世話狂言『河原心中』（元禄十六年［一七〇三］四月）や『心中大鑑』にも言うところだ。この縁談を拒否してお初を選んだ徳兵衛は「封建社会の矛盾」と闘って「恋の手本」となったわけだが、裏を返せば縁談を断らなければ、徳兵衛は独立し、やがて平野屋を相続して、まっとうな商人として成功したはずである。

つまり東西の市民（町人）悲劇（あえて「悲劇」の語を使うが）は、観客の要求こそ違え、あるべき市民（町人）の規範を示している。サラグッドにはその規範を饒舌に述べるセリフが用意されている。実は『曾根崎心中』の平野屋にもその場面は選択肢としてあった。先行作『河原心中』には平野屋の意見事が仕組まれているからである。[25] 東西の「悲劇」は、その規範が金銭と性愛によって破られてゆくところに奇妙な符合をみる。

六、『ロンドン商人』の技法

1　傍白

『ロンドン商人』には散文であることを有効に利用した傍白（脇ゼリフ）asideが多用されている。一つだけ例を挙げよう。

Laying her hand on his, as by accident.

BARN (aside). Her disorder is so great, she don't perceive she has laid her hand on mine. —Heaven! how she trembles! —What can this mean? (pp.22-23)

ミルウッドの手が、さも偶然のようにバーンウェルの手に触れる。

バーンウェル　（傍白）ひどく取り乱してるぞ、自分の手が僕の手に触れていることも気付かないなんて。—ああ、震えているじゃないか。—これはどういうことなんだ？

バーンウェルがミルウッドの誘惑に屈する場面である。ミルウッドは自分がさも無垢な女であるかのように思いこませ、バーンウェルを陥落してゆく。こうした勘違いの傍白はこの後も続くが、その度に観客の失笑と同情を買ったことは疑いがない。

傍白が用いられるとき、「一人の登場人物と観客との間に、別の登場人物を疎外する『共犯関係』が成立する」。[26] 一般にはこの「共犯関係」は傍白を言う人物と観客との間で成立するのだが、『ロンドン商人』の場合、傍白を言うバーンウェルが「疎外」され、「共犯関係」はミルウッドと観客の間に成り立つ。このように劇的アイロニーを仕掛ける人物と仕掛けられる人物が逆転する構図は喜劇の領分である。リロが悲劇の技法に拠らずに『ロンドン商人』を書いたことは、こうした傍白の効果にも表れている。

なお、『ミス・サラ・サンプソン』でも傍白が多用されている。毒婦マーウッドが恋敵にあたるサラに初めて会ったときの「美人だ」[27]という傍白などは、まったく喜劇のそれである。

2　ブラディ・シーン

『ロンドン商人』には、エリザベス／ジャコビアン時代以来の伝統である流血シーンが出てくる。第三幕の最後にバーンウェルが叔父を殺す場面をみよう。叔父が長いひとりゼリフを言っている間にバーンウェルが忍び寄る際のト書きである。

During this speech, Barnwell sometimes presents the pistol and draws it back again; at last he drops it, at which his uncle starts, and draws his sword. (p.68)

当初バーンウェルはピストルで叔父を殺すつもりでいた。ところがピストルを出したり収めたりしてためらっているうちに取り落としてしまい、結局短剣を抜いて叔父を刺す。その様子は喜劇的でさえある。その結果、ミルウッドは血に染まったバーンウェルを迎えることになる。さながらマクベス夫人がダンカン王を殺したマクベスを迎えるように。

ピストルは、ピューリタン革命前後から一般に使用され始めたとされ、エリザベス朝の時代背景には馴染まない。第四幕で身柄を確保される際にも、ミルウッドがピストルを所持しているから、リロは同時代の風俗としてのピストルを出しながら、あえてそれを使用させなかったことになる。ピストルの出し入れをする喜劇的な仕草と、流血シーンの両方を意図的に行った訳である。

このように、リロは『ロンドン商人』を書くにあたって悲劇・喜劇に関わらず様々な手持ちの技法を総動員したのであって、そこからは「悲劇」を書くのだという純粋な意識は看取されない。

七、東西演劇の出会い

1　共通の出発点

近松世話物と西洋の市民悲劇の間には、もとより何の影響関係もない。しかし両者を参照し合うことにより、次に示すごとき共通の出発点が見えてくる。

1　実際にあった事件を題材にしていること
2　市民（町人）社会の規範と、これ逸脱した人間を描いていること
3　金銭と性愛の問題を描いていること
4　複雑な状況を説明する文体を持っていること
5　既存の技法を駆使していること
6　用いられた構造や技法は結末とは無関係だということ

こうした事情について、近代の近松研究はどの程度思いをいたしたのであろうか。おそらくはまったく視野に入っていなかったのではないか。

『ロンドン商人』は演劇史上画期的な作品だが、後世の評価は日本はおろか西洋でも高くはない。レッシングは『ミス・サラ・サンプソン』や後続の『ミンナ・フォン・バルンヘルム』（一七六七年）、『エミリア・ガロッティ』（一七七二年）によって『ロンドン商人』の技術的欠点をやすやすと乗り越えてしまった。また『ロンドン商人』の描く市民の問題は十八世紀特有の一過性のものにすぎなかったため、百年以上先にイプセンがすべて上書きしてしまった。レッシングやイプセンには「特権化」される資格があっても、リロが「特権化」されることはなかったのである。

2　逍遥から廣末保

坪内逍遙をはじめとする近松研究会は、近松の作品を「由来」「梗概」「性格」「意匠」「修辞」「雑」「影響」等の諸要素について合評した。このうち特に「性格」について、「専ら作中に現れたる人物を実在の個人と見做し、そが言動に見えたる所によりて、其の性格を解釈するにとゞむべし」(28)としたことは、後の近松研究の基本的態度となる。また合評に「大破裂」(29)、「アリストテレースがカタルシスの論」(30)という言葉が使用されていることから、古典主義的演劇が作品理解のひとつの規範であるようにもみえる。ただし一方で「ドラマ云々といへるは重にエリザ朝の性情悲劇を標準としていふなり」(31)と、その規範に揺れが見られることも否定できない。しかし少なくとも浄瑠璃の叙事詩的性格の中からドラマを読み取ろうという態度は明確で、これがのちの廣末保の近松研究につながってゆく。

その廣末保が浄瑠璃を叙事詩ではなく「悲劇」として評価する際の基準は、「葛藤の単一な連関」「行動と葛藤の単一な連関」(32)あるいは「悲劇としての統一」(33)ということであった。やはり廣末も単一な筋を持つ古典主義的戯曲に悲劇の理想形を見ていたわけである。

逍遥や廣末の立場に立つかぎり、近松の時代物は叙事詩（あるいは夢幻劇）として研究の対象から外されることになり、世話物が特権化することになる。しかしこうした作品理解は、近松世話物の成り立ちからも、また参照すべき西洋の市民悲劇の展開からも導き出すことができない。また近松が文学者である以前にplaywright（劇を書く職人）であったという視点が欠落していたことも否定できない。

おわりに

最後に近松作品の近代での上演について述べておきたい。近松作の浄瑠璃で、江戸時代を通して原文が改編されず、かつ上演の伝承が途絶えていない作品はほとんどないといってよい。逍遥をはじめとするグループが近松研究を熱心に行ったことはすでに述べたが、上演側（文楽・歌舞伎）の反応は冷ややかであった。人形のために書かれたものを生身の人間がするのは難しく、また文楽でも一人遣い時代の作品を復活するには勇気と手間が要るから、一方的に上演側を責めるわけにはいかない。

わずかに伊井蓉峰が明治三十五年（一九〇二）の約一年間真砂座に立て籠もって近松作品の連続上演をしたのが目立つ。また大正初年には文楽で丸本研究会が近松作品の復活を手がけ、大正十一年（一九二二）の近松二百年祭には研究側・上演側ともに相応の盛り上がりを見せはした。

しかし特権化したはずの近松作品の上演が本格化するのは、国立文楽劇場開場（一九八四年）前後を待たねばならない。

坪内逍遙あたりから提唱され続けた、近松世話浄瑠璃のまともな形での上演、という、近代演劇史の一つの課題は、国立文楽劇場開場を目前に控えた、一九八三年の時点で、達成の方向に踏み出していると言ってよい。[34]

一九七七年九月に国立劇場の『心中天の網島』が初日以前に全席売り切れたり、[35]一九八一年に始まった国立劇場の「近松名作集」（実質的には前年から始まっていたが）で入場者が従来の二倍を記録したり、[36]近松（特に世話物）の人気は旺盛な文化の消費行動と軌を一にしたといえよう。そしていまも近松の作品は舞台の上の文学として享受される。

たしかに世話物に関していえば、近松はリロからレッシングを経てイプセンに至る市民劇の進化の過程をひとりで達成してしまった天才である。しかし近松の偉大さは、時代物における構想の雄大さとポリティクスの妙に見出されるべきである。そのスケールはシェイクスピアやマーロウを凌ぐかもしれない。しかし一人遣い時代のある種のナンセンスも含めた人形の動きを、三人遣いで再現することは難しく、まして生身の俳優となると原作通りの上演は不可能に近い。演劇的な面白さも併せて評価されるべき時代物が、上演可能性から考えると世話物以上にレーゼドラマであるという、自己撞着が生まれるのである。

世話物・時代物を問わず、原作通りの上演が部分的にでも残っているもの、原文通りの復活上演が成功しているものは文楽において守るべきだが、山の手事情社、ク・ナウカ、巣林舎など、原作を大きく変換して現代化する試みも、上記の事情からすれば近松研究の可能性として視野に入ってこよう。

ピューリタン革命の空白期間のせいで上演の伝統を潔く捨てたシェイクスピア作品が、途中紆余曲折はあったにせよ、今日様々の演出によって上演され続けている力強さを鏡とするべきであろう。

注

（1）享保十二年（一七二七）、正本屋九左衛門刊『今昔操年代記　下』。

（2）井上泰至・田中康二編『江戸文学を選び直す　現代語訳付き名文案内』（笠間書院、二〇一四年）。

（3）井上泰至「序　我々は、江戸文学の魅力を本当に汲み取れているのだろうか？」注2前掲書、五～六頁。

（4）守随憲治・近藤忠義・乙葉弘編著『近松』（増補国語国文学研究史大成一〇、三省堂、一九七七年、初版は一九五二年）。また『近松』（日本文学研究資料叢書、有精堂、一九七六年）にも近松研究史に関する二三の論文がある。

（5）原道生「戦後近松研究史の一側面（その一～その四）――「近松の会」を中心に」（『近松研究所紀要』第二五～二八号、二〇一五～二〇一八年三月）。

（6）東晴美「伝統演劇からみる近代――逍遥の近松研究」（『総研大文化科学研究』二、総合研究大学院大学文化科学研究科、二〇〇六年三月）。

（7）拙稿「「卯月九日其暁の明星が茶屋」考」（『福岡女学院短期大学紀要』第二九号［国語国文学・英語英文学］別冊、一九九三年二月）。

（8）拙稿「元禄演劇の技法」（『元禄文学を学ぶ人のために』世界思想社、二〇〇一年）。

（9）拙稿「近松心中物再考」（福岡女学院大学大学院　人文科学研究科紀要『比較文化』第九号、二〇一二年三月）。

（10）坪内逍遙「近松対シェークスピア対イブセン」（『劇と文学』冨山房、一九一一年）三四三頁。

（11）注8前掲拙稿、一五三頁。

（12）注9前掲拙稿。

（13）横山正『浄瑠璃操芝居の研究』（風間書房、一九六三年）四八八～四九一頁。諏訪春雄『近松世話浄瑠璃の研究』（笠間書院、一九七四年）三三五頁。

（14）『ロンドン商人』の評価と影響については、Hartnoll, Phyllis, ed., *The Oxford Companion to the Theatre*, Oxford University press, 1983, p.492. LILLOの項、『改訂新版　世界大百科事典』（平凡社、二〇一四年、ジャパンナレッジ搭載版より）「近代劇」の項（毛利三彌執筆）、「市民劇」の項（岩淵達治執筆）、「リロ」の項（喜志哲雄執筆）等を参照されたい。

（15）原英一『〈徒弟〉たちのイギリス文学　小説はいかに誕生したか』（岩波書店、二〇一二年）七二頁。

（16）**Ward, Adolphus William, ed.** ***The London Merchant or The History of George Barnwell and Fatal Curiosity*****, D. C. Heath & Co., 1906, Introduction, p.xii.**

（17）毛利三彌編著『東西演劇の比較』（放送大学教育振興会、一九九三年）一七七頁注。

（18）藤田衆名城大学教授のご教示による。バルヌヴェルト**Barnevelt**はバーンウェル**Barnwell**のフランス語化である。メルシエは、感動したり泣いたりすることを観劇の目的とするフランス人のために筋を改変したことを、その序文に記している。

（19）レッシング作／田邊玲子訳『エミーリア・ガロッティ　ミス・サラ・サンプソン』（岩波文庫、二〇〇六年）解説、三三〇頁。

（20）注19前掲書、解説、三三四頁。例えばサー・サンプソンは*Love for Love*（一六九五年）から、メルフォントは*Double*

Dealer（一六九三年）から、そしてマーウッドは『世の習い *The Way of the World*』（一七〇〇年）から採っている。

(21) 頁数は注16前掲書による。以下同様。

(22) 山田利秋「家庭悲劇の登場人物たち――リロ『ロンドン商人』を中心に」（『サピエンチア（英知大学論叢）』第三六号、二〇〇二年二月）四〇頁。

(23) 注22前掲書、四四～四五頁。

(24) 廣末保『増補　近松序説』（未来社、一九六三年）六八頁。第一版は一九五七年。

(25) 松崎仁「近松による浄瑠璃戯曲の形成」『歌舞伎・浄瑠璃・ことば』八木書店、一九九四年、二三四頁（初出は原題「浄瑠璃の大成と近松門左衛門」『日本文学全史　四　近世』学燈社、一九七五年十一月）。

(26) 佐々木健一『せりふの構造』（講談社学術文庫、一九九四年）一一〇頁（初出は筑摩書房、一九八二年）。

(27) 注19前掲書、二四〇頁。

(28) 坪内逍遙・綱島梁川編『近松之研究』（春陽堂、一九〇〇年）二一頁。

(29) 注28前掲書、四七頁。

(30) 注28前掲書、七八頁。

(31) 注28前掲書、二六一頁。

(32) 注24前掲書、七頁。

(33) 注24前掲書、三三頁。

(34) 内山美樹子『文楽　二十世紀後期の輝き――劇評と文楽考』（早稲田大学出版部、二〇一〇年）二五六頁。

(35) 注34前掲書、一五七頁。

(36) 倉田喜弘『文楽の歴史』（岩波書店、二〇一三年）二三三頁。

［比較］

フラー・天勝・梅蘭芳――梅蘭芳『天女散花』と電光の世紀

平林宣和

ひらばやし・のりかず――早稲田大学政治経済学術院教授、演劇博物館兼任研究員。専門は中国演劇。主な著書・訳書に『文明戯研究の現在』（共編訳、東方書店、二〇〇九年）、『京劇俳優の二十世紀』（章詒和著、青弓社、二〇一〇年）、『中国演劇史図鑑』（中国芸術研究院戯曲研究所編、国書刊行会、二〇一八年）などがある。

一九一九年の梅蘭芳初訪日公演の際に上演された古装新戯『天女散花』は「外国の舞踊」の影響を受けているという説が、当時の日中双方で流布していた。筆者はかつてこの「外国の舞踊」とはロイ・フラーのダンスのことではないかと推論したが、今回小論では、当時の東アジア地域内で実際に両者を結び付けるいくつかの筋道を検証した。

はじめに――『天女散花』と「西洋の舞踊」

1　『天女散花』東京公演

一九一九年の梅蘭芳初訪日公演の際、北京から梅蘭芳一行に随行した村田孜郎（烏江）は、東京帝国劇場における公演開始と同時に、梅蘭芳と京劇を紹介する書籍『支那劇と梅蘭芳』を出版した。この書籍で村田は、梅蘭芳が東京で演じる新作の『天女散花』は、西洋および日本の舞踊の特質を併せ持っている、と記している。また当時梅蘭芳の訪日公演に協力した福地信世も、同時期に活字化された梅蘭芳を紹介する文章の中で同様の指摘をした。

この芝居はもっぱら歌舞を主とし、その舞踊は中国の古い様式と、日本の踊及び西洋の舞踊の特徴を混ぜ合わせている。(1)

舞踊の技術には一部西洋の舞踊を加味しているところもある。(2)

梅蘭芳の『天女散花』は、歌舞を重んじるという中国伝統演劇の一般的特質を意識して創作された、古装新戯と呼ばれる一連の新作芝居の一つである。(3) これらの記述に関して、かつてある中国人研究者に、ここでいう日本の踊や西洋の舞踊とは何を指すのか、と質問されたことがある。そのとき筆者は、当時の日本の「踊」は主に歌舞伎舞踊を指していたのではないか、ただし『天女散花』のどの部分がその影響を受けたかはわからない、一方の西洋の舞踊については、さらに判然としない、と回答したように記憶する。

一九一九年の来日公演当時、『天女散花』が「日本の踊及び西洋の舞踊」の影響を受けたとする説は、他の日本人評者の文章にも散見される。これらの情報の出どころは、北京に長く住み梅蘭芳の舞台に直接に接していた村田と福地の上記の文章と考えるのが、おそらく自然であろう。訪日公演前から梅蘭芳の身辺におり、北京で梅蘭芳の芝居を大量に見ている彼らの言うことが、まったく根拠の無いこととは思われないが、一方で村田と福地のいうこれら日本と西洋の舞踊が具体的に何を指していたのかは、依然として一つの謎である。

2 『天女散花』初演とカラー照明

一方、類似した説が中国においても流布していた様子が、当時の梅蘭芳に関する新聞記事から確認できる。一九一七年十二月、北京の吉祥園での『天女散花』初演時に書かれた以下の記事がそれである。

梨園の外部ではこの芝居(訳注:『天女散花』)が西洋の舞踊に似ているという者がいるがどうだろうか、と記者は質問した。陳徳霖は以下のように答えている。「西洋の舞踊はまだ見たことがないが、この芝居は伝統演目から換骨奪胎したものである。昆劇のなかの「舞盤」はすでに失伝しているが、その中の舞踊はこの芝居と似たところがある。五色の電光については、単に舞台を華やかにしているだけで、この芝居とあまり関係はないだろう」。
(若愚「業界人が天女散花を評する」『順天時報』、一九一七年十二月十一日)

これは『順天時報』の記者が北京演劇界の長老、陳徳霖を取材して書いた、問答形式の記事の一部である。陳徳霖は梅蘭芳の師匠の一人であり、当時『天女散花』のリハーサルにも顔を出しているので、内容には一定の精度があるといっていいだろう。

この記事から、少なくとも一九一七年の『天女散花』初演時には、すでにこの演目に西洋の舞踊と似た点がある、とする説が出現していたこと、また陳徳霖は芝居との直接の関わりは薄いと述べているものの、それがカラー(五色)の電気照明と関係があったらしい、ということが見て取れる。

この点について筆者は、ここでいう「西洋の舞踊」とは、おそらくモダンダンスの先駆者のひとりであるロイ・フラーの舞踊のことではないか、と指摘したことがある。(4)両手に持った長い帯を伸びやかに旋回させる『天女散花』の振りと、当時使用されたというカラー照明の組み合わせが、ロイ・フラーの電気踊に似ていることから判断したものだが、明確な論拠があるわけではなく、この時点ではあくまで個人の印象に基づいた推論を述べたに過ぎない。(5)

小論は、この点を証明できる確固とした論拠を依然として示すことはできないが、一方で上記の指摘以降、ロイ・フラーと梅蘭芳という、一般的にはかけ離れた存在と思われる二者の間を結び付ける、何本かの補助線を見出すことができた。今回はこの問題をめぐるいくつかの筋道を、上記推論を支える補助線として、具体的に示したいと思う。

その補助線の起点は一九〇〇年のパリ万博、終点は冒頭に記した一九一九年の梅蘭芳の訪日公演である。この筋道は、一義的にはロイ・フラーと梅蘭芳という二つの点を結びつけようとする試みであるが、他方においては当時の梅蘭芳の演技をめぐるグローバルな文脈を示すと同時に、二十世紀の梅蘭芳および京劇の近代化のプロセスの全景をより正確に把握するための一助ともなるのではないか、と考えている。

一、第五回日本内国勧業博覧会とカーマンセラの電気踊

1 電気宮と不思議館

アメリカ出身のダンサーであるロイ・フラーは、パリに渡った一八九二年から、「蛇の踊り」、「火の踊り」など一連の電気踊によって一躍ヨーロッパの芸術界に名を知られるようになった。後の一九〇〇年、世紀の変わり目に開かれたパリ万博において、政府の委嘱により自らの劇場を開設したフラーは、自身のダンスを演じるとともに、当時ヨーロッパで話題となっていた川上音二郎と貞奴の劇団を招聘、(6)これを契機に東洋の演劇との縁を結んでいる。

このパリ万博で最も注目されたパビリオンの一つが、「電気宮（Palais de l'Électricité）」であった。このパビリオンは新たな世紀の到来を思わせるイルミネーションや様々な電気関連の技術により、当時万博を訪れた人々を魅了した。そしてそのわずか三年後に、この「電気宮」を模したと思われる「電気光学不思議館」が、大阪天王寺で開催された第五回日本内国勧業博覧会の会場に姿を現し、「電気宮」と同様に最新の電気技術で人気を集めた。

第五回日本内国勧業博覧会は当時最大規模の博覧会で、開

催時期は一九〇三年（明治三十六年）三月一日から七月三十一日、入場者数は五三〇万人に達した。この勧業博覧会は、「人間の展示」を行ったことにより悪名が高いが、一方で会場に点されたイルミネーションが話題を呼び、初めて夜間開業をした博覧会としても知られている。一九〇三年四月一日の『大阪毎日新聞』に掲載された「電気光学不思議館」の広告には、「無線電信」、「X光線」、「活動写真」など当時最新の電気技術の名称が並ぶが、小論が注目するのは、その中央に描かれたアメリカのダンサー、ヘレン・カーマンセラである。(7)

図1　『大阪毎日新聞』（1903年4月1日）掲載の「電気光学不思議館」広告。上部にカーマンセラのダンスを描いた挿絵が組み込まれている。

2　カーマンセラの電気踊

このカーマンセラを博覧会に呼んだのは、日本の映画産業の創始者の一人である荒木和一であった。荒木は不思議館の展示全体を企画し、上述の「X光線」、「活動写真」などの機器はアメリカから買い求めたものであった。カーマンセラも同様に荒木によってアメリカから招聘され、彼女のダンスは不思議館の各種展示の中で最も人気を集める出し物となった。当時の新聞報道は、以下のように不思議館における彼女のダンスの様子を伝えている。

米国の女優カーマンセラ嬢が登場して朝の舞、夜の舞、白百合の舞、火炎の舞など演ずるにぞ、好奇の観客は常に場に満ちたり。舞は五色の電燈と反射鏡とを巧みに応用するものなれば、不思議でも何でもなけれど、其五彩の変化尤も巧妙なれば、誠に人の眼を喜ばすなり。

（遅塚麗水「火炎の舞（不思議館のカーマンセラ嬢）於大坂」『都新聞』一九〇三年四月十九日）

この時の興行でカーマンセラが披露したダンスはこの引用にある四種類で、いずれも「五色の電燈と反射鏡とを巧みに応用するもの」と紹介されている。さらにこの記事は、ダンスの様子を以下のようにより詳細に記述している。

観棚左右の扉は閉され、場内の電燈は一時に消されて薄暗よりも尚ほ暗きが中に、舞台に懸けたる緞帳は真中より颯と披いて左右に分れば、唯だ見る、漆を盛りしと思はるゝ暗き彼方に人あり、黄金の髪を振り乱して天女のごとく舞ひ出でたり。（中略）さて白百合の舞といふは、袂の長さ一丈に余るを衣て舞ふものにて、矢張り電燈の射映を受けて、紅莫青紫、変り行く衣の色は前のに似て美しく、舞の終りに袂を颺げて立ち上れば、衣の色は雪より白く変り来り、実に一本の白百合の楚々として立つにも似たり。

このように不思議館で披露されたカーマンセラのダンスは、「袂の長さ一丈に余るを衣て」、「五色の電燈と反射鏡とを巧みに応用」したものであった。その演技の様子も、また演じられた演目を見ても、それらがロイ・フラーの電気踊とほぼ同様のものであったことは疑いないだろう。

3　ロイ・フラーのエピゴーネン

ロイ・フラーは一九〇九年にヨーロッパで自らの舞踊学校を設立し、自身の舞踊の伝承者を育成した。そして一九一二年には、この学校の卒業生たちに、彼女が創作した各種のダンスの上演を許可している。一方で、それ以前からすでにフラーのエピゴーネンが複数欧米の舞台に現れ、各地でフラーと同様の電気踊を演じていた。不思議館のカーマンセラはアメリカでとりたてて有名なダンサーというわけでもなく、おそらくは当時出現した数多くのエピゴーネンの一人であったと考えられる。(8)

カーマンセラは自身が踊るダンスについて、来日直後にインタビューに訪れた新聞記者に対し以下のように述べている。

此舞踏は今より約十年前始めて米国に於て行はれ、今は欧州各国に入り、巴里にても盛に行はるゝ由。

（『大阪毎日新聞』一九〇三年一月十七日）

ここで彼女が語っているのは、まさに一八九一年に電気踊を創始し、のちにヨーロッパで名声を博したロイ・フラーと電気踊の足跡そのものと考えてよいだろう。一九〇〇年のパリ万博における電気宮とフラーの電気踊という組み合わせが、それをそのままコピーするかのように、三年後の一九〇三年、勧業博覧会の不思議館とカーマンセラの電気踊として再現されたのである。

大阪の勧業博覧会で人気を博したカーマンセラは、同年秋に東京に呼ばれて歌舞伎座の舞台に立ち、引き続き翌年には名古屋の御園座、大阪道頓堀の浪花座など、日本各地の大規模劇場でそのダンスを披露した。エピゴーネンとはいえ、当時多くの日本人がカーマンセラを通してロイ・フラーと同様の電気踊に触れたのである。一九〇三年から翌年にかけてのこのカーマンセラの興行が、おそらくは日本で初めて披露された電気踊であったと考えてよいだろう。(9)

二、松旭斎天勝の電気踊

1　松旭斎天一一座と電気踊

一九〇四年の年頭まで日本各地を巡演したのち、カーマンセラの足跡は不明となってしまう。しかしその四年後、新聞に掲載された一篇の劇評に、再びカーマンセラの名前が登場した。

松旭斎天一久し振に中座に開演する。例に由て例の如く天勝は美しい。（中略）天勝の胡蝶の舞は極めて鮮麗で、又極めて花やかである。天王寺の博覧会で見たカーマンセラのそれよりも相手が日本の美人なるだけ一層愉快に面白く見られる。これは是非一見すべしだ。

（「中座の天一」『大阪朝日新聞』一九〇八年五月五日）

ここでカーマンセラと比較されているのは、著名なマジシャン松旭斎天一の弟子で、明治末から昭和初期にかけて日本の芸能界で絶大な人気を誇った女性マジシャン、松旭斎天勝である。劇評家はなにゆえに天勝の「胡蝶の舞」と、五年前のカーマンセラのダンスとを比較したのであろうか。それは彼女がこの時に演じた胡蝶の舞も、カーマンセラのダンス同様、ロイ・フラーに類似した電気踊であったからである。

松旭斎天一は自分の弟子たちを連れて一九〇一年から一九〇五年まで、欧米各国を巡演した。そして帰国後の一九〇五年九月、東京歌舞伎座で帰国記念公演を開催し、各種マジックのほかに天勝の「電気踊」を披露している。興行期間は一九〇五年九月二日から九月十五日、同八月三十日の『読売新聞』に掲載された広告によると、天勝の電気踊は以下に掲げる全十一演目のうち、七番目に披露されている。

第一、花と風船の術、種蒔の術、奇玉の現消（天勝）
第二、指輪の飛行、カアドの術（天松）
第三、鏡隠の美人（天一・天勝）
第四、火炎の術、洋杖ちぎり、回転ランプ、小鳥（天一）
第五、空中催眠術（天一・天花）
第六、錦魚皿、縄抜けの術、烈火スパロー（天昇）
第七、電気踊（天勝）
第八、美人の忍術（天一・天勝）
第九、花現の妙術、器物の現出（天花）
第十、時計の当物、白絹の変色、変速の紙切（天勝）
第十一、空中金魚釣、電気応用水火術（天一・総出）

2　羽衣ダンス

この公演当日のプログラムでは、電気踊は「羽衣ダンス」と表記され、関連する後日の記述でも、「羽衣ダンス」という名称が使われている。[10] かつて天勝一座の文芸部長を務めて

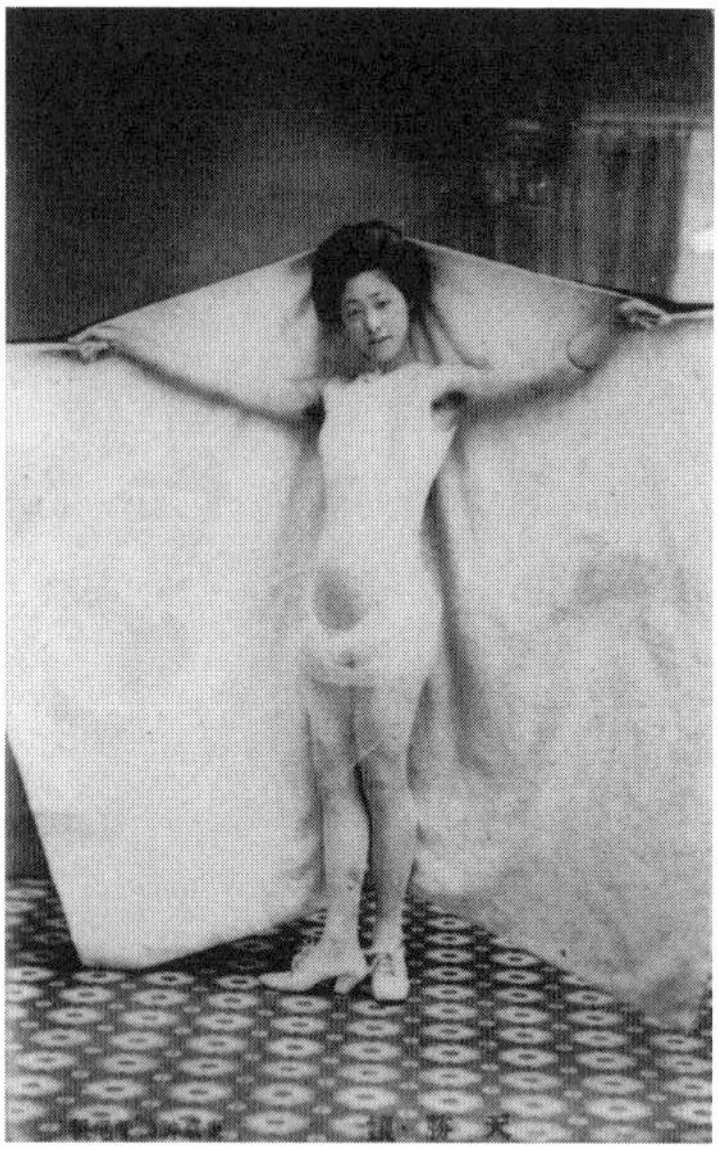

図2　天勝の電気踊の衣裳を写したと思われる当時の絵葉書（筆者蔵）

いた石川雅章は、後に出版した天勝の評伝において、以下のように羽衣ダンス上演時の様子を回顧している。[11]

> 〝羽衣ダンス〟は薄絹の羽衣に、当時珍しかったスパンコールを要所要所に巧みに使って、これも珍重されるに足りた回転フィルターで七彩の照明を当てるのが、いわゆる〝電気応用〟で、それが何しろ本場で修業した洋舞であり、花もさかりの、二十一才の天勝が半裸の肉体美を見せながら、大舞台一ぱいに踊りまくるのだから、観客の興奮はその極に達し、万雷のような喝采を浴びたのも当然であった。

ゆったりとした羽衣に「回転フィルターで七彩の照明を当てる」演出は、フラーおよびカーマンセラの電気踊とまったく同じ趣向であり、先の評者がカーマンセラと天勝両者のダンスを比較したのは、正にこの点による。天勝の演じた電気踊「羽衣ダンス」は、以下に検討するようにこの時が日本初演と思われるが、一方で天勝がどのようにして電気踊を身につけたかは、現時点でははっきりしない点が多い。村松梢風は「羽衣ダンス」や「胡蝶の舞」の来歴を、以下のように説明している。[12]

> 彼女は奇術の外に日本舞踊もやったが、羽衣ダンス又は胡蝶ダンスとも呼ばれた西洋ダンスもやって人気を博した。これはその前にチャリネー曲馬団というサーカスが来た。日本へ来たサーカスの嚆矢であった。その中のアデヤ嬢なるものがこの羽衣ダンスを演じたのを、天一一座が修得して、天勝に踊らせたのだった。

チャリネ曲馬団は、十九世紀後半から二十世紀初頭にかけて、東アジアでたびたび興行を行ったイタリアのサーカス団である。日本へは一八七四、一八八六、一八八九年（明治七、十九、二十二年）の三度来日しているが、天一一座は一八八九年のチャリネ曲馬団来日時に、両国の回向院において、チャリネ曲馬団と相前後して興行を行っており、両者の間に何らかの接触があったことは考えられる。ただし一八八九年、すなわちロイ・フラーのデビューよりも早い時点で、チャリネ曲馬団が電気踊を出し物の一つにしていた可能性はかなり低いのではないか。藤山新太郎は天一の評伝の中で、歌舞伎座で披露された羽衣ダンスについて以下のように述べている。(13)

> 九番目の「羽衣ダンス」というのは、回向院の興行のときにすでに演目として出していたもので、シルクの薄い生地のドレスを着てダンスを踊るのだが、今回はシルクにところどころスパンコールをつけてきらきらと輝くようにし、さらに七色の照明を切り替えながらスパンコールを照らし、色を変えながら踊るという作品に作り替えた。

この記述によれば、羽衣ダンスという演目そのものは、回向院におけるチャリネ曲馬団との連続興行時に出現していたが、「七色の照明を切り替えながら」衣裳を照らす演出は、歌舞伎座興行において初めて採用されたものということになる。一九〇五年に歌舞伎座で披露された羽衣ダンスは、回向院の時のものとは相当異なっていた、と考えた方がよさそうである。

村松説は、回向院興行時に羽衣ダンスがすでに姿を現していたことから、天一一座がそれをチャリネ曲馬団から習得したと判断したのではないか。一方で石川の説明にある「本場で修業した洋舞」という表現からも、電気踊「羽衣ダンス」は一九〇一年から一九〇五年までの欧米巡演の際にどこかで習い覚えたもの、と想定するのがおそらくは妥当であると思われる。

3　日本人による電気踊

村松説に登場する「アデヤ嬢」については、歌舞伎座興行四ヶ月前の一九〇五年四月に、洋行帰りの芸妓とされるアダリー嬢という人物が、京都明治座においてカーマンセラに類似した「胡蝶の舞」を披露しており、両者の発音の類似から、あるいはこのアダリー嬢の情報がどこかで紛れ込んだことも考えられる。当時の新聞には、このアダリー嬢について以下のような記載が見られる。

> 京都明治座におけるアダリーの『胡蝶の舞』は本役だけに極めて巧妙なるもの、まづカーマンセラの舞踏と見れば大した差はないが、婆娑翩々たる姿の婀娜めいて情のある点は日本人だけにカーマンセラに見るべからざる趣がある。
>
> （『大阪毎日新聞』一九〇五年五月三日）

アダリー嬢は日本人の芸妓であり、影響力は遠く天勝に及ばないものの、この時の興行は天勝よりも早い日本人による初の電気踊、ということになる。ただ、それまで長期間欧米巡業をしていた天勝とアダリー嬢の間に、日本国内において何らかの接点があったとは考えにくいであろう。

羽衣ダンスの来歴については、依然としてはっきりしないところがあるが、いずれにしても一九〇五年九月の歌舞伎座興行において、天勝の電気踊「羽衣ダンス」が多くの観客の前で披露され、評判を呼んだことは確かである。そしてこれ以降、電気踊は長期間にわたって天勝の重要なレパートリーの一つとなっている。(14)

天勝がフラーのダンスを直接に知っていたかは定かではないが、当時欧米で流行した電気踊をどこかで習い覚えて演じていたという点では、本人にそうした意識があったかどうかにかかわらず、カーマンセラ同様にフラーのエピゴーネンの一人であったといってよいだろう。その後天勝の電気踊は、日本国内のみならず、国外においても披露されていくことになる。

三、民国初期上海と天勝娘

1 上海の天勝娘

天勝の師匠である松旭斎天一は、一八八九年に中国の上海、漢口などで巡演を行い、翌年帰国した。天一と中国とは浅からぬ縁があり、清朝の重臣李鴻章が、天一の魔術を見て大いに賞賛したとの記録も残っている。弟子の天勝もまた、一九一一年に天一が引退し一座の座長となって以降、東アジア各地にたびたび巡業に訪れている。満州や台湾など、日本が植民地統治をしていた場所が主であったが、一九一三年および一九一四年には、上海で二度の興行を行い、大変な人気を博している。(15)

当地での芸名は一九一三年七月一日の『申報』に掲載された最初の広告にある通り、「天勝娘」であった。これ以降、『申報』には天勝娘公演の広告が大量に掲載されており、その掲載期間は筆者が確認できた範囲では、それぞれ一九一三年七月一日から九月二十八日、二度目の一九一四年は七月三十一日から九月二十三日となっている。一九一三年は約三か月、一九一四年は約二か月の間広告が掲載されており、合計で半年近いロングラン興行が行われていた様子が見て取れる。

『申報』に掲載された最初の広告には、「世界的な大奇術師、日本一の美女　天勝娘」といった惹句があり、また広告下部には、天勝は東西各国でつとに名を知られていたが、中国はまだ訪れたことがなかったこと、また民強報館という新聞社が主催した第二回華洋物品研究会という催しの余興として招聘されたことなど、興行の背景が記されている。公演場所は当時上海で様々な催しが開かれていた張家花園、実際の上演は七月六日に始まった。

この時の上海興行でも、天勝の電気踊は目玉の出し物の一つとして披露されている。たとえば一九一三年八月十二日の『申報』広告には、天勝の電気踊の代表作、「胡蝶の舞（広告では電術胡蝶舞）」の名称が見て取れる。カーマンセラの不思議館興行からちょうど十年の後に、当時の東アジアで最も国

際的であった大都市上海の舞台に、電気踊が登場することになったのである。(16)

2　電気踊と民国初期の上海劇壇

天勝の電気踊は翌一九一四年の興行においてもたびたび上演されており、『申報』の広告には、「電光胡蝶の舞　変化無窮のカラー照明（電光胡蝶跳舞　五光十色変化無窮）」（八月二十一日）、あるいは「カラー照明と羽衣による月宮の舞（五彩羽衣之月宮舞）」（八月三十日）という具合に、カラーの照明や衣装を強調した宣伝文句が記されている。

図3　天勝娘広告（『申報』1914年8月30日）。左下に月宮舞についての記載がある。

このようにして、一九一三年と一九一四年の二回、合計半年近くにわたって天勝一座の興行が行われ、天勝が得意とした各種の電気踊が上海の舞台上で繰り返し上演されたのである。外国の劇団による数か月のロングランというのは、当時の上海ではおそらく珍しいことで、通常の演劇のような言語上の障壁の無い天勝一座のマジックやダンスは、その分多くの上海の観客の目を楽しませることになった。当時の上海の観客たちは、天勝の舞台を通して、ロイ・フラーに源を持つと考えられる電気踊に、直接触れることになったのである。

天勝を迎え入れた一九一三年から一九一四年にかけての上海劇壇は、それ自体もまた大きな変革の時代に入っていた。清末に生まれた、中国の伝統演劇と近代劇の特質を併せ持つ新興ジャンルである文明戯は、一九一四年に「甲寅中興」という上演活動のピークを迎えており、後に梅蘭芳が創作上演する古装新戯と同じように、新たにデザインされた古代の服装を意味する「古装」を用いる古装戯も、文明戯の一ジャンルとしてこの時期に生まれている。(17)

また梅蘭芳の古装新戯『黛玉葬花』、『千金一笑』の素材となった『紅楼夢』の芝居も、この時期の文明戯によって大量に上演されていた。筆者が調査した限りでは、上海の文明戯によって上演された最初の『紅楼夢』の芝居は、一九一三年十一月二十八日の『申報』に広告が掲載された新民社の『鴛鴦剣』であり、やはり天勝の上海興行の時期に隣接している。

一方、梅蘭芳自身は一九一三年末から一九一四年初頭まで二度目の上海公演を行っており、その後の一九一四年から翌一五年にかけて、現代物の時装新戯や、冒頭で述べた古装新戯の創作上演が開始されるのである。このように天勝の一九一三年及び一九一四年の上海興行は、まさに民国初期に中国の新旧両演劇が新たな胎動を始める時期とほぼ重なっていた。天勝と当時の上海の新旧両演劇の直接の交渉を示す資料は現時点では見つかっていないが、それらはすべて同時代の現象として同じ上海の地で並走をしていたのである。

おわりに

京劇愛好者の齊崧は、彼の著書『談梅蘭芳』において、彼が民国初期に初めて『天女散花』を観劇した時の様子を語っている。(18)

天女散花という芝居は、おおよそ民国三、四年（訳注：一九一四、一五年。実際の初演は一九一七年冬である）頃にはすでに創作されており、筆者がそれを初めて見たのは民国八年であった。当時はまだ八歳で記憶もうはっきりせず、カラーの照明が目まぐるしく変わることしか覚えていない。

一九一九年、梅蘭芳が初の訪日公演を行ったのと同じ年に、北京で『天女散花』を見た八歳の子供の脳裏に焼き付いたのは、梅蘭芳の舞姿ではなく、目まぐるしく変化するカラー照明であった。現代の観客が『天女散花』を見る際に重視するのは舞踊の部分であり、照明技術は特に重要なものとは見なされていない。しかし民国の時代は決してそうではなく、多くの人が梅蘭芳の古装新戯の特徴は照明だと考えていたのである。

たとえば一九三一年の『戯劇月刊』一巻三期に掲載された評論は、梅蘭芳の古装新戯『洛神』に触れ、この芝居の特徴は「カラー照明に照らされた羽衣が美しく閃く」ところにあり、さらに一連の「梅蘭芳の新作は電気照明を使うところが非常に多く」、私邸などで行われる堂会戯では照明が使えないため観客が残念がっていた、と記している。(19) この時期の観客が、古装新戯の特徴の一つが照明であることを強く意識していたことをうかがわせる記述であろう。

ロイ・フラー自身は、計画はあったものの結局は東洋を訪れることはなかった。しかし二十世紀の初頭、彼女を源とする電気踊がそのエピゴーネンを通して上海、東京など東アジアの大都市に出現していた。梅蘭芳は先述のように一九一四年の年末に第二回の上海公演を行い、翌一九一五年の秋に、最初の古装新戯である『嫦娥奔月』を初演している。天勝の「カラー照明に映える羽衣を用いた月宮舞」と、同じく月宮を舞台とする『嫦娥奔月』の出現には一年の時間差しかない。その後、「カラー照明に照らされた羽衣が美しく閃く」古装新戯が陸続と登場し、その代表作である『天女散花』が一九一九年に東京で日本の観客と出会うことになる。

梅蘭芳は自身の書いた文章で一度もロイ・フラーに言及したことはないし、彼が上海で天勝娘の電気踊に関する情報に接したかどうかも現時点では不明である。しかし梅蘭芳の古装新戯が、これまで述べてきたような民国初期の環境の中から生まれたことは確かである。それらは、ロイ・フラーに始まる一連の電気踊と同様に、到来したばかりの「電光」の世紀の産物であった、といっていいだろう。

以上、梅蘭芳の『天女散花』とロイ・フラーの電気踊を結ぶ伏線を、二十世紀初頭の東アジア地域内で追跡してみた。両者を直接に結ぶラインは未だ発見できていないが、カーマンセラや天勝を媒介として、双方がかなり近い位置にまで接近していた様子は明らかにできたと思う。トンネルを両側から掘り進めていく作業は、今後も継続して取り組んでいくつもりである。

注

（1）村田孜郎『支那劇と梅蘭芳』（玄文社、一九一九年）六七頁。

（2）福地信世「支那の芝居の話」（『中央公論』大正八年四月号、一九一九年）九八頁。

（3）詳細は、平林宣和「『天女散花』考――梅蘭芳古装新戯の再検討」（『演劇博物館グローバルCOE紀要演劇映像学』二〇一一―二、二〇一二年）。

（4）平林宣和「古装新戯的〝古〟與〝新〟――略論梅蘭芳《天女散花》及其他」（国立台湾戯曲学院『戯曲学報』一〇号、二〇一二年）二三〇頁。

（5）ロイ・フラーが演じた舞踊の総称については、英文で用いられる「electric-light dance」（たとえばGarelick, Rhonda. K, *Electric Salome*, Princeton: PRINCETON UNIVERSITY PRESS, 2007, p.87）の訳語として、後述する天勝に関連した資料で用いられた一般名称「電気踊」を今回は採用しておく。

（6）村山茂代『ダンスをめぐる散策』（不昧堂出版、二〇〇八年）二九頁。

（7）ヘレンという名は荒俣宏『万博とストリップ』（集英社、二〇〇〇年、一五二頁）による。カーマンセラのフルネームは、管見に及んだ範囲では他の資料には見いだせない。

（8）荒俣前掲書一五六頁、また村山前掲書三〇頁。

（9）十九世紀末にヨーロッパで撮影された電気踊の映画が、これより前に東アジアで上映されていた可能性は十分あるが、今回は詳しく検証することはできなかった。

（10）笹山敬輔『幻の近代アイドル史　明治・大正・昭和の大衆芸能盛衰記』（彩流社、二〇一四年）六七頁。

（11）石川雅章『松旭斎天勝』（桃源社、一九六八年）八五頁。

(12) 村松梢風『魔術の女王』（新潮社、一九五七年）二九頁。

(13) 藤山新太郎『天一一代　明治のスーパーマジシャン』（NTT出版、二〇一二年）二一六頁。

(14) 松旭斎一門においては、その後羽衣ダンスの伝承は絶えてしまったようである。天勝の孫弟子の世代である松旭斎正恵は、近年のインタビューで以下のように答えている。「「羽衣ダンス」ですか。わたしの母もやったのよねぇ。どういうものだったのかしら。当時、アメリカから連れてきたバージニアという女の先生が、洋舞の先生だったそうですよ」（松旭斎正恵、二〇〇九年（「松旭斎正恵さんに聞く」『彷書月刊　特集天勝』彷徨舎、一二頁）。バージニアという「洋舞の先生」がどのような人物か、現時点でははっきりしないが、あるいは天勝の電気踊の修得と何らかの関係があるのかもしれない。

(15)『申報』の付録として天勝のブロマイドが配布されることもあった（『申報』一九一四年七月三十一日）。

(16) 租界という内なる欧米社会をかかえていた国際都市上海で、天勝以前に他のエピゴーネンによって電気踊が披露されていた可能性は十分あるが、現時点ではその痕跡を確認できていない。

(17) 管見の範囲では、一九一四年六月十一日の『申報』に掲載された「新民社試演古装戯預告　義弟武松殺嫂報兄仇」という広告が、文明戯における「古装戯」という名称の初出である。

(18) 齊崧『談梅蘭芳』（伝記文学雑誌社、一九八〇年）四五頁。

(19) 張舜九「梨園叢語」（『戯劇月刊』一巻三期、一九三一年）四頁。

参考文献

【日本語】

荒俣宏『万博とストリップ』（集英社、二〇〇〇年）

石川雅章『松旭斎天勝』（桃源社、一九六八年）

笹山敬輔『幻の近代アイドル史　明治・大正・昭和の大衆芸能盛衰記』（彩流社、二〇一四年）

平林宣和「『天女散花』考――梅蘭芳古装新戯の再検討」（『演劇博物館グローバルCOE紀要演劇映像学』二〇一一―二、二〇一二年）

平林宣和「古装新戯的〝古〟與〝新〟――略論梅蘭芳《天女散花》及其他」（国立台湾戯曲学院『戯曲学報』十号、二〇一二年）

福地信世「支那の芝居の話」（『中央公論』大正八年四月号（四月一日発行）、一九一九年）

藤山新太郎『天一一代　明治のスーパーマジシャン』（NTT出版、二〇一二年）

村田孜郎『支那劇と梅蘭芳』（玄文社、一九一九年）

村松梢風『魔術の女王』（新潮社、一九五七年）

村山茂代『ダンスをめぐる散策』（不昧堂出版、二〇〇八年）

松旭斎正恵「松旭斎正恵さんに聞く」（『彷書月刊　特集天勝』、彷徨舎、二〇〇九年）

【中国語】

齊崧『談梅蘭芳』（伝記文学雑誌社、一九八〇年）

張舜九「梨園叢語」（『戯劇月刊』一巻三期、一九三一年）

【英語】

Garelick, Rhonda.K, *Electric Salome*, Princeton: PRINCETON UNIVERSITY PRESS, 2007

※カーマンセラと天勝の上演史については、主に以下のサイトを参照した。見世物興行年表　http://blog.livedoor.jp/misemono/（二〇一九年一月三十一日参照）

［比較］

西洋演劇の近代化と「詩劇」の問題

小田中章浩

おだなか・あきひろ――大阪市立大学大学院文学研究科教授。専門はフランス演劇、表象文化論。主な著書に『現代演劇の地層』（ぺりかん社、二〇一〇年、第四十三回日本演劇学会河竹賞受賞）、『フィクションの中の記憶喪失』（世界思想社、二〇一三年）、『モダンドラマの冒険』（和泉書院、二〇一四年）などがある。

西洋演劇における詩は、「劇詩」としての悲劇の問題として論じられてきた。しかし近代演劇において伝統的なジャンルが壊されると共に、それらを横断する「詩劇」が誕生した。その発展において、特に能を中心とする東洋演劇との出会いがあった。西洋における「詩劇」は、戯曲およびその上演形式において、近代が生み出したものである。

はじめに

本書の元となった高等研究所のプロジェクト「東アジア古典演劇の「伝統」と「近代」――「伝統」の相対化と「文化」の動態把握の試み」において、私は参加諸賢の多岐にわたる研究に大いに啓発される一方、自分が異質な存在であることに思いを致さざるを得なかった。なぜなら私は東アジア演劇の専門家ではなく、したがってその「伝統」についても、「近代」についても、何ら意義のある発言ができる立場にはなかったからである。もちろん東アジアの古典演劇が近代化する上で直面した問題を、そこにおいて西洋演劇が果たした役割を通じて論じることはできるだろう。しかしそれは今回の研究プロジェクトに参加したもう一人の西洋演劇の専門家であり、かつ東アジアの古典演劇についても造詣の深い毛利三彌の方が、私よりもはるかに適任である。したがって今回の研究プロジェクトを総括した本書において、私に貢献できることはほとんどないように思える。

ただし私はこのプロジェクトと平行して、日本演劇学会分科会・西洋比較演劇研究会が当時刊行していた英文雑誌*Comparative Theatre Review*の企画の一つとして、天野文雄の論文「世阿弥の作品――世阿弥の能を学ぶ人のために」(1)の内容を英語の読者のために編集し直し、その翻訳の過程に関わるという経験をした（論文の英語版タイトルは"Zeami's Poetics as Manifested in Tôru" in *Comparative Theatre Review*, Vol.14, No.1, March 2015）。その中で天野が「能を一言で言い表すならば、「詩劇」と呼ぶのがもっとも適当である」(2)と断じているのが、私には非常に新鮮に思われた。天野は『現代能楽講義』(3)においても、その第六講を「「詩劇」としての能」と題し、能が詩劇である所以を《砧》と《敦盛》を例に詳しく論じている。

では翻って、西洋演劇における「詩劇」とはどのようなものなのであろうか。特にその近代化において「詩劇」はどのような変貌を遂げたのであろうか。私の狭い経験の中で言わせていただくならば、この問題が最近の西洋演劇研究の文脈の中で正面切って取り上げられたことはないようである。たとえばハンス＝ティース・レーマンは、『ポストドラマ演劇』の中で「舞台＝詩」という項目を立て、メーテルランクに代表される「抒情的ドラマ」（象徴派の演劇）は、筋書き（劇的行動）よりも「状況」（ある種のイメージ）を描き出そうとしたことにより、「ポストドラマ演劇」の重要な前史になるものと位置づけている。(4)しかし当時の「抒情的ドラマ」が成功しなかったのは、舞台の上演技術が未熟であったからだという。ただし「ポストドラマ演劇」として具体的に挙げられている作品については、「詩劇」と形容されているものはない。

ここで確認しておかなければならないのは、上のレーマンの著作に見られるように、西洋を含めた現代演劇において「詩劇」というジャンルはもはや成り立たないこと、しかしその一方で「詩劇」と解釈できそうな戯曲（ドラマ）あるいは舞台（シアター）は存在することである。さらにこうした状況をもたらした要因の一つとして、近代化に直面した西洋演劇と、日本演劇を含めた非西洋演劇との出会いがあった。したがって、近代以降の西洋演劇が「詩劇」としての側面をどのように発見していったのかを、非西洋演劇との接触という視点を交えつつ概観することは、東アジア古典演劇の「伝統」と「近代」の問題を、別の立場から考えることにつながるかもしれない。こうした期待の下に、近代化を遂げつつあった西洋演劇において「詩劇」とはどのような問題系を含んだ表現形式であったのか、以下においては主として戯曲（ドラマ）の視点から論じてみたい。

一、西洋演劇における詩と詩劇

改めて説明するまでもなく、ある時代まで、西洋において「詩劇」をあえて言挙げすることは形容矛盾であった。なぜならアリストテレスの有名な分類によれば、劇詩（ドラマ）は詩の三形式の一つであり（他の二つは叙情詩と叙事詩）、劇が詩であることは自明であったからである。ただしこの場合の詩とは、劇の台詞が韻文で書かれていることを意味している。したがって作られた劇＝ドラマ（またはその舞台表現＝シアター）が、「詩的」であるかどうかは別問題であった（あるいは、そのような問題が生じる余地はなかったと言うべきかもしれない）。

西洋における「詩劇」について考えるには、予め以下の二つの問題を切り離しておく必要がある。⑴詩劇とは対話の形式による詩（韻文）であり、そこにおける「詩的なもの」は文学の問題である。⑵詩劇の本質はそれが韻文で書かれているかどうかに依存せず、かつそこから生まれる「詩的なもの」は文学形式としてのドラマの中に収まらず、舞台表現（シアター）においても存在する。

天野は前述の『現代能楽講義』において、平凡社『大百科事典』の「詩劇」の項（高橋康也執筆）を引用している。(5) そこではディオニュソスの祭祀に由来するギリシャ悲劇から中世の聖史劇、あるいは観阿弥、世阿弥の能から、二十世紀のT・S・エリオット、あるいはクローデル、ジロドゥーに至る詩劇の範囲が言及されている。

高橋はその記述の冒頭において、詩劇を「韻文を用いた演劇」と定義しているので、その詩劇の解釈は上記⑴と重なるように見える。ただし問題は「演劇」という部分である。これは戯曲としてのドラマを指しているのだろうか、それとも劇の上演としてのシアターを意味しているのだろうか。上の定義はその点に曖昧さを（おそらくは意図的に）残している。ジョージ・スタイナーは『悲劇の死』において、文学における韻文の誕生とその役割をきわめて平易に説明している。これは高橋の「詩劇」の起源に関する記述とよく似ていることから、執筆に際して参考にしたのではないかと思われる箇所である。

文学においては、韻文が散文に先行している。文学とは、さし迫った有用性とか意思の伝達とかいった束縛から、言葉を解放するものだからである。それは、祈祷や装飾のために、あるいは人の記憶に残るように、叙述を日常会話より高揚したものにする。こういう高揚を実現するための自然な手段は、リズムであり、明瞭な詩形式である。散文ではないが故に——韻律なり脚韻なり一定の規則に従って反復される形なりをもっているが故に——言葉は聞く者の心にそれが特別なものであるという印象を与え、記憶の中で形を保つ。つまりそれは韻文となるのだ。[6]

このスタイナーの叙述が問題を含んでいるのは、彼が単に文学における韻文の役割の説明から逸脱して、事実上、語られるものとしての韻文の機能についても言及しているからである。本来、詩とは読まれるものではなく語られるものであったこと、そして語り手の声や身振りによって身体化されるものであったことを考えれば、言葉の有用性から解放された、非日常的なものとしての韻文は、劇形式で書かれた詩に固有のものではない。それは、（語られる＝身体化されるものとしての）叙事詩や叙情詩にも当てはまることである。したがって韻文で書かれていることは、劇としての詩が生まれるための十分条件ではない（もっともスタイナーが問題にしているのは、韻文と悲劇的なものとの関係であるが）。

戯曲としての劇（ドラマ）あるいはその上演（シアター）は、どのような条件の下で「詩」となるのだろうか。フランスの演劇理論家であるパトリス・パヴィスは、『演劇（理論）辞典』の中の「演劇における詩的なもの」（poésie au théâtre / poetry in the theatre）において、次のように書いている。

> テクストが詩的テクストになるのは韻文化によってではない。たとえばラシーヌはその悲劇を韻文で書いたが、そのために劇的緊張は決して犠牲にされていないし、詩的言語はその力や自律性がどのようなものであれ、劇的状況の下に置かれている。[7]

その上で、以下のように続ける。

> 詩人、あるいはその解釈者の声によって読まれ、伝達される詩は、聞き手または読者の中に広がる心的空間のようなものとして受け止められ、テクストはそれが具象化されたり、演劇（シアター）のように状況や行動が再現されることなく、そこに反響する。詩とは私たちの内部に存在する白紙のページ、何も写っていない画面、あるいは外部化される必要のない音の響きである。この点において静的な詩（その繊細さ）と、動的なドラマ（その激しさ）の間には対照的な違いや矛盾がある。[8]

これを言い換えれば、詩的言語（詩）は劇的な状況や行動が具象化される演劇（シアター）と対立的な関係にあるが、その矛盾を克服しなければ演劇に「詩的なもの」は生じないということである。しかしこれは、劇詩（ドラマ）の本質に関するアリストテレスの定義と大きく異なるものではないだろう。むしろ上のパヴィスの詩に関する説明には、西洋演劇における詩劇の問題を考えるに当たって興味深い比喩が含まれているのだが、この問題については後に譲りたい。

西洋の劇詩（ドラマ）における「詩的なもの」を考える場合に、ある時代までの劇詩の理論（詩学）がほとんど役立たないのは、そこではギリシャ悲劇が理想的な規範とされてきたからである。すなわち劇詩＝悲劇であったため、ドラマにおける「詩的なもの」は、事実上「悲劇的なもの」とは何かという問題として考えられてきた。これはアリストテレスの『詩学』からヘーゲルの『美学講義』に至るまで、ほぼ一貫していると言ってよい(9)。すなわち「悲劇的なもの」、あるいはそこから派生する「崇高さ」や「道徳性」について考えること以外に、劇詩（ドラマ）において「詩的なもの」を論じる余地があるとは考えられなかった。スタイナーの『悲劇の死』も、二十世紀の散文劇まで取り上げた点でより現代的な考察となっているが、詩的なものの本質を西洋の悲劇の相の下に捉えようとする意味において、こうした流れを汲む論考である。

ただしそれは古代ギリシャ悲劇やシェイクスピア、あるいはモリエールのドラマに「詩的なもの」が存在しないという意味ではない。さらに西洋には、いかにも詩的な演劇に見えるルネッサンス以来の「田園牧歌劇」（パストラル）というものも存在した。しかしそれらにおける「詩」は専ら「ジャンル」の問題として扱われ（主題、登場人物の属性、修辞法など）、ドラマ（劇）全般にわたる「詩」の問題が存在するとは考えられていなかった(10)。こうした考え方が成立するには、詩と小説（または散文）、あるいは詩と演劇といった境界を乗り越える、完全にジャンル横断的な発想が成立する必要があり、それには西洋が十八世紀後半から十九世紀になるのを待たなければならなかった。

二、心的演劇と詩的演劇

西洋において詩劇の問題が改めて考えられるようになるのは、「近代」（Modern era）が成熟してからのことである。ここで言う「近代」とは、大きくはルネッサンス以降の人間中心主義によって、西洋の文化や社会が変貌を始めた十七世紀以降を意味するが、より狭い意味では産業革命や国民国家の誕生によって、世界の他の地域との比較において西洋の優位性が明らかになった十九世紀以降を指す。

文学の領域において「近代」の成熟が引き起こした大きな変動の一つは、それまで固定的なものとして考えられてきたさまざまな規範が壊され、そこで新たな表現の可能性が探られたことである。演劇の領域においては、悲劇と韻文を切り離した散文悲劇や、それまでの神話的英雄や王侯貴族に代わって市民を主人公とし、悲劇でも喜劇でもないジャンルとしての「催涙悲劇」（市民劇）といった表現形式が模索された。

既存のジャンルに反抗するこうした流れの一つに位置づけられるのが、十九世紀初頭のイギリスのロマン派の詩人たちの試みである。たとえばシェリーの『鎖を解かれたプロメテウス』やバイロンの『マンフレッド』のような作品では、前者に「抒情劇」（lyrical drama）という副題が付けられ、後者はバイロンによって「心的演劇」（mental theatre）と呼ばれた。[11]彼らが自らの作品をこのように形容したのは、それらが上演されることを想定しないレーゼ・ドラマ（closet drama）として書かれたからである。もちろんこうした系譜の中にゲーテの『ファウスト』やミュッセの『ロレンザッチョ』といった作品を含めることもできる。すなわちこの時代から、戯曲としての劇（ドラマ）とその上演（シアター）との乖離が顕著になるという、西洋演劇にとって不幸であり、また幸福でもある受難の時代が始まる。それが幸福であったという理由は、戯曲（ドラマ）と舞台（シアター）の間に存在する溝を埋めようとすることが、十九世紀後半以降のさまざまな演劇表現の革新につながったからである。

ロマン派の詩人たちが自らの戯曲の上演を想定しなかった理由の一つとして、劇における韻文の相対的な地位の低下を挙げることができる。政治や産業における革命によってますます多様化する近代社会を劇として描くために、この時代にはもはや韻文は有効な媒体ではなくなっていた。こうした状況を端的に示すのが、韻文劇によって劇作家としてスタートを切り、途中で散文劇に切り替えたイプセンの歩みである。スタイナーは上述の『悲劇の死』において、

韻文を語る人物は風邪を引いたり消化不良に悩んだりはしない。次の食事だの汽車の時刻表だのについて心を煩わすこともない。[12]

と書いている。逆に言えば、消化不良や汽車の時刻表について語る人物を登場させたのが近代劇だということである。

こうした状況の中でロマン派の詩人たちが韻文にこだわったのは、通俗的な言い方をすれば、それが自らの魂の苦悩を描き出すために必要だったからである。『鎖を解かれたプロメテウス』において、それは強大な暴力（懲罰を与えたジュピター）に対するプロメテウスの英雄的な行為と内面の葛藤という形で表現されるのに対して、『マンフレッド』では、超人的な主人公のマンフレッドが精霊たちとの対話を通じて自らの力の限界を悟る。どちらの作品にも共通しているのは、

神話的、あるいは非時代的な設定の中で語られる詩人の内面の戦い（の詩的表現）であり、パヴィスの言葉を借りれば、それは読者の「心的空間」の中に直接響くものでなければならない。だからそれは「抒情劇」であり、あるいは「心的演劇」なのである。

三、象徴主義の劇作術

ロマン派の詩人たちは、対話という形式で自らの葛藤を表現することを選んだにせよ、そこで展開されるのは詩人のあまりにも「主観的」な世界であり、それをシアター（舞台）という「客観的」な世界で、役者が登場人物に扮することで再現することは難しかった。すなわち彼らの作品に「詩」はあるが、そのままの形では「演劇」にはなり得なかった（もちろん上演することは不可能ではないが）(13)。

では詩人（あるいは劇作家）の内的なもの（心的なもの）を、世俗的なものに影響されることなく、あるいは日常的なものの関与を認めつつ、舞台で表現することはできないのだろうか。それが十九世紀後半から二十世紀前半にかけての西洋の一群の劇作家たちの主要な関心事となる。こうした傾向を持った劇作家を総称する概念として、象徴主義という言葉を用いれば、そこに含まれる者として後期のイプセン、ストリンドベリ、メーテルランク、イェイツ、T・S・エリオット、クローデル他を挙げることができる。したがって象徴主義の演劇について考えることは、近代の西洋における詩劇の全てではないにせよ、その主要な流れの一つについて考えることになる。

言うまでもなく、象徴主義の劇作家の中で、イェイツとクローデルは日本の能に大きな影響を受けている。その経緯についてはすでにさまざまな研究で述べられているので説明を省くが、彼らの能との出会いは多分に偶然の産物であったとは言え、象徴主義という基盤がなければ、こうした受容が行われたかどうか疑問である。では象徴主義、特にその詩の本質とはどのようなものなのであろうか。エドマンド・ウィルソンは象徴主義の詩人について論じた『アクセルの城』において、次のように公式化している。

われわれが経験するいかなる感情または感動も、意識のどんな瞬間も、それぞれみな異なっている。従って、われわれの感動を通常の文学の伝統的、一般的言語を通じて現実に経験したとおりに再現することは不可能である。詩人にはそれぞれ独自の個性がある。（中略）そして己の個性や感情を表現しうるのはこれしかないという特別の言語を発見し、新たに作り出すことこそ詩人の仕事な

のである。そういう言語は象徴を用いるものでなければならない。(14)

そしてこうした言語は直接的な描写によるのではなく、一連の言葉やイメージによってのみ読者に伝えることができるのだと付け加えている。ウィルソンのこの説明は、天野が『現代能楽講義』において、世阿弥の《砧》について述べていることを私に想起させる。天野は夫の帰りを三年待ち続けて「この秋」を迎えた妻の意識について、次のように解説している。

《砧》においては、「この秋」が妻の「意識」として夫の帰りを待つことができるギリギリの期限と設定されていることがわかる。つまり《砧》では、そのように凝縮された「意識」が問題になっているのだが、それは現実の妻の意識というより、観念として純化された芸術的な——詩的な——意識というべきものであろう。(15)

ただしウィルソンが語っているのは、詩人が読者に直接語りかけることであるのに対して、《砧》における妻の意識は、作者である世阿弥が直接語る言葉としてではなく、登場人物に託され、ある状況の下で生じる。つまりそれは演劇化されている。したがって象徴主義の劇作家は、言葉によって開示される特権的な瞬間を、ある状況に置かれた登場人物によって示さなければならない。そのためにはどのような方法が可能なのだろうか。

西洋の象徴主義の劇作家が自らの詩的世界を劇(ドラマ)として結実させるには、単に台詞を韻文で書いたり、その劇的な世界を象徴(たとえば神話や伝説)と関わらせるだけでは不十分だった。こうした直裁的なアプローチの典型的な失敗例が、チェーホフの『かもめ』の冒頭においてトレープレフがニーナに演じさせる象徴主義的なドラマのパロディである。そこにはトレープレフの詩的なヴィジョンはあるが、それが現実世界とどのような関わりを持つのかが示されていない。つまり劇作家は、詩的な世界を現実化するための、劇作術上の一種の「支え」が必要だった。

この「支え」とは、結局のところ、詩人の主観的な世界と、その外側にある客観的な世界を劇世界においてどう両立させるか、別の言い方をすれば、舞台上に展開するのは詩人＝劇作家の詩的ヴィジョンでありながら、それが物理的な現実世界とも繋がっているということを、観客にどう納得させるかという問題に帰着する。つまりイギリスのロマン派の劇詩人のように、自らの詩的な観念を単に登場人物に割り振るのではなく、それが「外部」の世界(物理的、客観的な世界)とどう両立するのかについても、劇世界(ドラマ)の中で示しておく必要がある。

象徴派の劇作において、まずこの問題を解決するために行われたのは、メーテルランクの初期の作品（たとえば『群盲』や『忍び入る者』）に見られるように、[16]登場人物に物理的に見えないものの存在を、台詞によって観客に暗示するという方法だった。しかしこのやり方は劇作術としては単純であり（もちろんレーマンが指摘するように、今日の高度な舞台上演技術をもってすれば、それを「シアター」として洗練された上演にすることは可能だろうが）、複雑な劇的世界を構築するには限界がある。

むしろ現実世界と非現実の世界を交錯させる象徴主義の劇作術が成功したのは、「旅」であるとか「無意識」、あるいは非西洋的な「異世界」（東洋）といったモチーフを使ったり、あるいはそれらを総合するものとしての「スクリーン」という観念を用いた場合である。たとえばストリンドベリは、『ダマスカスへ』を初めとする一群の作品において「旅」というモチーフを効果的に用いることによって、その劇世界を象徴の世界の中に置くことに成功している。そこに描かれているのは、現実世界から彼岸の世界への「旅」であり、観客は主人公の「旅」に立ち会うことによって、舞台上の世界が「現実」（旅の出発点）と接点を有しつつ、「象徴の世界」（この世ならざる世界）へと変貌していくことを納得する。ただしこの「旅」は単に空間的な移動を意味するのではなく、多かれ少なかれ時間的な移動（主人公の過去への旅）を伴う。すなわち空間を移動することが、主人公の内面（過去の思い出）の想起を引き起こす。これは、ストリンドベリの上記の作品がそうであるし、イプセン晩年の象徴主義的な『私たち死んだものが目覚めたら』にも当てはまる。この過去の「思い出」は、単なる事実の記憶ではなく、そこでは主人公の個人の記憶と無意識的なもの（象徴的なもの）との境界が曖昧になっている。

ストリンドベリやイプセンの象徴主義的な作品では、劇的な世界が主人公の濃密な主観性に浸された世界であることが、読者または観客に徐々に分かる構造になっている。比喩的に言えば、劇世界（舞台）は、最終的に主人公の内面（主観的な世界）を映し出すスクリーンのようなものとして機能する。たとえばイェイツの『鷹の井戸』では、作品が能の影響を受けていることは、その刊行本に作者が添えた手記の形で述べられている。[17]すなわち作品の周辺に置かれたこの種の情報によって、この作品は作者の想像力が「異世界」に投影されたものであることが自ずからわかる仕組みになっている。クローデルの『真昼に分かつ』においても、「旅」（西洋から東洋に向かう船上)、あるいは中国という「異世界」が、作者の詩的想像力が自由に羽ばたくことを保証する枠組みとして機能している。(18)

さらに劇作家の詩的な世界を現実化するために、こうした枠組み=スクリーンが有効に機能するのであれば、舞台が主人公の(あるいは劇作家の)主観的世界の表出であるという仕掛けを最初から見せてしまっても良いのではないか、むしろその方が「客観的」な世界と「主観的な」世界との関係を読者(または観客)に明示的に示すことができるのではないか、という考えも成り立つ。そうした例も、イェイツとクローデルの詩劇の中に見られるものであり、その背景にはリアリスティックな舞台装置にこだわらない、能のような非西洋演劇の影響がある。『鷹の井戸』のト書きでは、舞台には井戸と「模様の描かれたスクリーン」しかない。(19)主人公の若者は野心のある「客観的な」存在でありながら、老人の語る鷹の井戸の伝説に魅せられてしまう。舞台上の「スクリーン」は、若者にとっての現実と幻想を映す出す場であるように見える。こうした仕掛けは、クローデルが歌舞伎に想を得て書いた舞踊劇『女と影』において、現実の世界と幻想の世界を隔てるスクリーンとしてより意識的に用いられており、(20)この手法は彼の代表作『繻子の靴』でも繰り返して用いられている。(21)

イェイツやクローデルの詩劇では、主人公の内的な世界の表現は、リアリズム演劇の約束事(劇のイリュージョンの世界を舞台上で完結させ、イリュージョンを作り出す仕掛けを見せないこと)に従わなくても、実現可能であることが示唆されている。だから『鷹の井戸』では、舞台上に最初から楽人の姿が見え、クローデルの『繻子の靴』では、劇を上演する仕掛けを露呈させることで(たとえば口上役の存在)、その世界が戯場の如きものであることが最初から明らかにされているのである。

四、詩的なものの演出

すでに触れたように、近代の西洋演劇において特徴的なことは、ある時点から劇作家と舞台の実践家(俳優)の仕事とが分離してしまったことである。改めて説明するまでもなく、シェイクスピアやモリエールは俳優であり劇作家であったのだから、これは西洋の近代が進行するにつれて顕著になった状況である。イギリス(に限られないが)のロマン派の詩人がその詩的演劇の上演を最初から諦めた理由の一つとして、当時、スター俳優が舞台を支配していた演劇状況があった。(22)劇作家の詩的なイリュージョンの世界に彼らを従属させることはきわめて困難であった。したがって「詩劇」が成り立つには、劇作術の革新だけでなく、舞台の上演方法の改革が必要だった。すなわち作者の意図の下に、俳優の演技だけでなく、舞台装置から音楽までを統一的に従わせることである。それは、俳優の演技を含めて、舞台全体をどう構成し、進行させるかという問題、つまり演出というものを意識的に考えることに他ならない。フランスの象徴派の詩人にとってワーグナーの楽劇が衝撃的であったのは、作曲家の音楽的な構想の下に、物語世界が統合されていたからである。(23)

単にワーグナーの影響だけではないが、この頃から詩人としての劇作家は台詞としての詩句を創作するだけでなく、同時にその舞台の視覚的、音響的な効果も構想の対象とするようになる。たとえば『鷹の井戸』では、老人や若者といった登場人物は仮面を付けることがテキストの中で指示され、さらに彼らの動きについてもト書きによって注文が付けられている。(24) こうした彼のヴィジョンを具体化するために、イェイツはこの作品の初演において、画家および作曲家のデュラック、およびジャック＝ダルクローズの舞踊学校で学んだ伊藤道郎と共同作業を行っている。(25) すなわち劇作家は、自らの主題を実現するために、舞台の実践家との共同作業を行うようになる。

同様にクローデルも、駐日大使として日本に赴く以前から、自分の作品がどのように演じられるべきかについての関心を強めていた。彼は一九一二年に上演された『マリアへのお告げ』で、演出家と事実上の共同作業を行っている。(26) さらに彼はニジンスキーのロシア・バレエから受けた衝撃、またジャック＝ダルクローズのリトミック理論に触発され、台詞がまったくない舞踊劇の台本『男とその欲望』を書いている。(27)

このように、クローデルとイェイツとの共通項は、どちらも能に出会ったというだけではなく、そこにはジャック＝ダルクローズの影がある。ジャック＝ダルクローズは今日では専らその音楽教育の理論（リトミック）によって知られているが、彼がアドルフ・アッピアを初めとする初期の演出理論家に与えた影響は無視できない。(28) ジャック＝ダルクローズの理論は、彼がアルジェリアで非西洋の音楽を体験したことから生まれたもので、その骨子は身体のリズムを通じて音楽を教育する点にある。すなわち身体表現と音楽の一体化という、その後の西洋（現代）演劇にとっての大きな課題の一つがここで生まれている。象徴主義の詩人の関心が、音楽と言葉をいかに融合させるかにあったことを考えれば、イェイツやクローデルが自らの戯曲（言葉）を音楽でもあり、舞踊でもある「詩」にしようとしたことは十分に理解できる。

しかしそれ以上に重要なことは、イェイツやクローデルのように、何よりも「言葉」を大切にするはずの詩人＝劇作家が、当時としては実験的なこれらの作品において、言葉の領域から踏み出した、舞台全体の表象としての「詩」を構想したということである。

一方、象徴派の劇作家と平行して、当時の革新的な演出家の側でも、舞台に「詩」を求めようとする試みが行われた。こうした模索を行ったのが上述のジャック＝ダルクローズとアッピアであり（二人はドレスデン郊外のヘレラウの劇場で、舞台装置、音響、照明、身体表現を統合した実験的な舞台演出を行っている）[29]、さらに俳優の身体表現の面でこうした「詩」をより求道者的に追求したのが、フランスのジャック・コポーである（彼もまたジャック＝ダルクローズに強い関心を抱き、ジュネーヴまで彼に会いに出かけている）[30]。コポーは、一九二三年にクローデルとは別個に（もっとも二人は文芸誌NRFを通じてそれ以前から盟友関係にあったが）、ウェイリーとペリーの翻訳を通じて能と出会う。コポーの伝記作者ラドリンによれば、

そこで見出したのは一つの形式、即ち、彼らが地道に重ねてきた訓練の数々、合唱、歌、マイム、ダンス、詩の朗読、音楽、そして仮面、さらに何もない木の床ですべてを演じ通すことなどを消化し、統合した形式である。[31]

もっともこの時点でコポーは実際の能の上演を知らない。したがって実際の上演の試みはコポーとその弟子たちの想像上の「能」の翻案というべきものであった。

非西洋演劇に感化されたコポーの演技術の革新の中で重要なものとして数えられるのは、俳優の演技における非言語的なもの（マイム）の重視であり、あるいは、ともすれば大仰な台詞まわしに走りがちな俳優に対して、仮面を着用させることによって「脱名優気取り」[32]を促すことであった。こうしたコポーの試みは彼の弟子であったシャルル・デュランを通じて、ジャン＝ルイ・バローに伝えられる。そしてよく知られているように、バローは一九四四年に当時上演不可能とされていたクローデルの『繻子の靴』の上演を果たすのである。

さらに身体表現だけでなく、韻文に代表されるような戯曲の「言葉」が本来持っている（はずの）呪術的な力を復活させようとしたのが、アントナン・アルトーである。こうした実験のために彼が選んだ作品の一つが、イギリスロマン派の詩人シェリーの『チェンチ一族』であったのは興味深い。このアルトーの発想も、彼の友人であったバローの試みの中にある程度まで受け継がれることになる。

ただしここで注意しなければならないのは、演出や俳優の演技の革新は、特定の劇作家に奉仕するために行われたのではないことである。これはバローよりも後の時代の事例になるが、演劇学校で有名なジャック・ルコックは、コポーの晩

年の弟子であるジャン・ダステ、およびバローの流れを汲む存在だが、彼が俳優教育の方法を解説した著書は『詩を生む身体』（Le Corp Poétique）と題されている。[33] しかしその教育が目的としているのは、特定の詩のテクストのためのみに用いられる身体ではなく、むしろどのような状況にも対応できる汎用性の高い身体表現（ルコックが「詩的共通基盤」[34]と呼ぶもの）である。

当たり前のことであるが、今日イェイツやクローデルの作品を上演するための、決まった演出法や演技術は存在しない。つまりそれらが伝統として様式化され、伝えられることはない。バローの演出がどれほど優れたものであっても、それはバロー一代限りのものである（今日ではビデオという形で保存されるにせよ）。そこに「近代」が持つ矛盾と本質がある。すなわち「古い」ものは、それ自体が持つ価値とは無関係に、そのこと自体によって否定され、常に「新しい」ものによって乗り越えられなければならない。こうした暗黙の了解の下で戯曲（ドラマ）とその解釈（シアター）は自由に結びつき、あるいは分離する。それが「現代」（近代）演劇の宿命である。

五、ドラマとしての現代の詩劇

レーマンが示唆するように、舞台におけるドラマ（戯曲）の再現よりも、上演そのもの（シアター）が中心となった今日の「ポストドラマ演劇」的状況において、詩的なものは、「舞台＝詩」としてのタデウシュ・カントールやボブ・ウィルソン、あるいはピナ・バウシュといった演出家（振付家）が作り出した作品に求めるべきかもしれない。しかしそれらにしても、もはや「詩劇」というジャンルに分類することはできない。なぜなら今日の文学（芸術）理論においては、「ジャンル」という概念そのものが批判の対象になるからである。たとえば「リアリズム演劇」という用語を用いた場合、戯曲または舞台がどのように「リアリスティックに」対象を描いているかという問題は、そこに含意される十九世紀的、あるいはブルジョワ的な世界観（イデオロギー）と切り離せない。同様に、ある作品を「詩劇」という見方で括ることは、その作品の審美的な解釈を優先させ、そこに含まれる他の意味（社会批判、文化批判等）を排除することにつながりかねない。「アウシュヴィッツ以後、詩を書くことは野蛮である」という有名なアドルノの言葉に見られるように、私たちは特定の詩（あるいは詩的演劇）の持つ歴史、社会的な文脈を意識しない訳にはいかない。したがって今日、特定の舞台（戯曲）を単に詩的と形容することに、慎重にならざるを得ない。

しかしそうした困難が意識された上で、なお「詩的」と呼びたくなるような舞台（戯曲）が、イェイツやクローデル以後の西洋演劇にも存在することは確かである。もっとも私はこうした「詩的演劇」の現代的展開を列挙するほどの知識を持ち合わせないので、自分が親しんでいるいくつかの作品（ドラマ）を挙げ、その詩的側面について最後に簡単に言及しておきたい。対象となるのはベケットの『クラップの最後のテープ』(35)、ピンターの『灰から灰へ』(36)、デュラスの『インディア・ソング』(37)である。

これらの作品は、設定がきわめてシンプルであること、そしてどれもが過去の記憶の忘却と想起に関わるという共通点を持つ。『クラップの最後のテープ』は、老いた作家らしき人物が、かつて自分で録音したテープの声を耳を傾けるというだけのドラマである。『灰から灰へ』は、どこかに強制連行された女性と、彼女が経験したことを問いただす男性が交わす対話劇である。最後の『インディア・ソング』は、一九三〇年代末のインドで自殺してしまった西洋人の女性とその周囲を人物をめぐって、姿の見えない二人の女性と二人の男性の「声」が聞こえてくるという芝居である。

これらのドラマは、韻文で書かれている訳ではなく、また象徴主義の演劇のように何らかの超越的な存在を扱っている訳でもない。そこにあるのは「声」（それはテープから聞こえる声であったり、舞台外（あるいは画面の外）から聞こえる「声」である場合もある）と、その「声」が喚起するイメージだけである。たとえば『灰から灰へ』の登場人物であるリベッカは、過去を想起しようとする中で、自分を強制連行した（とおぼしき）人物と、自分の恋人だった（と思われる）人物の区別がつかなくなっている。

私、顔を上げたの。私、夢を見ていたわ。夢の中で顔を上げたのか、目を明けて顔を上げたのか、覚えてないけど。でも、この夢の中で声が聞こえたのよ。それは確か。この声が私を呼んで。私を可愛い人と呼んでた。(38)

比喩的な意味において、「詩的なもの」は芸術全般に見出すことが可能である。たとえば絵画における「詩」、音楽における「詩」、あるいはルコックの言う身体表現における「詩」である。しかし詩の本質は、あくまで言語と結びついているという厳密な見方をすれば（ただしそれは、その言葉をどう発話するかという身体行為を含むものとして考えるべきである）、「詩劇」から言葉を切り離すことはできない。

虚構としてのある状況に置かれた、ある登場人物が発する言葉、そしてそれを解釈する俳優がその言葉を身体的にどう翻訳するか、それが「詩劇」を構成するために必要不可欠の要素であると私は考える。そしてこの言葉の働きを究極まで追求しなければならない場合の一つが、想起という行為である。なぜなら私たちの心の中に、過去はイメージや音声として、あるいは形容不能な「何か」として存在するかもしれないが、それを表象できるのは言葉を措いて他にないからである（映像も音声も、それが過去に記録されたものであったとしても、言葉が介在しなければ過去を喚起することはできない）。

上のピンターの作品は、舞台外のどこかで行われた残虐行為（ホロコースト）の存在を示唆しながら、過去を想起することの困難さと魅惑を台詞として追求している。そこにある言葉は、単に審美的に美しいのではなく、ある状況に置かれた人間が発する極限的なものである。そしてそこで聞こえてくる「声」は、登場人物が発しているのか、あるいはそれに耳を傾ける別の人物（そこにはその「声」について語る登場人物自身も含まれる）が発しているのかが、次第に分からなくなってくる。最終的にそこに残るのは、自他の境界が曖昧になった、「間主観的」な「声」である。[39]それはベケットの戯曲におけるクラップや、デュラスの四つの「声」についても同様である。私はこうした劇的状況の中に、現代における「詩劇」を見出す。

もちろんこれは私の狭い範囲の知識の中から出した例なので、言葉と状況の関わりから生み出される「詩劇」の例は、他にもあるだろう。さらに言えば、「詩」をどのようなものとして捉えるかによって、「詩劇」の範囲は異なる。ここに挙げたのは、あくまで私の解釈の中での「詩劇」のいくつかの例である。

おわりに

以上見てきたように、西洋において文学の形式（ジャンル）としての劇詩（悲劇）を離れて、「詩劇」という概念を扱うことができるようになったのは、おそらく西洋演劇が近代化する過程においてである。それは、西洋演劇が言葉による行為の再現ではなく、言葉が喚起する「見えざるもの」をいかに表象するかという問題に直面し、そこから舞台全体の表象を総合した演劇へと移行することと密接に関わっていた。さらにそこにおいては、日本演劇を含めた非西洋の演劇との接触が大きな役割を果たした。ただし今日の現代（西洋）演劇において「詩劇」の範囲を一概に定められないのは、もちろん私たちの「詩」に関する概念が一様ではあり得ないからである。しかし現代西洋演劇において、記憶の想起に関わるドラマの一部は、それが全てではないにせよ、なお詩劇と称し得るのではないかと私は考える。それは、想起が言葉によって過去のイメージを捉える行為であり、そこでは身体的なものを含めた、言語的な感覚が研ぎ澄まされなければならないからである。

最後に、現代（近代）西洋演劇における「詩」の問題については、わが国においてすでに重要な考察が行われていることを断っておく必要がある。それは、渡辺守章がこれまでさまざまな形で発表してきた論文（批評）である。クローデルを出発点として、クローデルと能の関わり、象徴派の詩人マラルメの演劇観、あるいはアルトーの身体言語、さらにラシーヌの言語に関する研究も含めて、渡辺の考察は「詩劇」というジャンルに焦点を定めたものではないにせよ、現代演劇において「詩的言語」はどのようにして可能になるかという問題意識の下で展開されている。たとえばその評論集『越境する伝統』(40)に収められたクローデルや能に関する考察は、現代（西洋）演劇における「伝統」と「近代」の問題を、この小論よりもはるかに詳細かつ深いレベルで教えてくれるものである。

注

（1）林和利編『能・狂言を学ぶ人のために』（世界思想社、二〇一二年）。

（2）同書、八六頁。

（3）天野文雄『現代能楽講義』（大阪大学出版会、二〇〇四年）。

（4）ハンス＝ティース・レーマン『ポストドラマ演劇』（谷川道子他訳、同学社、二〇〇二年）七五頁。

（5）天野、前掲書、一三二頁。高橋康也「詩劇」『平凡社大百科事典』（平凡社、一九八五年、第六巻）七四七頁。

（6）ジョージ・スタイナー『悲劇の死』（喜志哲雄、蜂谷昭雄訳、筑摩書房、筑摩叢書二五六、一九七九年）一八〇頁。

（7）Patrice Pavis, *Dictionaire du Théâtre*, Dunod, Paris, 1996, p.259.

（8）Ibid.

（9）G・W・F ヘーゲル『美学講義』（石川伊織・小川真人・瀧本有香訳、法政大学出版局、叢書ウニベルシタス一〇五七、二〇一七年）三一五〜三二〇頁。さらにアリストテレスからヘーゲルに至る劇詩（悲劇）の理論的考察については以下を参照した。Marvin Carlson, *Theories of the Theatre. A Historical and Critical Survey, from the Greeks to the Present*, Expanded Edition, Cornell Universsity Press, Ithaca and London, 1993.

（10）Carlson, op.cit., "pastral drama", pp.52, 69, 74, 86, 110.

（11）Alan Richardson, *A Mental Theater. Poetic Drama and Consciousness in the Romantic Age*, The Pennsylvania State University Press, University Park and London, 1988, p.1.

（12）スタイナー、前掲書、一八三頁。

（13）たとえばシェリーの『チェンチ一族』（Shelly, *The Cenci*, 1819）は、一八九一年にパリの芸術座（Théâtre d'Art）でポール・フォール（Paul Fort）の演出により上演されており（Jacques Robichez, *Le Symbolisme au Théâtre. Lugné-Poe et les débuts de l'œuvre*, L'Arche, Paris, 1957, p.110.）、また後述するようにアントナン・アルトーは一九三五年に脚色版を上演している

（14）エドマンド・ウィルソン『アクセルの城』（土岐恒二訳、筑摩書房、筑摩叢書一八二、一九七二年）一七頁。

（15）天野、前掲書、一三八頁。

（16）モーリス・メーテルランク『群盲』『忍び入る者』（倉智恒夫訳）、『室内――世紀末劇集』（国書刊行会、フランス世紀末文学叢書、第十二巻、一九八四年）。

（17）古川久『欧米人の能学研究』（東京女子大学学会、東京女子大学学会研究叢書1、昭和三七年）四四頁。

（18）クローデル『真昼に分かつ』（鈴木力衛・渡辺守章訳『筑摩世界文学大系』五六、筑摩書房、昭和五一年）。

（19）W.B. Yeats, *At the Hawk's Well*, https://web.archive.org/web/20070221215459/http://www.english.emory.edu/DRAMA/YeatsHawk.html

（20）Paul Claudel, *La Femme et son ombre. Scénario pour un mimodrame*, in *Théâtre II*, Bibliothèuqe de la Pléiade, Gallimard, Paris, 2011, p.533.

（21）ポール・クローデル『繻子の靴』【上】二日目第十三場、二重の影、二（渡辺守章訳、岩波書店、岩波文庫、二〇〇五年）二四〇頁。

（22）スタイナー、前掲書、八七頁。

（23）Robichez, *op. cit.*, pp.35-36.

（24）W.B. Yeats,op.cit.

（25）Helen Caldwell, *Michio Ito. The dancer and his dances*, University of California Press, Berkeley, Los Angels, London, 1977, p.38.

（26）岡村正太郎「ポール・クローデルの劇作品についての試論」（『学習院大学人文科学論集』二四、二〇一五年）三〇一頁。

（27）同書、二九五頁。Paul Claudel, *op. cit.*, p.249.

（28）杉浦康則「アドルフ・アッピアとエミール・ジャック＝ダルクローズ」（『北海道大学独語独文学研究年報』三三、二〇〇六年）四八頁。

（29）同書。

（30）J・ラドリン『評伝ジャック・コポー　二〇世紀フランス演劇の父』（清水芳子訳、未来社、一九九四年）一〇六頁。

（31）同書、一三二頁。

（32）同書、一三六頁。

（33）ジャック・ルコック『詩を生む身体』（大橋也寸訳、而立書房、二〇〇三年）。

（34）同書、三三頁。

（35）サミュエル・ベケット『ベケット戯曲全集1』（安堂信也・高橋康也訳、白水社、一九六七年）。

（36）ハロルド・ピンター『ハロルド・ピンターⅢ　灰から灰へ／失われた時を求めてほか』（喜志哲雄訳、早川書房、ハヤカワ演劇文庫、二〇〇九年）。

（37）マルグリット・デュラス『インディア・ソング／女の館』（田中倫郎訳、白水社、一九八五年）。この作品はデュラス自身によって映画化されているが、元来は舞台用の台本として書かれたものである。

（38）ピンター、前掲書、三六頁。

（39）この用語は哲学者のフッサールによる。エドムント・フッサール『間主観性の現象学』Ⅰ～Ⅲ（浜鍋辰二・山口一郎訳、筑摩書房、ちくま学芸文庫、二〇一二～二〇一五年）。このアイデアを与えてくれた日比野啓に感謝する。

（40）渡邊守章『渡邊守章評論集　越境する伝統』（ダイヤモンド社、二〇〇九年）。

［講演］

能と歌舞伎の近現代における変化の様相

羽田　昶

はた・ひさし――(独)東京文化財研究所名誉研究員、武蔵野大学客員教授。専門は能・狂言を中心とする演劇研究。主な著書・共著に『能の作者と作品』(岩波講座能・狂言Ⅲ、一九八七年)、『能楽大事典』(筑摩書房、二〇一二年)、『昭和の能楽　名人列伝』(淡交社、二〇一七年)などがある。

ここ半世紀ほどの間、歌舞伎俳優は初代吉右衛門、六代目菊五郎系統の人で占められてしまい、演目・演出とも劇性よりもショウ的・スペクタクル的魅力に傾いていること、能は世阿弥系統の夢幻能が重んじられるようになり、催会・演出が多様化し社会的に開かれてきたが、能本来の魅力である「謡」の巧い役者が少なくなったことなどが、指摘できる。

能と歌舞伎の両方にわたり、ここ数十年の変化の様相を語るというのが、私に課されたテーマであります。と言っても、客観的かつ分析的な話はできません。一観客として、私が見てきた能と歌舞伎を通して、実感したこと、そして、いま思うこと、を申し上げることにします。

私は、子どものころから生で能や歌舞伎を見ていたわけではなく、昭和二十年代はラジオの、三十年以降はテレビの、舞台中継で歌舞伎その他の芝居を聴いたり見たりはしていました。生の歌舞伎を初めて見たのは、昭和三十二年の十二月、高校三年生の終わり近く、渋谷の東横ホールで「勧進帳」と「寺子屋」と「直侍」でした。守田勘弥が富樫と松王、市川段四郎が弁慶と源蔵、河原崎権十郎が直侍、片岡我童が千代、沢村訥升(九代目宗十郎)が戸無瀬と三千歳、団子(三代目猿之助)が義経だったことを覚えています。それから、これはあとで知ったのですが、そのときは坂東玉三郎の初舞台で、坂東喜の字の名前で「寺子屋」の小太郎で出ていました。

能のほうは大学に入った昭和三十三年の六月、染井能楽堂の囃子科協議会能で、「寝覚《ねざめ》」という滅多に出ない珍しい曲を見たのが初めてです。シテは後に雅雪になった七世観世銕之丞ですが、脇正の最前列で見ていたので真正面に地謡が見える。地頭の観世寿夫の謡い方、地謡をリードしてゆく気迫のようなものがとても印象的でした。

私は歌舞伎のほうが好きだったのですが、当時私の入った大学に、歌舞伎研究会がなくて、観世流謡曲部というのがあるのを知り、勧誘されるままに、歌舞伎を勉強するためには先輩の芸能である能を勉強するのもいいか程度の動機で入部しました。結果は、どちらも碌に勉強しないで、舞台だけは見まくったのです。

私たちの世代はみんなそうだと思いますが、子どものころ、手近な娯楽や情報源といえばラジオでした。私は音楽（クラシックも軽音楽も）と放送劇、舞台中継が好きで、たまたま父と祖母が能や歌舞伎が好きで、よく話題に出ていたものですから、子供のころから一緒にラジオの舞台中継や、謡曲の時間なども聴いていました。

わが家にテレビが入ったのは昭和三十年で、私は高校一年生でした。当時のテレビは、いまよりもきわめて頻繁に、歌舞伎も新劇も舞台中継をしていました。年末になるとテレビで一年間の演劇界回顧をやっていまして、三宅周太郎、浜村米蔵、安藤鶴夫、戸板康二、尾崎宏次、司会に大木豊などという方々が出ていました。そんな番組を毎年聞いて、大いに耳年増になったりしていました。

＊

はじめに、歌舞伎の場合からお話をしたいと思います。歌舞伎は、さきほど申し上げた昭和三十二年十二月以来やみつきになって、毎月通うようになりました。当時、歌舞伎座でも新橋演舞場でも明治座でも、初日特定狂言という制度があり、昼の部・夜の部ぶっ通しで、その中から一つか二つを除いて全部上演する、だから一部だけの料金、半分の料金で八演目か九演目が見られるので、毎月、初日を見に行って、また何か、あらためて昼の部だけ行ったりとか、そんなことをしたものです。十時間ぐらい、劇場の中にいました。

一時、歌舞伎にあまり夢中になれない、倦怠期みたいな時期がありました。それは昭和四十年代後半から五十年前後で、そのころは能と新劇を集中的に見ていたように思います。

私は、六代目菊五郎が死んだときは小学校四年生、吉右衛門が死んだときは中学二年生ですから、この近代の両名優を見ていません。七代目坂東三津五郎も、存命中ではありましたが、もう舞台を引退した直後で、やはり見ていません。

最近『文学』(二〇一四年三・四月号)の「演劇の東西」という特集号に、児玉竜一さんが「歌舞伎の現在」という論文を書いています。そこで指摘されている戦後第一世代、吉右衛門劇団の八代目松本幸四郎(白鸚)、十七代目中村勘三郎、六代目中村歌右衛門、菊五郎劇団の尾上松緑と尾上梅幸、上置きに市川海老蔵(十一代目団十郎)、この六人。それに、関西から東上してくる十三代目片岡仁左衛門と二代目中村鴈治郎。その八人を芯とする芝居をもっぱら見ていました。より古い世代の俳優では、二代目市川猿之助、三代目中村時蔵、市川寿海も見ています。戦後歌舞伎のこの時期そのものが、すでに戦前までの菊・吉および十五代目羽左衛門、七代目幸四郎、六代目梅幸、五代目歌右衛門、二代目左団次、そういう人たちがいたころに比べれば、質的な変化を遂げていたとは思います。しかし、その後から現在にいたるまでの変化には、もっと著しいものがあるのではないでしょうか。すなわち尾上梅幸が亡くなった平成七年、歌右衛門が舞台に出なくなった平成八年ごろを境に、この第一世代は皆いなくなります。それ以後の歌舞伎は、なにがどう変わったかということです。

私などが、実感する変化は第一に、俳優の層というか、芸系が狭まっているということです。芯になる俳優が、限定してしまい、どうしても、六代目菊五郎、初代吉右衛門の芸統を引く俳優にばかり、光が当たっている。すでに、第一世代——近代的で知的でリアルで心理主義的な役づくりをした菊・吉の薫陶を受けた人々——が、戦後歌舞伎を牽引してきたわけですから当然なのですが、それでも、昭和三、四十年代までは、その六人ないし八人と伴走してきた、菊・吉系統以外の俳優たちが、かなりいました。不遇をかこっていたとはいえ、たとえば守田勘弥、片岡我童、八代目沢村宗十郎、坂東蓑助(八代目三津五郎)、それから、私はまったく尊敬はしませんが第一世代よりも大先輩である二代目市川猿之助(初代猿翁)、その弟の八代目中車、息子の段四郎……、こういう人たちがそれなりに活動の場を得ていました。東横ホールや新宿第一劇場（昭和三十二年に新宿松竹座の名で再発足し、のちに第一劇場の名に復し、すぐ閉場してしまいましたけれども）では、そういう人たちが、座頭格だったりしました。

谷崎潤一郎の『瘋癲老人日記』は、訥升（九代目宗十郎）の揚巻が見たくて新宿第一劇場の「助六」を見に行ったということから始まります。助六は勘弥で、私もそれは見ました。あるいは河原崎権十郎が「東横の海老さま」とか「渋谷の海老さま」といわれて、十五代目羽左衛門から十一代目団十郎に引き継がれた二枚目の役どころを一手に引き受けていました。

守田勘弥という人は、晩年こそ国立劇場で重用されましたが、あの人の芸歴と実力からすると、あまり活躍の場を与えられないまま亡くなってしまいました。幸四郎（または勘三郎）・歌右衛門の「籠釣瓶」では決まって繁山栄之丞をやっていまして、それはまさにうってつけでしたが、本当はその程度ではなくて、民谷伊右衛門でも切られ与三でも富樫でも、歌舞伎座で本役でやるべき人だったと、いまでも思います。忘れもしない、昭和三十三年三月の新橋演舞場で「忠臣蔵」の通しが出ました。勘弥は、本役は石堂と定九郎だけだったのですけれども、病気休演の役者が続出しました。すると勘弥が、幸四郎の代わりに由良之助、勘三郎の代わりに勘平と若狭之助、歌右衛門の代わりに判官と、次々と代役をこなして、たいへんに評判になりました。そういうことを、たとえば最近の『歌舞伎研究と批評』の「忠臣蔵特集」座談会の中で、だれも発言していません。

それからたとえば、片岡我童という女方。渡辺保さんが『歌舞伎の役者たち』の中で、近代的な明るい美しさを持った女方として、歌右衛門、梅幸、雀右衛門、扇雀（いまの藤十郎）、玉三郎を挙げ、反対に、近代的な美しさとは違う、いわば暗さの中に生きている女方として、七代目宗十郎、三代目梅玉、三代目時蔵、三代目左団次、そして河原崎国太郎、片岡我童、中村芝翫、九代目沢村宗十郎を挙げています。私は七代目宗十郎と三代目梅玉は知るよしもありませんが、そのほかはたいへんに同感で、特に我童、九代目宗十郎、三代目時蔵、国太郎のような女方には濃厚な歌舞伎味がありました。そういう俳優が、どうかすると忘れられがちになっている気がします。

それから、『若手歌舞伎俳優論』という本の中で中村哲郎さんが、こういう発言をしています。「踊りの手を知っていれば、歌舞伎は全部できるというようなことになってしまった。踊りですべてを処理する傾向は、六代目以降に始まったことで、あの踊りの名人に責任はないけれども、それ以後の人々が、踊りに寄りかかりすぎたということがある。先代中車（七代目）や十一代目仁左衛門や、先代鴈治郎（初代）のような、踊れない人の歌舞伎というものが、一方にはちゃんとあったということが、忘れられた」。ここに二代目左団次を加えてもよいと思うのですが、まことに同感で、吉右衛門、菊五郎、ことに踊りの名人であった六代目菊五郎の及ぼした感化と影響というのが過剰である、その後の歌舞伎界を覆い尽くしていると思います。

第一世代が亡くなったあとの第二世代はどういう俳優たちかというと、児玉さんの論文によると、二代目坂田藤十郎を別格として、雀右衛門、実川延若、中村芝翫、市川門之助、九代目三津五郎、五代目富十郎、九代目沢村宗十郎となります。森の石松ではありませんが、どうしてここに河原崎権十郎がないんだろうと私は思ったのですが、児玉さんに聞いたら、第一世代にしようか第二世代にしようか迷っているうちに抜かしちゃったということでした。それはともかく、この第二世代の人々が、あまり座頭とか主役の場を与えられないままに（たとえば権十郎は、もっぱら十二代目団十郎のお師匠番をやったようですが、自分についた役は「髪結新三」の家主とか「盛綱陣屋」の微妙とか、およそニンにない役を器用に出来るからというのでやらされていました）、その後は第一世代の息子たち、第三世代とか、あるいは孫の第四世代がもっぱら芯を取っているのが現状です。

つまり、ほとんど菊吉系統一色になってしまった。菊吉系統以前、あるいは菊吉系統以外の、色気とか雰囲気を持った役者、菊吉系統らしい合理主義や写実主義とは違う、独自の個性とか癖があって、何か頽廃的であったり、古風であったり、不器用であったり、そういう役者たちがいなくなったというのが、一つの大きな変化で、それは寂しい限りです。

＊

あと、もう一点、俳優のことでいうと、これもいろいろな方が指摘していることですけれど、役柄の分業が曖昧になり、なんでもできることが良いとされがちです。「加役」とか「兼ねる」とかいう言葉、その概念が稀薄になり、「加役」や「兼ねる」が常態になってしまっているという印象があります。

それに関連して、脇役の俳優が払底した、といってはいい過ぎでしょうが、人を得ないことになってしまっている。端敵、半道敵、世話物の番頭のような役に、ある独特の雰囲気、生活感とか匂いみたいなものをつけた人が昔は、もっといました。吉右衛門の大番頭といわれた中村吉之丞を、私はテレビで見ているだけで、市川荒次郎も生では見ていませんが、見ているのは、もっと古い人で長生きした市川団之助、あとは中村吉十郎、市川壽美藏、市川左文次、片岡愛之助（いまの愛之助とは似ても似つかない、脇役のおじいさん）、それから沢村宗五郎（後の坂東弥五郎）、菊五郎劇団だったら、尾上鯉三郎や多賀之丞クラスの人は別格としても、沢村鉄之助、助高屋小伝次、尾上新七、坂東薪蔵、坂東飛鶴、尾上多賀蔵、市川福之助。秋山安三郎さんが、市川福之助のことが大好きで、何かというと市川福之助を特筆大書して、劇評を書いたりなんかしてましたが。こういう人たちが揃ってたんですね。

ですから、その後は、たとえば「鮨屋」の親父とか、忠臣蔵の斧九太夫とか、道行以外の伴内だとか、そういう役をやるに適した人がいないし、育っていない。国立劇場の研修生育ちの人たちが、そういうこともできるようになればよいのですが。何年か前に私は「直侍」の按摩丈賀の役を沢村田之助がやってたのでびっくりしたのですが、最近でも、中村東蔵が「野崎村」の久作や「石切梶原」の六郎太夫、坂東秀調が「石切梶原」の呑助をやっていました。そういうのは、ちょっと違うんじゃないかと思いますね。

＊

次に、レパートリーが非常に固定化しているということを感じます。早い話が、乱暴ないい方をすると、ちょっと一、二年、続けて歌舞伎座へ行けば「勧進帳」と「弁天小僧」を何回も見るようなことになるのです。それから、エンターテインメント性とサービス精神が過剰になっています。三代目猿之助（二代目猿翁）以後そうなったのか、「宙乗り」とか「早替わり」とか「本水」とかを面白がる傾向ですね。それは、昔から歌舞伎が伝えてきた技法ではありますが、そういうことが目立つというか、非常にショー的、スペクタル的になっている。それから、何かというと立ち回りにとても時間を割く。とんぼや宙返りを延々と見せ場にする。あんなことは昔はありませんでした。

それから、最近、歌舞伎座で、「怪談乳房榎」が出ました。私は、昭和三十年代に、新宿第一劇場で延二郎時代の実川延若がやったのを見ました。それを十八代目勘三郎がずっとやってたらしいですね。今度、勘九郎がやったのを初めて見ました。筋を詳しくいっている暇はありませんが、中村獅童の磯貝浪江という色悪の男が絵の師匠の菱川重信を殺して、重信の妻、中村七之助と夫婦になる。ところが、浪江は、重信の遺児である真与太郎という赤児が自分を厭な目つきで見るのが気持ち悪いというので、真与太郎も殺してくれと、下男の正介に賄賂を渡して頼む。菱川重信と正介と、うわばみ三次というごろつきの三役を勘九郎が早替わりするのが見せ場になっている。それで、獅童・七之助夫婦の前で、勘九郎は気が咎めて真与太郎を殺すのが厭になり、一旦受け取った賄賂を七之助に分からないように、さーっと畳にずらして、返す。獅童もさーっと返し直す。勘九郎もまた返す。そんなことばっかりやって、笑いを取っている。最後に本水を使って滝の中の立ち回りになる。本水といっても、上手の奥の方に水があるものですから、そこでいくら暴れ回っても、水が客席に飛ぶはずはないのです。ところがあらかじめしぶきが飛びますよと宣伝して三列目ぐらいまでビニールシートを配っているので、わざわざしぶきを飛ばすような、水の掛け合いっこをしている。……つまり、怪談らしい不気味さや怖さが全然なくて、もっぱらコミカルなやりとりばかりが拡大されている。

それで連想するのは、二〇〇五年のコクーン歌舞伎「桜姫」です。そのときは、幕間ごとに、朝比奈尚行というタレントが、口上という触れ込みでいま見た一幕の解説や感想を述べるのが一つの芸になっていました。ストーリー展開を振り返って、いかに不合理な、おかしいお話だったか、でもこれが歌舞伎なんですよみたいなことを、おどけた調子でいう。つまり、本当なら、荒唐無稽な現代離れした筋であっても、役者が一生懸命リアリズムで演じればよいものを、あえて、ブレヒトの異化効果じゃないですけれども、これは荒唐無稽な話なんですよ、変なものなんですよ、というふうに印象づける。なんのための「口上」なのか、それこそ荒唐無稽な演出と、私は思いました。何かこの、観客を信じていないのか、とても醒めて解説的に演じたり、コミカルな、あるいはスペクタクルなものに頼っていくというか、そういう傾向を残念に思います。

＊

次に話を能のほうに移します。

能の場合、第一に、演目、レパートリーの変遷というか、時代による好み、嗜好の変遷があるということを感じます。なんといっても、世阿弥系統の夢幻能が、圧倒的に重んじられるようになったということです。

たとえば端的に申しますと、戦前に出た謡曲集の類――佐成謙太郎の『謡曲大観』と野上豊一郎の『解註謡曲全集』のように現行曲をを全部載せたものは別として――数編ないし十数編を載せたアンソロジーに「井筒」とか「清経」などは載っていません。「井筒」が載っているのは一つだけ、風巻景次郎『謡曲集』、これは稀有な例です。多くは、「安宅」とか「鉢木」とか「七騎落」「満仲」、そういうものが非常に好まれた。

それから、演者のことで申しますと、処遇というか活躍度というか、いわゆる戦後民主主義の影響でしょうけれども、戦前だったら役が付かないような、あるいは役は付いても、ツレどまりでシテなんか演じられないような人も、戦後はみんな活躍できるようになりました。昔は、シテを演じるのは、家元または名門の当主や御曹司で、あとは皆せいぜいツレとか地謡に専念していたわけですね。つまり、櫻間弓川とか、梅若万三郎とか、突出した名人も沢山いましたが、もっと多くの、それを支えていた人たちは、自分がシテを舞う機会がなかったか、きわめて少なかった。一将功成りて万骨枯るというような傾向が一般的だった。それに対していまは、能はほかのジャンルと違って、家元制度はたいへんに強固ですけれども、歌舞伎のようなスター・システムではありませんから、経済力と意欲さえあれば、だれでも自分の会を主催して、シテを演じることができるようになった。そのへん、戦前とはずいぶん変わったことだと思います。

*

それから、演技・演出面のことで申しますと、上演時間が長くなったということがあります。これは早く戦前に、野々村戒三に『室町時代の演能時間』という論文がある。それを受けて表章先生と天野文雄さんが、いろいろな資料に基づいて、室町時代から江戸時代にかけての演能時間の推移を考察しています。要するに、いま二時間ぐらいかかる「井筒」が、室町時代には半分以下の、一時間未満で演じられていたらしいのですね。そうすると、いまほど内面的で求心的な、じっくりとした演じ方ではなくて、とっとと筋が進行する。もしかすると現代の能の基準からすると深味に欠けるけれども、その代わり退屈する暇もないくらいだったのかもしれません。

しかし、そんな昔のことはともかく、上演時間の推移は、現代のここ数十年の間でも指摘できます。「能楽タイムズ」の一九六二年（昭和三十七）十月号に「観世会館の記録による演能所要時間」という、統計表が載っています。これは当時、大曲《おおまがり》にあった観世会館で、昭和三十年から三十七年までの七年間に演じられた能を、演目ごとに平均所要時間を載せたものです。そして、それから四十年近く経過して、国立能楽堂が一九九八年（平成十）に発行した公演記録があります。すなわち国立能楽堂のオープンから十三、四年間の能の演目ごとの平均所要時間です。この両者を比較しますと、ここ三、四十年間でも演能時間は延びていることが分かります。たとえば「葵上」は昭和三十七年に五十七分だったのが、平成十年には六十五分。「安宅」は八十八分だったのが、九十五分。「井筒」は一〇八分だったのが、一一九分。「景清」は八十分だったのが、九十分。「野宮」は一一四分だったのが、一二三分。「羽衣」は六十八分だったのが、七十三分。まあ、国立能楽堂は群を抜いて橋掛リが長いので大曲の観世会館と比べたら、二分や三分は橋掛リの運びで違ってくると思います。だから一概にいえませんけれども、やはり時代とともに、非常に神経の行き届いた、丁寧で緻密な演じ方、ときにそれは、思い入れが過剰であったり、冗長であったりするかもしれませんけれども、それだけ、演技の質が丁寧になった。技術的に高度になったということはいえると思います。

つまり、技術的に高度になったということは、シテ中心主義からアンサンブル重視型になりましたので、シテ方と三役とが平等になった。人間として平等というのは当たり前ですが、戦前までは必ずしも平等ではありませんでした。いまは平等ですから、役者としても対等、ときには対等どころか、囃子方のほうが発言権を持っていたりするぐらい、囃子方の地位が上昇した。研究が進んだおかげで、観客の囃子に寄せる関心も高まった。シテの謡や型だけでなく、全体的な統一感に期待する見方、アンサンブル重視型になっている、とはそういうことです。

＊

その反面、技術的なことで、ちょっと乱暴ないい方をしますと、シテ方に謡のうまい人、謡でお客を魅了する役者が少なくなったと思います。というよりも、謡がうまくなくても、名人になれる。故人でいえば、櫻間道雄とか後藤得三。この人たちが技術的に下手だというわけではありません。非常に名人であることは疑いを容れません。ところが、かつて金春流には、櫻間弓川亡きあとも長男の金太郎（龍馬）のような美声、名調子の人がいた。だけど櫻間道雄のほうが高く評価される。喜多流には粟谷益二郎という名地頭で、非常に名調子の、いま、レコードで聴いてもほれぼれするような人がいた。その長男の粟谷新太郎も美声で名調子です。けれども、後藤得三のような難声の方のほうが、高く評価される。それは運ビとか、型とか、全体的にしっかりした位取りで演じているから、それは不当なことではないのですが、少なくとも櫻間道雄や後藤得三の能を見て、謡に魅せられるということは、まずない。なかった。

たしかに、能における美声とは何かという問題はあります。洋楽におけるそれとは別に、邦楽の場合、語り物としての説得力が大切で、しゃがれたような声でもよしとする感じ方もあると思います。でも、私は、自分がその舞台を見ていない、レコードで聴いた、たとえば櫻間弓川とか粟谷益二郎という人の声というのは、だれが聴いても美声だと思うだろう声で、しかも語り物としてもうまかった。それはやっぱり大いに認められるべきだと思います。私が見た範囲の人でいえば、先代の梅若六郎、ワキの森茂好、もちろん観世寿夫も美声でした。

それに対して、能界では、往々にして「美声に名人なし」ということがいわれます。単に美声によりかかって、内面的な掘り下げが欠けてしまうことになりがちだという戒めですね。ですから、いわゆる美声でない人が、本当に良い謡を謡うということはあると思います。思いますが、美声で、かつ内面的な掘り下げにも長けていれば、そのほうがいいに決まっている。変にストイックな、あるいは負け惜しみみたいな、美声を貶めるいい方は不当であると思いますね。

＊

美声でなくて間違いなく名人であった代表選手は、宝生流の野口兼資という人ですね。昭和二十九年に亡くなりましたので、私は見ていません。が、映像と録音はたくさん残っています。格調の高い技芸で流儀の内外を問わず尊敬を集めましたが、驚くべき難声な方でした。ですが、ノリの良さ、独特の息のつながりと迫力によって謡についても高く評価されたために、あとに続く宝生流の人々は、声の出ない人、あるいは声を出さない人が少なくない。たとえば高橋進という方は、ふだんはべらべら名調子でしゃべるのに、謡になると野口兼資ばりの断続的な声の出し方をした。まあ、その高橋進は、ものすごい統率力で地謡をリードした人ではあったのですが。

私は、能の魅力の過半は、地謡の魅力だと思います。つまり、語り物的な演劇という、能の本質からいっても、能本における地謡の占める量からいっても、地謡で客を魅了するのでなければウソだと思います。しかし、そうではないケース、つまりシテ個人の型、あるいは面装束の美しさ、囃子の牽引力、そういう要素で持っているというケースが、あまりにも多くなっています。

かつて銕仙会に、観世寿夫、観世静夫（八世銕之丞）、宝生会にいま申し上げた高橋進、喜多会に友枝喜久夫、粟谷新太郎、粟谷菊生という人がいました。銕仙会や宝生会や喜多会へ行くということは、私などは、その地頭、その地謡を聴くのが楽しみで行ったといっても過言ではありません。いま、そういう役者がいるかというと、首を傾げざるを得ません。友枝昭世と梅若玄祥の二人だけでしょう。特に、梅若玄祥の場合は、観世流の各派各会に乞われて、地謡を謡いに行ってます。端的な例で申しますと、観世清和がやった老女物の地頭は、全部梅若玄祥が謡ってます。

だいたい、地謡にかぎらず、謡そのものの重要さは、いくら強調してもし足りない。能において、何が大切で何が大切でないということはない。全部大切だと思いますが、少なくとも、鑑賞の比重は謡のほうに重きが置かれるべきです。観世銕之丞（静夫）も「七割以上は、謡が大事だと思う」と公言していました。それが古典的な、オーソドックスな価値観だろうと思います。謡への関心が、型・囃子・面装束への関心よりも低いとしたら、それは偏頗な現象だと思いますし、現にその危険性を感じます。

*

次に、習物の上演についてです。平物ではなくて、改めて伝授を受けるなり免状を貰うなりして勤める、難易度の高い曲。これの上演頻度が多くなっています。たとえば、老女物というものがあります。昔は、端的な例で申しますと『坂元雪鳥能評全集』には、明治四十一年から昭和十三年までの三十年間に坂元雪鳥が見て書いた能評が載っているのですが、その中で三老女がどれだけ出ているか。なんと「檜垣」は明治四十五年三月の初世梅若万三郎の一回、「姨捨」は昭和二年十月の観世左近と昭和十一年十月の万三郎と二回、「関寺小町」は昭和三年五月の手塚亮太郎一回だけです。もちろん雪鳥が見たものだけを書いているのであって、これが当時演じられた老女物のすべてというわけではありません。でも、雪鳥が見逃した老女物上演を加えても一、二回ふえる程度です。そのくらい、老女物などは滅多に上演されるものではなかったのです。しかも「檜垣」上演のとき雪鳥は三十三歳で、若いとはいえ、すでに十年以上の観能歴があるのに、「初めて老女物を見る」と書いています。

翻って、いま老女物はどのように取り扱われているかというと、もう滅多に演じられないなんてことはなくて、「卒都婆小町」はしょっちゅう出ますし、「姨捨」「檜垣」は、さすがにしょっちゅうは出ませんが、いつ上演されても珍しいとか稀れであるとは思わなくなっています。最奥の秘曲といわれる「関寺小町」になると、今度「関寺」が出るそうだ、何年ぶりだろうなどと話題になる程度には重んじられています。ただし、私は昭和三十年代に演じられた櫻間弓川のも金春八条のも間に合わなくて見ていませんから、初めて「関寺小町」を見たのは一九七五年（昭和五十）の先代梅若六郎所演です。その私にして、今日までに「関寺小町」を十五回見ています。観世流が圧倒的に多いのですが、金春流の金春信高、金春安明、宝生流の今井泰男という方々のも見ました。いかによく出ているかが分かります。

そして、老女物はともかく、そこに至る前にも重い曲、難しい曲とされる関門があります。たとえば「砧」とか「定家」とか、「芭蕉」とか「当麻」とかのような、内的集中度や品格の高い曲ですね。こういうものになると、限りなく平物に近づいているといったらいい過ぎですが、わりに平気で演じる。

能のシテを演ずる役者の数は、昔とは比較にならぬほど増えています。公演の数もそうです。演者の表現意欲も、全体的な技術の水準も、昔よりは格段に向上していると思います。ですから、多くの演者が、名曲、大曲、老女物を含む習物も、次々と舞台にかけることになるのは、当然の帰結であります。老女物といっても、別に床の間に飾ってありがたがるのではなくて、他の能の演目同様、どう演じたか、面白かったか否か、一番々々が検証されれば、それでよいでしょう。ただ、習物だからというのではなく、曲というかその作品の持っている重みに対して恐れとか緊張を覚える、畏怖の念みたいなものが、少なくなってきているとすれば、問題だと思うのです。

＊

最後に、能の催しのあり方が多様化している状況について、一言申します。

いちばん大きな流儀である観世流の場合でいうと、家元中心の宗家派に対し、銕仙会と梅若家と九皐会（観世喜之家）と、少なくともこの大きな四つの分派活動がある。ところが、ある時期、二十年ぐらい前ですか、観世清和が銕仙会で年に一度、シテを舞うようになりました。これにはたいへん驚きました。戦前の銕仙会ならともかく、私たちの世代にとっては、銕仙会と家元制度というものは相容れないものだったので、冷戦構造から雪解けへ、でもありませんが、観世寿夫亡きあと、いろいろな状況がとても変わってきたな、ということを感じます。良かれ悪しかれ、とにかく各派の枠を取り払ったかのように、合同とか共演・混演の形が、たいへんいまは多く見られます。同じ観世流ですから当たり前とはいえ、各派の謡、芸風みたいなものがあったのが、均質化の傾向をたどっています。

また、興行の形がたいへん多様化してきまして、演者以外のプロデュースの会が増えました。ご承知のとおり、能は商業演劇ではなく、プロデューサーもいなくて、演者が自前で主催し主演するのが、最もふつうの形で来ています。そうではなく外部の人間がプロデュースする会として、野上豊一郎が戦前に企画、主催した「能楽鑑賞の会」というのがありましたし、戦後は小山弘志・横道萬里雄先生方が「東京能楽鑑賞会」を主催していまして、私たちもその真似をして第二次の「能楽鑑賞の会」を起こして、昭和四八年から六三年までの十五年間、狂言一番能一番の会を年に四回ずつで計六十回の能会をプロデュースしました。それから「橋の会」というのが生まれました。昭和五十八年には、国立能楽堂ができました。さらに、新潟、豊田、名古屋、福岡、横浜……と公立の能楽堂も増えました。

そうすると、シテ方のほうも、自分で定期的に会を主催するほかに、プロデュースされて出演するという形が、圧倒的に昔よりは多くなりました。

また、異流共演という上演形態があります。シテとツレと地謡は同流のシテ方内部で配役されるのが常態ですが、それを複数の流儀の役者が共演する。たとえばシテは金春流だがツレは観世流であるとか、宝生流のシテが観世流の地謡で能を舞う。これは明治の混乱期には人手不足のために平気で行われていたのが、昭和期の安定した時代には、家元側、能楽協会側からは御法度のように扱われていました。昭和三十六年、京都薪能で、観世流の林喜右衛門（十二世）が逆髪、金春流の櫻間龍馬（金太郎）が蝉丸で「蝉丸」を共演しました。これが能楽協会で大問題になり、すったもんだの末に今回限り差し許すみたいなことがあって、以後はずーっと、狂言の異流共演（四世茂山千作と野村萬など）はありましたが、能はなかったのです。ところが昭和六十三年になって、観世銕之丞（八世）が金剛巌の後白河法皇で「大原御幸」を共演しました。それ以後、解禁ということになったのでしょうか、最近では観世清和と宝生和英が「千手」で共演する。しかも、他からのプロデュースではなく、家元二人が率先して、観世会の企画公演でやるというのです。これには相当びっくりして、ショックを感じた人が能界にいます。

あと新作能、復曲能のほかに、現行曲でも演出を再検討し見直して上演する、あるいは他ジャンルとの交流とか、昭和三十年代ころまでは考えられなかったことが、もういまは盛んに行われ、俗にいう何でもあり、の状態です。これはやはり、能楽師も遊芸の師匠に甘んじるのではなく、現代に生きる舞台芸術の役者たらんとする志向から生まれているのだと思います。だからそれは、あらまほしきことが実現したんだと思って、喜ぶべき状況であると、一応はいえます。しかし、そういうことは能楽界の全容を反映しているわけではありません。つまり、一方で旧来型の、共同体の演能が依然として主流であって、能楽師のたつきの道は、やはり素人への稽古なんですね。舞台人として活躍してゆくことと、お稽古の師匠として生きてゆくことの、その矛盾とか折り合いをどうするのかということは、今後も、いろいろ考えていくべきことだろうと思います。

おわりに

本書は、冒頭の毛利三彌氏の「はじめに」や、本書所載のいくつかの論考でも言及されているように、平成二十四年度から二十六年度にかけて、けいはんな学研都市にある公益財団法人国際高等研究所において行われた共同研究プロジェクト「東アジア古典演劇の「伝統」と「近代」――「伝統」の相対化と「文化」の動態把握の試み」（研究代表：毛利三彌）における成果をもとに、〈アジア遊学〉シリーズの一冊として刊行されるものである。

この研究プロジェクトはそもそも、当時、国際高等研究所の人文社会学系の副所長の任にあり、能楽研究を専門とする筆者の発案だったが、そのころの高等研には所長・副所長は研究代表者にはならない（なれない）という内規があったため、研究代表は日本演劇学会などで昵知の間柄である毛利三彌氏にお願いすることとなった。毛利氏は、比較演劇の研究者であるが、この研究プロジェクトの代表をお願いしたさいには、一呼吸おいて、「ちょうどいま、演劇の近代化について考えているところだから」と、筆者の実務面でのサポートを条件に快く引き受けてくださった。その結果、筆者の素案では、日本の伝統演劇しか念頭になかった対象が東アジアやいわゆる民俗芸能にまで広がり、プロジェクトメンバーにも中国演劇、韓国演劇、民俗芸能、それに西洋演劇と日本の近代劇を専門とする研究者が加わることとなったのである。

こうして、平成二十四年から三年間、一泊二日の研究集会が年に二回ずつ持たれ、その成果として、研究プロジェクトと同じタイトルの本書が誕生することになったのだが、われわれがこのプロジェクト名と本書のタイトルにこめた課題は、なによりもまず、一般的にいって、「不変」というイメージが強い古典演劇、伝統演劇、伝統芸能と呼ばれるものの「変化」あるいは「変容」ということであった（「古典演劇」「伝統演劇」という言い方については、「序説」の毛利稿を参照されたい）。そこには「変化」という語は用いられていないが、伝統というものは変化するものという意をこめて、伝統をカッコ付きの「伝統」で示したのである。また、その「変化」を近代という時代のなかで考えようとしたのは、古典演劇、伝統演劇、伝統芸能と呼ばれるものが「不変」だと最も広く信じられているのが近代なのではないか、という認識による。そのような「伝統」即「不変」というイメージが、古典演劇、伝統演劇と呼ばれるものの鑑賞において、あるイメージにとらわれた観方——それは形式的、固定的、保守的な観方でもある——として定着し、その影響が研究にも及んでいないとはかならずしも言えない現在、「伝統」は「不変」でないことを演劇や芸能において具体的に提示することは、それなりに意義のあることと考えたのである。そうしたわれわれの意図は、「「伝統」の相対化と「文化」の動態把握の試み」という共同研究プロジェクトの副題にこめられてもいた。

また、三年間の共同研究においては、プロジェクトメンバーの報告とともに、以下のように、ゲストスピーカーを招いて講演をお願いした。もちろん、これらも「変化」を中心にしたものであった。

○高木浩志氏（元ＮＨＫプロデューサー）
近代文楽の変化とその背景
（平成二十五年二月二十二日、第二回研究集会）

○木村理子氏（東京大学教養部非常勤講師）
チベット仏教圏における国家と「伝統文化」——仮面舞踊儀礼チャムの形成と変容を通して
（平成二十五年八月二十七日、第三回研究集会）

○石橋健一郎氏（国立劇場調査養成部主席芸能調査役）
戦後社会における伝統芸能の立ち位置
（平成二十六年二月二十七日、第四回研究集会）

○羽田昶氏（国立文化財研究所名誉研究員、武蔵野大学客員教授）

近代日本における伝統演劇の変化――能と歌舞伎の場合

（平成二十六年八月二十八日、第五回研究集会）

このうち羽田昶氏の講演は最後でもあったので、ディスカッションも含めて時間をたっぷりとり、ディスカッションも多岐にわたる有意義なものだったので、録音テープを文字起こしして掲載させていただくことにしたが、後半のデスカッション部分は録音が聞き取りにくかったため、掲載は断念せざるをえなかった。

その高等研での共同研究が終わって、はや五年近くになる。こうして本書刊行を目前にしたいま、あらためて思うのは、ここにとりあげた現象が、古典演劇、伝統演劇の変化のごく一部にとどまっているということである。本書では、寄せられた諸氏の論を「伝承」「上演」「受容」「比較」の四章に配して、その変化の諸相を捉えようとしたわけであるが、もとより、この分野における「変化」はこれだけではない。思いつくままにあげても、ここには「劇場」「観客」「演出」「演技」「音楽」「照明」「音響」という側面からの考察がないし、近代社会における古典演劇、伝統演劇がいかなる位置にあるかという巨視的な考察もない。また、「変化」と一体の関係にある「継承」という視点を、もっと打ち出してもよかったという思いもある。もちろん、それらは部分的には少なからず触れられてはいるが、この点は今後の研究に委ねられることになろう。しかし、本書によって、古典演劇、伝統芸能と呼ばれるものが、けして「不変」ではなく、時代とともに変わってゆくものであること、それが「文化」というものであるという問題提起にはなったのではないかと思う。

さいごになるが、本書のもとになった共同研究の機会と場を提供してくださった国際高等研究所と、そこに集われ、それぞれの専門分野から貴重な意見をいただいた共同研究のメンバー諸氏に深甚の感謝を申しあげる。メンバーの恵阪悟（帝塚山大学）、大西秀紀（京都市立芸術大学）、正木善勝（阪急文化財団）、横山太郎（跡見女子大学）の四氏の稿は諸般の事情から掲載が叶わなかったが、四氏の共同研究での報告や発言などは、今後、公にされるものと思う。

二年ほど前だったか、久しぶりに学会で顔を合わせたメンバーのお一人から、「高等研の共同研究がなくなって、なんだか寂しいですね」と言われたことがあるが、たしかにそういう三年間ではあった。この高等研での共同研究は筆者にとっては二つめで、最初の平成二十四年度は、やはり三年間行った、もうひとつのプロジェクト「宗教が文化と社会に及ぼす生命力についての研究——禅をケーススタディとして」の最後の年でもあった。そちらの成果は、筆者の監修で、『禅からみた日本中世の文化と社会』（ぺりかん社、平成二十八年）としてまとめられているが、二つめの共同研究の成果もこうして世に出ることになったのは、現今の出版状況を思えば、まさに僥倖というべきであろう。それにつけても、本書の出版を快く引き受けてくださった勉誠出版には感謝の言葉もない。そして、編集に当たられた大橋裕和、豊岡愛美の両氏にも、この場をかりて謝意を表したいと思う。

天野文雄

執筆者一覧（掲載順）

毛利三彌	山路興造	重田みち
田草川みずき	天野文雄	佐藤かつら
野村伸一	内山美樹子	神山　彰
中尾　薫	山下一夫	岩井眞實
平林宣和	小田中章浩	羽田　昶

【アジア遊学232】

東《ひがし》アジア古典《こてん》演劇《えんげき》の伝統《でんとう》と近代《きんだい》

2019年3月15日　初版発行

編　者　毛利三彌《もうりみつや》・天野文雄《あまのふみお》

発行者　池嶋洋次

発行所　勉誠出版株式会社

〒101-0051　東京都千代田区神田神保町 3-10-2

TEL：(03)5215-9021(代)　FAX：(03)5215-9025

〈出版詳細情報〉http://bensei.jp/

印刷・製本　㈱太平印刷社

組版　デザインオフィス・イメディア（服部隆広）

ISBN978-4-585-22698-7　C1374

228 ユーラシアのなかの宇宙樹・生命の樹の文化史

229 文化装置としての日本漢文学

226 建築の近代文学誌 —外地と内地の西洋表象

227 アジアとしてのシベリア —ロシアの中のシベリア先住民世界

アジア遊学既刊紹介

222 台湾の日本仏教 ―布教・交流・近代化

序言　柴田幹夫

Ⅰ　植民地台湾の布教実態

日本統治時代の台湾における仏教系新宗教の展開と普遍主義―本門仏立講を事例として　藤井健志

「廟」の中に「寺」を、「寺」の中に「廟」を―『古義真言宗台湾開教計画案』の背景にあるもの　松金公正

真宗大谷派の厦門開教―開教使神田恵雲と敬仏会を中心に　坂井田夕起子

植民地初期（一八九五～一八九六）日本仏教「従軍僧」の台湾における従軍布教―浄土宗布教使林彦明を中心に　闞正宗（翻訳：喻楽）

台湾における真宗本願寺派の従軍布教活動　野世英水

【コラム】大谷派台北別院と土着宗教の帰属　新野和暢

【コラム】植民地統治初期台湾における宗教政策と真宗本願寺派　張益碩

【コラム】台湾布教史研究の基礎資料『真宗本派本願寺台湾開教史』　沈佳姍（翻訳：王鼎）

【コラム】海外布教史資料集の刊行の意義　中西直樹

【コラム】『釋善因日記』からみた台湾人留学僧の活動　釋明瑛

Ⅱ　植民地台湾の日本仏教―多様な活動と展開

一九三五年新竹・台中地震と日本仏教　胎中千鶴

日治時代台湾における日本仏教の医療救済　林欐嫚

台北帝国大学南方人文研究所と仏教学者の久野芳隆　大澤広嗣

伊藤賢道と台湾　川邉雄大

日本統治期台湾における江善慧と太虚の邂逅―霊泉寺大法会を中心として　大平浩史

【コラム】日本統治期台湾に於ける仏教教育機関設立の背景―仏教グローバル人材の育成を求めて　大野育子

【コラム】第二次世界大戦期の台湾総督府資料に見られる東南アジア事情　松岡昌和

【コラム】台湾宗教史研究の先駆者―増田福太郎博士関係資料一斑　吉原丈司

Ⅲ　台湾の近代化と大谷光瑞

大谷光瑞と「熱帯産業調査会」　柴田幹夫

台湾高雄「逍遥園」戦後の運命　黃朝煌（翻訳：応雋）

台湾の大谷光瑞と門下生「大谷学生」　加藤斗規

仏教と農業のあいだ―大谷光瑞師の台湾での農業事業を中心として　三谷真澄

【コラム】台湾・中央研究院近代史研究所の大谷光瑞に係わる档案資料について　白須淨眞

【コラム】西本願寺別邸「三夜荘」の研究―大谷光尊・光瑞の二代に亘る別邸　菅澤茂

223 日本人と中国故事 ―変奏する知の世界

はじめに　森田貴之

Ⅰ　歌われる漢故事―和歌・歌学

「春宵一刻直千金」の受容と変容　大谷雅夫

亀の和歌に見られる「蓬莱仙境」・「盲亀浮木」などの故事について　黄一丁

初期歌語注釈書における漢故事―『口伝和歌釈抄』を中心に　濵中祐子

中世和歌における「子猷尋戴」故事の変容　阿尾あすか

Ⅱ　語られる漢故事―物語・説話・随筆

『伊勢物語』第六十九段「狩の使」と唐代伝奇　小山順子

『源氏物語』胡蝶巻における風に吹かれる竹　瓦井裕子

西施・潘岳の密通説話をめぐって―『新撰万葉集』から朗詠古注まで　黄昱

延慶本『平家物語』の李陵と蘇武　森田貴之

Ⅲ　座を廻る漢故事―連歌・俳諧・俳文

故事と連歌と講釈と―『故事本語本説連歌聞書』　竹島一希

「負日」の系譜―「ひなたぼこ」の和漢　河村瑛子